Knaur

Leserservice

Zum Redaktionsschluß standen noch nicht alle deutschen
Erstausstrahlungstermine der Serie fest.
Bitte fordern Sie sie bei Interesse mit einem frankierten und
selbstadressierten Umschlag an:

Droemer Knaur Verlag
Stichwort: Buffy
Rauchstraße 9–11

81679 München

Über die Autoren:

Christian Lukas, geboren 1970 in Witten, arbeitet als Filmjournalist und
schreibt mit Vorliebe Sachbücher über TV-Serien. Außerdem gehört er
dem Redaktionsteam des SciFi-Magazins *Space View* an.

Sascha Westphal wurde 1971 in Dortmund geboren, wo er noch immer
lebt und als freier Journalist und Sachbuchautor arbeitet.

Christian Lukas
Sascha Westphal

Buffy –
Im Bann der Dämonen

Das inoffizielle Fanbuch
über die neue Kultserie
und ihre Hintergründe

Knaur

Bildnachweis:
Seite 83: Internews, München
Alle anderen Abbildungen stammen aus dem Privatarchiv der Autoren

Besuchen Sie uns im Internet:
www.droemer-knaur.de

Originalausgabe März 1999
Coypright © 1999 bei Droemersche Verlagsanstalt
Th. Knaur Nachf., München
Redaktion: Werner Bauer
Umschlaggestaltung: Agentur Zero, München
Umschlagabbildungen: Internews, München
Satz: Ventura Publisher im Verlag
Druck und Bindung: Clausen & Bosse, Leck
Printed in Germany
ISBN 3-426-61354-9

2   4   5   3   1

INHALT

EINFÜHRUNG

Buffy
Das Erfolgsmärchen
einer Mystery-Serie

»Wenn man vor zwei Jahren jemandem gegenüber BUFFY THE VAMPIRE SLAYER erwähnt hätte, wäre dessen Reaktion aller Wahrscheinlichkeit nach ein Aufstöhnen gewesen – hervorgerufen von Erinnerungen an den eher mäßigen Film mit Kristy Swanson. Erwähne sie heute, und du bist hip, voll im Trend und offensichtlich eingestellt auf eine der besten und erfrischendsten Serien im Fernsehen. Warners Horror- und Humor-Spektakel hat den schwierigen Übergang von einer Fernsehserie zu einem internationalen Phänomen vollzogen.« (David Richardson in der Einleitung des *XPOSÉ Special #5*)

Genauer und knapper kann man das Phänomen BUFFY THE VAMPIRE SLAYER, dieses zweite Wunder des Fernsehens der neunziger Jahre, wahrscheinlich nicht beschreiben. Innerhalb von etwa anderthalb Jahren hat sich ein echter TV-Außenseiter in eine der beliebtesten und am meisten diskutierten Shows des amerikanischen Fernsehens verwandelt und zugleich seinen Triumphzug um die Welt gestartet. Dabei waren die Aussichten für Joss Whedons Fernseh-Saga um die Abenteuer einer sechzehnjährigen Vampir-Jägerin alles andere als vielversprechend, als die Serie an einem Montagabend Anfang März 1997 ihr Debüt auf dem Warner Bros. Network (kurz auch WB Network) als *mid-season replacement* gab, also als Show, die in der Mitte einer amerikanischen Fernseh-Saison eine andere, erfolglose Serie ablöst.

Ein zweistündiger Pilotfilm und zehn weitere einstündige Folgen waren von Warner bei den Produzenten, Joss Whedons Mutant Enemy Inc., Kuzui Enterprises und Sandollar, in Auftrag gegeben worden; und wenn man damals unter Fachleuten und Fernseh-Interessierten eine Umfrage darüber gestartet hätte, was aus BtVS (so die unter Fans gebräuchliche Abkürzung für den Serientitel) höchstwahrscheinlich wird, wäre die Mehrheit unter ihnen sicherlich davon überzeugt gewesen, daß es nie mehr als diese elf Episoden werden würden. Es sprach zwar einiges für diese neue Show, nicht zuletzt der mit dem überraschenden Erfolg von Wes Cravens SCREAM (dt.: SCREAM – SCHREI) gerade einsetzende Teen-Horror-Boom genauso wie der Trend zu Serien mit starken, aber natürlichen weiblichen Helden, aber noch viel mehr sprach eigentlich gegen sie.

Allein die Tatsache, daß sie als *mid-season replacement* startete, stellte das Schicksal von BUFFY von vornherein unter einen alles andere als guten Stern. Denn die meisten dieser ›Ersatz-Serien‹ kommen nicht über ihre erste halbe Staffel hinaus. In der Regel finden sie weder ein größeres Publikum noch eine mächtige Anhängerschaft innerhalb einer bestimmten Gruppe von Fernsehzuschauern, so daß der auftraggebende Sender kein Interesse daran hat, eine weitere Staffel bei den Produzenten anzufordern. Zu diesem grundsätzlichen Problem gesellte sich bei BUFFY noch die Schwierigkeit hinzu, daß der Kinofilm, aus dem heraus die Serie entstanden ist, zumindest unter Horror- und Fantasy-Fans einen eher schlechten Ruf hat. So herrschte im Vorfeld eine relative Skepsis gegenüber dem Projekt, das im vorhinein von verschiedenen Autoren einiger Genre-Magazine erst einmal als ein weiterer überflüssiger Versuch, auf der Mystery-Welle im Gefolge der X-FILES (dt.: AKTE X) mitzuschwimmen, gewertet wurde.

Die Idee, aus Joss Whedons Filmdrehbuch eine Fernsehserie zu machen, reicht allerdings viel weiter zurück, als man heute annehmen würde, und stammt noch aus einer Zeit lange vor den X-FILES und ihrem sensationellen Erfolg. Noch bevor Fran Rubel Kuzui, die Regisseurin von BUFFY THE VAMPIRE SLAYER (dt. BUFFY, DER VAMPIRKILLER), mit den Dreharbeiten angefangen hatte, kam Gail Berman, eine der Verantwortlichen von

Sandollar, der Produktionsgesellschaft, die 1988 Joss Whedons Drehbuch optioniert hatte, auf die Idee, daß Whedons Figur und Konzept den idealen Ausgangspunkt für eine Fernsehserie bilden würden. Als der Film dann in die Kinos kam und nicht zu dem erhofften Erfolg wurde, hatte sich der Gedanke an eine auf ihm basierende Fernsehserie erst einmal erledigt. Nur sein zweites, viel erfolgreicheres Leben in den Regalen der amerikanischen Videotheken hat diese Idee wiederbelebt. Da Sandollar/Kuzui Enterprises, die Produktionsgesellschaft der Filmversion, vertraglich an Joss Whedon gebunden waren, traten ihre Verantwortlichen 1995, als der Gedanke an eine BUFFY-Serie zum ersten Mal wirklich aktuell wurde, an ihn heran. Sie unterbreiteten ihm den Vorschlag der Wiederbelebung seines Grundkonzeptes – wie er selbst annimmt – in der Gewißheit, daß er aufgrund seiner Arbeit als Filmdrehbuchautor nicht bei der Serie einsteigen würde. Doch da das Projekt ihm immer noch genausoviel bedeutete wie 1988, als er das Skript geschrieben hatte, entschied sich Whedon dafür, selbst die Fäden in die Hand zu nehmen und mit dieser Serie seine ganz eigene Vision von *Teen-Horror* und seinen Möglichkeiten zu verwirklichen.

Außer dem Titel und der Idee, daß ein Mädchen, das in Horrorgeschichten sonst das typische Opfer ist, unter der Anleitung eines ›Watcher‹ (Wächter) genannten Mentors und Ausbilders Monster jagt und tötet, verbindet den Spielfilm und die Fernsehserie nicht sehr viel. In der Kinoversion ist die in Los Angeles lebende Buffy ein typisches *valley girl*, nur interessiert an Kleidern und Spaß, immer darauf bedacht, der Mittelpunkt ihrer Welt, d. h. ihres Freundeskreises, zu sein. Für sie besitzt alles, ihre Schönheit, ihre Beliebtheit, ihre Freiheit von größeren Sorgen und tieferen Ängsten, eine Art von Selbstverständlichkeit, die sie – wenn auch auf eine sympathische Weise – oberflächlich hat werden lassen. Erst die Konfrontation mit ihrem wahren ›Slayer‹-Ich und den daraus resultierenden Konsequenzen lassen sie eine echte Persönlichkeit entwickeln.

In der Serie, die nicht mehr in Los Angeles, sondern in der (fiktiven) kalifornischen Kleinstadt Sunnydale spielt, ist Buffy, die nun von Sarah Michelle Gellar gespielt wird, ein sechzehnjähriges Mädchen, das nur zu gut weiß, daß sie ein Slayer, eine Superheldin, und damit aber auch eine Außenseiterin ist. Das alles hat sie schmerzlich in Los Angeles gelernt, wo sie die Turnhalle ihrer High School in Brand gesteckt hat, um so mehrere Vampire zu töten, und infolgedessen von der Schule geflogen ist. Nun ist sie mit ihrer Mutter nach Sunnydale gekommen und hofft, dort ein Leben wie ein ganz normaler Teenager führen zu können. Doch daraus wird nichts, da die kleine Stadt auf einem sogenannten ›Hellmouth‹, einem ›Höllenschlund‹, also einem Tor zwischen unserer Welt und der der Finsternis, errichtet worden ist. Dies macht das so idyllische Sunnydale zu einem Zentrum übernatürlicher und dämonischer Aktivitäten. So sieht sich Buffy hier nicht nur mit Vampiren, sondern mit Werwölfen, Hexen, Zombies und allen möglichen anderen Formen von Monstern und übernatürlichen Erscheinungen konfrontiert. Bei ihrem pausenlosen Kampf gegen die Phänomene des Bösen, der auch einer um den Fortbestand unserer Welt ist, wird sie von dem englischen Bibliothekar der Sunnydale High School und Watcher Rupert Giles sowie von zwei Mitschülern, der schüchternen Willow Rosenberg und dem draufgängerischen Xander Harris, unterstützt. Dabei erweist es sich, daß es für sie viel leichter ist, die Welt vor der Apokalypse zu bewahren, als neben ihren Pflichten als Slayer auch noch ein normales Teenager-Leben mit Schule, Hausaufgaben, Verliebtsein und allem, was sonst noch dazugehört, zu führen.

Dieser Versuch, Superheldin und Teenager zugleich zu sein, macht Buffy zu einer Figur, wie sie so vor ein paar Jahren im amerikanischen Fernsehen noch undenkbar war. Pam Keesey nennt sie in ihrer anregenden und wunderbar aufgemachten Kultur- und Filmgeschichte der Vamps, der schönen, gefährlichen Frauen, »eines der wenigen in den Medien zu findenden positiven Rollenmodelle für Mädchen« – eine Beschreibung, die darauf hinweist, daß sie anders als frühere Serienheldinnen zugleich stark und schwach, erstaunlich reif und doch *teenagerlike* sein darf. Sie ist nicht mehr das Mädchen, das nur an Jungs und an ihr Äußeres denkt, und sie ist auch nicht die Karikatur einer Heldin, die der Wirklichkeit, dem Leben ihrer Fans, vollkommen enthoben ist. In Buffy verbinden sich beide Aspekte zu einem wirklichen Charakter, der zwar Kräfte besitzt, die über das Natürliche weit hinausgehen, der aber auch nicht die Lösung zu allen Fragen hat. Sie kämpft eben nicht nur gegen Monster, sondern auch mit alltäglichen Problemen wie autoritären Schuldirektoren, gemeinen Mitschülerinnen, einer Mutter, die nichts mitbekommt und sie außerdem nicht wirklich versteht, die sie vor die gleichen Schwierigkeiten stellen wie jeden anderen sechzehnjährigen Teenager auch. Allerdings steht sie – und da übertreibt Pam Keesey leicht – damit nicht ganz so allein im amerikanischen Fernsehen da, wie man vielleicht annimmt. Sie fügt sich vielmehr in einen zur Zeit herrschenden Trend ein, der sich auch in Serien wie SABRINA, THE TEENAGE WITCH (dt. SABRINA – TOTAL VERHEXT), MTVs DARIA sowie den Nickelodeon-Shows THE SECRET WORLD OF ALEX MACK und THE MYSTERY FILES OF SHELBY WOO niederschlägt. Sie alle haben weibliche Hauptfiguren, die sich als ›positive Rollenmodelle für Mädchen‹ eignen. Buffy und die anderen sind – wie eine Autorin des *Time Magazine* treffend bemerkt hat – »das Produkt eines

**Die furchtlosen Fünf im Kampf gegen die Dämonen:
Buffy und ihre Freunde.**

Camille-Paglia-Feminismus, der die pragmatische Auffassung vertritt, daß Frauen intelligent und erfolgreich sein können und sich trotzdem weiterhin für Schuhe, die *Vogue* und natürlich den Charme des anderen Geschlechts begeistern können«.

An sich – und das ist die wirkliche Stärke von BtVS – stehen im Zentrum jeder Folge die Entwicklung der Hauptfiguren und die Persönlichkeit der einzelnen Gast-Charaktere. Wie Whedon selbst immer wieder betont, können seine Geschichten nur funktionieren, wenn sie sich aus den Figuren entwickeln und wir so die Chance bekommen, eine emotionale Verbindung zu den Charakteren aufzubauen, die uns wiederum in die Geschehnisse hineinsaugt. So ist BUFFY eine Serie, die ihre jugendlichen Charaktere Buffy, Willow und Xander, aber auch die hochnäsige, egoistische Cordelia, die ein bißchen der Buffy aus der ersten halben Stunde des Spielfilms ähnelt, so ernst nimmt, daß man im Verlauf der Serie immer wieder von ihnen überrascht wird. Doch sind es nicht die hohlen, von einer absurden Ereignisdramaturgie erzwungenen Überraschungen, die so viele *soaps* und *daily soaps* kennzeichnen, sie entwickeln sich vielmehr aus den Charakteren, die im Laufe der Serie wirklich älter und damit erwachsener werden.

Bisher ist es den Machern der Serie über zwei Staffeln, also in BUFFYs Fall über 34 Episoden, hinweg gelungen, dieses Charakter-orientierte Konzept aufrechtzuerhalten und in keiner Folge von ihm abzuweichen. Dies verdankt BtVS allerdings in erster Linie ihrem *creator* Joss Whedon, der selbst gerne zugibt, daß er ein absoluter ›control freak‹ ist. Er möchte nichts aus der Hand geben, und bisher mußte er es auch nicht, weil ihm die Verantwortlichen des WB Network zunächst einmal vertraut und weitestgehend freie Hand gelassen haben und sie ihm nun so dankbar sind, daß er mit keinen größeren Eingriffen rechnen muß. BUFFY ist – so wie wir sie jetzt jede Woche auf dem Bildschirm erleben können – die hundertprozentige Verwirklichung von Whedons Vision von einer Horror-Serie über und für Teenager (aber nicht nur für Teenager).

Anders als der Film, der *high camp*, also eine ironische, sich selbst sehr bewußte Genre-Komödie ist, läßt sich die Serie nicht auf ein Genre festlegen. Sie ist Action und Romanze, Horror und Komödie, *high school soap* und Teenager-Drama, alles ein einem, ohne daß diese teilweise sehr verschiedenen Ansätze miteinander kollidieren. Dieses *crossover*, das sich auf nichts eindeutig festlegen und auch durch nichts einengen läßt, geht ganz und gar auf die Vorstellungen Whedons zurück, der schon das ursprüngliche Filmdrehbuch auf diese Genre-Ambivalenz hin angelegt hatte. So sind innerhalb kürzester Zeit nicht nur die genau ausgearbeiteten Charaktere zu einem Markenzeichen der Serie geworden; BUFFY steht genauso für pointierte, teilweise ungeheuer komische Dialoge, die aber immer natürlich und keineswegs ironisch gebrochen wirken, für *pop culture references*, die ein fester Bestandteil jeder Episode sind, und natürlich für die liebevoll gestalteten und zumindest zum Teil wirklich furchterregenden Monster. Dabei ergibt erst die Mischung all dieser Aspekte den ganz eigenen Ton dieser Show, die natürlich ihre Vorbilder hat, aber im Bereich des Fernsehens im Prinzip unvergleichlich ist.

Besonders deutlich wird diese Mischung aus Innovation und Anlehnung an Vergangenes und manchmal auch noch Gegenwärtiges, wenn man einen kurzen Blick zurück in die Geschichte der Vampir-Fernsehserien wirft. Das Fernsehen hat immer wieder auf die klassischen Horror-Mythen, also auf Geister, Dämonen, Vampire, vom Menschen erschaffene Monster und nicht zuletzt in eine gute und böse Hälfte gespaltene Menschen zurückgegriffen. Aber es hat sich immer damit schwergetan, aus diesen archetypischen Horrorwesen Serienfiguren zu machen, die Woche für Woche auf den Bildschirm zurückkehren. Nur der Vampir, die wahrscheinlich wichtigste Inkarnation aller menschlichen Ängste genauso wie ihrer dunklen Sehnsüchte, ist gleich mehrmals zum Helden einer Serie geworden.

Die ersten Vampire in Serie waren Lily und Grandpa in THE MUNSTERS (dt.: DIE MUNSTERS), der Horror-Comedy-Show der frühen sechziger Jahre. Noch im gleichen Jahrzehnt erlebte der vielleicht berühmteste Vampir der Fernsehgeschichte, Barnabas Collins, sein Bildschirmdebüt. Durch ihn, der heute in der einschlägigen Literatur häufig als das Bindeglied zwischen dem Grafen Dracula der dreißiger Jahre, dem erotisch anziehenden, bedrohlich wirkenden Bösen, und Anne Rices Vampiren der siebziger und achtziger Jahre, den gequälten, von Schuldgefühlen geplagten, schönen *décadents*, gilt, ist Dan Curtis' Serie DARK SHADOWS zu einer der beliebtesten *daily soaps* ihrer Zeit geworden. Die jeden Tag laufende Show – eigentlich eine typische Seifenoper im *Gothic*-Gewand – und ihre zentrale Figur waren damals so populär, daß Dan Curtis in den siebzigern zwei DARK SHADOWS-Spielfilme, HOUSE OF DARK SHADOWS (dt.: SCHLOSS DER VAMPIRE) und NIGHT OF DARK SHADOWS (dt.: DAS SCHLOSS DER VERLORENEN SEELEN) inszenieren konnte. Noch heute besitzt die Serie einen ungeheuren Kultstatus und wird immer wieder in den Genre-Programmen der amerikanischen Kabelsender wiederholt. Ein großer Teil der Vampir-Fiktionen der letzten dreißig Jahre ist in der einen oder anderen Hinsicht von DARK SHADOWS beeinflußt worden. Und auch wenn es vielleicht zu weit ginge, zu sagen, daß Dan Curtis' Show das Vorbild für die *soap*-Elemente von BUFFY THE VAMPIRE SLAYER geliefert hat, ist sie doch eindeutig ein Vorläufer von BtVS.

Eine wahre Renaissance, deren Höhepunkt natürlich nun der riesige Erfolg von BUFFY ist, haben Vampire dann im Fernsehen der neunziger Jahre erlebt. Es begann 1988 mit dem für CBS produzierten Pilotfilm NICK KNIGHT, in dem ein Vampir als Polizist in Los Angeles arbeitet, um so Buße zu tun für all das Leid, das er in den vergangenen Jahrhunderten den Menschen zugefügt hat. Damals kam es aber nicht dazu, daß dieses Konzept in Serie ging. Die Idee verschwand erst einmal wieder in den Schreibtischen der Produktionsgesellschaften, bis sie 1991 von einer kanadischen Fernseh-Produktion wieder hervorgeholt wurde. Man verlegte die Handlung von Kalifornien nach Toronto, blieb aber sonst dem Grundkonzept treu und nannte die Serie nun FOREVER KNIGHT (dt.: NICK KNIGHT). Die Figuren Nick Knight, LaCroix, der Vampir, der Knight einst geschaffen hat, und Jeanette, ihre Gefährtin, die Nick schon immer gegen ihren Schöpfer unterstützt hat, erinnern dabei eindeutig an die Dreieckskonstellation Louis, Lestat und Claudia aus Anne Rices erstem Roman »Interview with the Vampire« (dt.: »Interview mit einem Vampir«). Wie schon Louis repräsentiert auch Nick den für die Pop-Kultur des ausgehenden 20. Jahrhunderts typischen Vampir, der seine Taten bereut und keine Menschen mehr töten will – etwas, das die beiden Figuren mit Angel, dem einzigen Vampir mit einer menschlichen Seele, verbindet, in den sich Buffy verliebt und in dem diese moderne Tradition der Vampir-Geschichten weiterlebt.

1991 versuchte außerdem Dan Curtis, seinen Fernseh-Klassiker DARK SHADOWS wiederzubeleben. Unter dem gleichen Titel und mit den gleichen Figuren wie damals produzierte er für NBC eine nun einstündige, einmal die Woche laufende, in Farbe gedrehte Serie, die allerdings nicht an den Erfolg ihres halbstündigen, noch schwarz-weißen Vorgängers aus den sechziger und siebziger Jahren anschließen konnte. Deshalb wurde sie schon nach 12 Folgen wieder eingestellt. Ein ähnliches Schicksal erlebte die Spelling-*soap* KINDRED: THE EMBRACED (dt. CLAN DER VAMPIRE), die sogar schon nach einem Pilotfilm und nur sieben Episoden, von denen nicht einmal alle in Amerika ausgestrahlt wurden, von ihrem Sender aufgegeben wurde. Dieses frühe Aus ist sicher eines der bedauerlichsten Fernsehereignisse der letzten Jahre gewesen. Denn KINDRED hat mit seinen verschiedenen Klans von Vampiren, die untereinander um die Vorherrschaft im Reich der Blutsauger kämpfen und dabei ganz unterschiedliche Haltungen gegenüber den Menschen einnehmen, sicherlich eines der interessantesten und faszinierendsten Universen unter den Vampir-Geschichten der letzten Jahre geschaffen. In seinem Zentrum steht mit dem Vampir Luna eine Figur, die wiederum eindeutig von Anne Rices Romanen beeinflußt ist, aber auch andere moderne Vampir-Mythen haben in KINDRED Eingang gefunden. So erinnerten einige Momente der herausragend inszenierten und photographierten Serie atmosphärisch an die Romane von Poppy Z. Brite, die mit ihren Geschichten wie kein anderer Autor die *Gothic*-Subkultur unserer Zeit repräsentiert.

Es gibt zwischen all diesen Serien und BUFFY manchmal mehr, manchmal weniger offensichtliche Berührungspunkte. Es ist fast so, als ob BUFFY sie alle verinnerlicht hätte, um dann mit ihnen noch einmal etwas anderes, vielleicht nicht ganz Neues, aber zumindest Überraschendes zu machen. Wie auch schon im Hinblick auf die Genre-Elemente vereint Joss Whedons Serie einfach Aspekte aus all diesen Serien. Es gibt keine klaren Grenzen, und warum sollte nicht eine Vampir-Jägerin neben einem Vampir, ein von einem Gewissen belasteter Blutsauger neben Inkarnationen des Bösen in seiner reinsten Form stehen können? Das Enzigartige von BUFFY und ihrem phantastischen Universum, das vielleicht noch die größte Ähnlichkeit mit dem hat, was die amerikanische Horror-Autorin Nancy A. Collins in ihren Romanen und Kurzgeschichten erschaffen hat, besteht darin, daß es hier nicht die klassischen Widersprüche gibt. Die zwei Linien der Vampir-Mythologie, in denen der Blutsauger einmal einfach das von außen kommende, absolute Böse und einmal ein moderner, in seiner Zerrissenheit schillernder Anti-Held ist, vereinen sich. So kann man bei BUFFY nie sicher sein, was einen in den nächsten Folgen erwartet (von welcher anderen Serie kann man das schon sagen?); und allein die Entwicklung von Angel hält einige Überraschungen bereit, wie es sie so noch in keiner Vampirgeschichte gegeben hat.

Betrachtet man BUFFY THE VAMPIRE SLAYER allerdings als internationales Phänomen, drängt sich doch ein Vergleich geradezu auf, nämlich der mit Chris Carters X-FILES, die die Serienlandschaft der zweiten Hälfte der neunziger Jahre entscheidend geprägt haben. Am 10. September 1993 – ein Datum, das heute schon Fernsehgeschichte ist – lief die erste Folge der Serie über die rätselhaften Fälle der FBI-Agenten Scully und Mulder. Die Kritiken waren alles andere als positiv, die *ratings*, also die über das Schicksal einer Show entscheidenden Einschaltquoten, ziemlich schlecht. Doch dann passierte etwas, mit dem niemand rechnen konnte und was zu diesem Zeitpunkt absolut beispiellos war. Eine gar nicht mal so große Gemeinde von Fans, die der Serie sofort nach der ersten Episode verfallen waren, tat alles, was in ihrer Macht stand, um die X-FILES trotz ihres ungünstigen Starts zu einem Hit zu machen. Die Mund-zu-Mund-Propaganda funktionierte. Die, die begeistert waren, empfahlen die Show ihren Freunden und Bekannten, die dann auch anfingen, sie regelmäßig anzuschauen, so daß die *ratings* kontinuierlich anstiegen. Aber noch entscheidender als dieser klassische Weg der Popularisierung einer Serie oder eines Films durch mündliche Empfehlung war für den Erfolg der X-FILES ein neues Medium – das Internet.

Im Prinzip kam Chris Carters Serie mit ihrer Mischung aus Übernatürlichem und Paranoidem genau zum richtigen Zeitpunkt. Sie traf auf eine Welt, die sich gerade durch die schnelle Verbreitung des Internet entscheidend veränderte, und hatte das Glück, daß sie mit ihren Themen und ihrer Atmosphäre genau bei den Menschen auf einen Nerv traf, die entscheidend am Boom des Net beteiligt waren. So entstanden in kürzester Zeit unzählige Fanpages, die die Kunde von Scullys und Mulders ungewöhnlichen Fällen in die neue Welt der unendlichen Informationsflüsse hinaustrugen, wo sie begeistert aufgenommen wurde. So sind der Erfolg der X-FILES und das WorldWideWeb untrennbar miteinander verbunden. Im Laufe der Zeit – und besonders mit der zweiten Staffel – entwickelte sich Chris Carters Schöpfung dann von einem Geheimtip, einer Insider-Angelegenheit der neuen Gemeinde der Internet-Nutzer, zu einem echten Massenphänomen, das bis heute schon weit über 100 Folgen, einen Spielfilm, eine geradezu unüberschaubar gewordene Menge an Sachbüchern und jede Menge Comics und Romane hervorgebracht hat.

Die Geschichte der X-FILES ist das klassische Erfolgsmärchen im Gewand der Mediengesellschaft des ausgehenden 20. Jahrhunderts, ein Märchen, das sich gut dreieinhalb Jahre später mit BUFFY wiederholen sollte. Wie schon bei Chris Carters Serie waren die *ratings* der ersten BtVS-Episoden nicht gerade herausragend. Aber mit den Wochen verbreitete sich die Botschaft, daß die Serie etwas ganz anderes als Film und zugleich viel besser als erwartet ist, und die Quoten stiegen kontinuierlich an. Außerdem kam es mit der Zeit zu einer regelrechten Explosion der BUFFY-*Sites* im Internet, so daß es heute, etwa anderthalb Jahre nach der amerikanischen Erstausstrahlung des Pilotfilms, schon fast unmöglich ist, sich als Einsteiger einen auch nur annähernd kompletten Überblick über BUFFY im Netz zu verschaffen (allerdings bieten sich als Ausgangspunkte auf jeden Fall die hervorragende offizielle BUFFY-Homepage [http://www.buffy.com] und eine der Seiten an, die eine Übersicht über BUFFY-Pages geben und Links auf sie legen). Auch sie hat genau den Geschmack und die Interessen der Net-Surfer getroffen – eine unbedingte Voraussetzung, wenn heute ein Produkt der Pop-Kultur zu einem wirklichen Phänomen werden soll.

Wie schon bei THE X-FILES setzte der richtige Boom auch bei BUFFY erst im zweiten Jahr ein, in dem die Einschaltquoten noch einmal weiter anstiegen und die Show immer beliebter wurde. In der Saison 1997/98 wurde BtVS endgültig zu einem der Stammthemen innerhalb der amerikanischen und englischen Magazine, die sich schwerpunktmäßig mit den phantastischen Genres beschäftigen. Seitdem sind BUFFY-Cover bei ihnen keine Seltenheit mehr. Aber auch andere Zeitschriften haben Joss Whedons Show große Aufmerksamkeit gewidmet. So gab es schon 1997 eine Ausgabe der berühmten amerikanischen Fernsehzeitschrift *TV Guide*, deren Titelbild BUFFY zierte, was in den Vereinigten Staaten als eindeutiger Indikator gilt, daß es eine Serie geschafft hat, sie wirklich populär ist.

Weitere Publicity verdankt BtVS ihrem Star Sarah Michelle Gellar, die mit ihr wirklich berühmt geworden ist, der Show aber zugleich durch ihre Auftritte in Kinofilmen wie Jim Gillespies I KNOW WHAT YOU DID LAST SUMMER (dt. ICH WEISS WAS DU LETZTEN SOMMER GETAN HAST) und Wes Cravens SCREAM II (dt.: SCREAM II) weitere Popularität verschafft hat. Sie zierte zwar

21

noch nicht so viele Cover von *Rolling Stone* oder *Entertainment Weekly* wie der X-FILES-Star Gillian Anderson, ist aber neben ihr und Calista Flockhart im Moment sicherlich der größte weibliche Fernsehstar. Auch die anderen Ensemblemitglieder wie David Boreanaz, Nicholas Brendon, Alyson Hannigan, Charisma Carpenter und Anthony Stewart Head genießen durch die Serie eine große Popularität, die natürlich auch wieder zur weiteren Verbreitung von BUFFY beiträgt. Im Prinzip ist dieses Wechselspiel der Medien-Aufmerksamkeit zwischen der Serie und ihren Stars zu einer Art von Publicity-›perpetuum-mobile‹ geworden, das dem gleicht, das die X-FILES untrennbar mit Gillian Anderson und David Duchovny verbindet.

Seinen bisherigen Höhepunkt hat das multimediale Phänomen BUFFY THE VAMPIRE SLAYER im Spätsommer und Frühherbst 1998 mit dem amerikanischen Start der dritten Staffel am 29. September erreicht. Der Beginn von Anno III, wie die Staffel in der Sprache ihrer Macher heißt, wurde von einer regelrechten Lawine an BUFFY-Produkten begleitet. So ist im September zum ersten Mal das offizielle BUFFY-THE-VAMPIRE-SLAYER-Magazin erschienen, das nun wohl alle zwei Monate mit einer neuen Ausgabe auf den Markt kommen wird. Außerdem gibt es seit Ende September eine bei DARK HORSE erscheinende Comic-Serie. Zusätzlich erscheint seit Juni 1998 fast jeden Monat ein Roman, der im Universum der Serie spielt. Es gab zwar schon vorher vier *young adults novels*, Romane, die sich in erster Linie an jugendliche Fans der Show richten, aber nun erscheinen einige der Bücher im allgemeinen Programm von Pocket Books, einem zur Simon-and-Schuster-Gruppe gehörenden Verlag, der die Rechte an den offiziellen Begleitpublikationen erworben hat. Mit diesem Wechsel aus der Jugendabteilung heraus haben sich auch die Romane verändert, die nun zum einen umfangreicher

Ob als Star einer TV-Serie, als Romanfigur oder auch als Comic-Heldin (wie hier auf dem amerikanischen Comic-Katalog *Previews*) – Buffy macht einfach immer eine gute Figur!

sein können und zum anderen düsterer geworden sind. Neben diesen unter Lizenz erscheinenden Büchern – zu denen auch der von Christopher Golden und Nancy Holder geschriebene »Watcher's Guide«, der offizielle *companion* zur Serie, gehört (die beiden haben zusammen auch die *young adult novel* »Halloween Rain« [dt.: »Halloween«] und den BUFFY-Roman »Child of the Hunt« veröffentlicht, außerdem stammt von Nancy Holder auch »The Angel Chronicles. Vol. 1«, die *novelization* von drei Folgen der Serie) – kommen im Moment in Amerika bald jeden Monat inoffizielle *episode guides* und nicht-autorisierte Sarah-Michelle-Gellar-Biographien heraus. Insofern ist BUFFY, auch was Bücher, Comics und Zeitschriften betrifft, nur mit den X-FILES zu vergleichen.

Wie überall auf der Welt sind die *ratings*, die Zuschauerquoten, in den Vereinigten Staaten Zahlen, die man auf verschiedene Arten lesen kann. Während der ersten Staffel hatte BUFFY eine durchschnittliche Quote von etwa 3,7 Millionen, was eigentlich gar nicht soviel ist, zumindest wenn man diese Zahl mit den Maßstäben der vier großen nationalen Sender mißt. Auf ihnen gilt eine Show dann als Hit, wenn sie im Schnitt eine Quote von 13 bis 14 Millionen hat. Aber sie läuft eben nicht auf einem dieser vier Programme, sondern bei WB Network, einem kleinen, relativ jungen Sender, der sich noch im Aufbau befindet. Seit seiner Gründung im Jahr 1995 konnte WB keinen Hit vorweisen, selbst für ihre viel kleineren Maßstäbe nicht. Dies setzte die Leitung des Senders immer wieder stark unter Druck, da auch massive Kritik von seiten der Führungsspitze des Time/Warner-Konzerns kam. Besonders Ted Turner, der Vizepräsident des Medien-Multis, trat immer wieder als heftiger Kritiker und Gegner des Senders im eigenen Hause auf. Unter diesen Voraussetzungen waren die 3,7 Millionen, die BUFFY im

Frühsommer 1997 als wöchentliche Quote erreichte, hervorragende Zahlen, die nicht nur den Fortbestand der Serie sicherten. Sie deuteten auch eine Trendwende für den seit seinen Anfängen gefährdeten Sender an. Damit hatte sich die Entscheidung der Verantwortlichen, BUFFY in das Programm zu nehmen, obwohl WB sich bisher eher als reiner Familiensender mit einem *line-up* von harmlos-netten *soaps* und *sitcoms* präsentiert hatte, mehr als nur ausgezahlt.

Die Bedeutung, die BUFFY für WB hat, offenbart sich am meisten in der Entscheidung der Verantwortlichen, die Show zusammen mit der von Kevin Williamson (dem Drehbuchautor von SCREAM I und II und von I KNOW WHAT YOU DID LAST SUMMER) entwickelten High-School-Serie DAWSON CREEK zum Programm des Dienstagabends zu machen, den WB 1998 zu seinem vierten wöchentlichen Sendetag gemacht hat. Bis dahin hat der Sender, der Verträge mit lokalen Sendestationen hat, nur drei Tage in der Woche Programm ausgestrahlt. So hat Joss Whedons Serie mitten in der zweiten Staffel, am 20. Januar 1998, ihren Sendeplatz geändert. Bis dahin lief sie immer montags um 21 Uhr – ein Termin, der nur bedingt glücklich gewählt war. Denn zum einen lief vorher, also um 20 Uhr, die äußerst familienbetonte *soap* 7th HEAVEN, zum anderen mußte BUFFY gegen die parallel auf FOX laufende ALLY McBEAL (dt.: ALLY McBEAL) ankämpfen, gegen die Whedons Show keine wirkliche Chance hatte. Nun läuft BUFFY immer dienstags um 20 Uhr vor DAWSON CREEK (dt.: DAWSON CREEK), die im Frühjahr 1998 die WB-Show mit den höchsten *ratings* war. Sie hat diesen Wechsel, der äußerst geschickt mit einer am 19. und 20. Januar ausgestrahlten Doppelfolge vollzogen wurde, nicht nur unbeschadet überstanden. Befreit von der Konkurrenz mit ALLY McBEAL, einer der in Amerika zur Zeit beliebtesten Serien überhaupt (was es über Deutschland aussagt, daß ALLY hier nach nur sieben Folgen bei VOX eingestellt wurde und somit die momentan vielleicht sogar beste aller Serien nicht mehr läuft, darüber sollte man wahrscheinlich lieber gar nicht nachdenken), konnte BUFFY sogar noch einmal zulegen. Trotz des früheren Sendetermins, der traditionell mit kinderfreundlicheren Serien und Programmen verbunden ist, hat sich nichts an dem Konzept der Show verändert. Joss Whedon brauchte keinerlei inhaltliche Kompromisse zu machen und konnte die bewährte Mischung aus Horror, Action und rasanten Dialogen beibehalten – ein weiterer Beweis für das Vertrauen und die Dankbarkeit der Verantwortlichen von WB.

Diese Dankbarkeit von seiten des Senders ist auch mehr als angebracht, in Fachkreisen heißt es nämlich, daß BUFFY im Verbund mit dem zweiten, noch größeren Überraschungshit DAWSON CREEK das Warner Brothers Network vor dem Aus bewahrt hat. Zumindest kann der Sender gelassener in die Zukunft blicken. Die Ausweitung des Programms auf einen vierten Tag hat ihn – anders, als dies in den letzten Jahren bei anderen Sendern der Fall war – keine *ratings* an den übrigen drei Tagen gekostet. Im Moment macht der WB zwar immer noch Verluste (1997 87 Millionen Dollar), aber sie werden deutlich geringer. Außerdem lagen bei UPN, einem der direkten Konkurrenten von WB, der mit den Serien des STAR-TREK-Universums von Anfang an einen Hit im *line-up* hatte, im gleichen Jahr die Verluste mit 175 Dollar Millionen bei weitem höher. Insgesamt gesehen befindet sich WB nun dank der beiden Serien, die schon als ›match made in High School heaven‹ (eine im High-School-Himmel geschlossene Verbindung) bezeichnet wurden, auf dem Weg in eine vielversprechende Zukunft. So hofft man, Anfang des nächsten Jahrtausends erstmals schwarze Zahlen zu schreiben. Vielleicht gelingt es WB dabei tatsächlich, dem Vorbild von FOX zu folgen − einem Sender, dessen Siegeszug vor etwa zehn Jahren mit einer anderen High-School-Serie, mit der *Spelling-soap* BEVERLY HILLS, 90210 (dt.: BEVERLY HILLS, 90210), begann.

Zu einem Schritt auf dem Weg, von einem kleinen, eher unbedeutenden Sender hin zu einem der großen zu werden, soll auch ANGEL, das erste *spin-off* von BUFFY, werden. Im September 1999 soll diese Serie, mit der der von David Boreanaz gespielte Vampir Angel − die wahrscheinlich beliebteste Figur neben Buffy selbst − eine eigene Show bekommt, starten. WB hat erst einmal 13 Folgen bei Joss Whedon und seiner Produktionsgesellschaft in Auftrag gegeben, mit denen man die Akzeptanz für einen solchen Ableger testen will. Bisher gibt es nur Gerüchte, wie diese neue Serie nun aussehen wird. Das einzige, was wohl wirklich schon feststeht, ist, daß Angel Sunnydale verläßt und nach Los Angeles, laut Whedon das andere große ›hellmouth‹, geht. Außerdem soll es häufiger Gast-Auftritte des BUFFY-Casts geben, von dem bisher nur Charisma Carpenter als ständiges Ensemblemitglied für ANGEL eingeplant ist. Von ihrer grundsätzlichen Ausrichtung her soll die zweite Serie in Whedons Universum etwas dunkler und härter als BUFFY werden und sich somit verstärkt an ein etwas älteres Publikum richten. Allerdings hat auch BtVS nicht nur unter Teenagern und Twens eingeschworene Fans. Insofern wird, wenn das Konzept aufgeht, ANGEL auf dem Publikum von BUFFY aufbauen können.

Anders als in Amerika muß BUFFY hier bei uns in Deutschland PRO7, den Sender, auf dem die Serie unter dem Titel BUFFY − IM BANN DER DÄMONEN läuft, nicht retten. Damit sind ihre Ausgangsvoraussetzungen schon einmal besser als bei ihrem Start in den Vereinigten Staaten vor gut anderthalb Jahren.

Außerdem hat man sich von seiten des Senders zumindest bei der Programmplanung sichtlich Mühe gegeben. Die Serie wird hier am Samstagnachmittag direkt nach den beiden High-School-*sitcoms* CLUELESS (dt.: CLUELESS – DIE CHAOTEN-CLIQUE) und SABRINA, THE TEENAGE WITCH ausgestrahlt. Zusammen ergeben die drei Serien einen wirklich gelungen Programmblock, der eine echte Konkurrenz zu dem Samstagnachmittagsprogramm von RTL darstellt. Dabei hat sich BUFFY mit Quoten von weit über einer Million Zuschauern schon in den ersten Wochen als potentieller Hit etabliert und die parallel laufenden Serien PARTY OF FIVE (dt.: PARTY OF FIVE) und BEVERLY HILLS, 90210 klar hinter sich gelassen. Vor bzw. parallel zum Serienstart sind auch bereits die Übersetzungen der ersten drei BUFFY-Romane bei vgs erschienen, so daß hier Joss Whedons Schöpfung gleich als multimediales Phänomen starten kann und es nur noch eine Frage der Zeit – wahrscheinlich nur von Wochen – ist, bis auch uns das BUFFY-Fieber richtig ergriffen hat!

Dortmund & Witten,
Januar 1999

DIE BIOGRAPHIEN

SUNNYDALES SCHÖPFER

Der Autor und Produzent Joss Whedon

Die zweite Hälfte der neunziger Jahre hat einen wahren Boom an Horror-Geschichten im Kino wie im Fernsehen gebracht. Ein bißchen ist es fast so wie in den Siebzigern und frühen Achtzigern, als die Karrieren von Regisseuren wie John Carpenter, Wes Craven, David Cronenberg, Tobe Hooper und George Romero begannen und als Zombie- und Slasher-Filme das Genre neu definierten. Nur eins hat sich geändert. Damals kamen diese jungen Regisseure und Autoren von den Rändern der Filmindustrie und eroberten sich langsam einen Platz in der amerikanischen Filmwelt. Sie waren *Independents* und setzen mit ihren billig produzierten, die Strömungen und Ängste der Zeit ungefiltert spiegelnden Filmen neue Maßstäbe, an denen auch Hollywood und der *mainstream* nicht mehr vorbeikamen. So versuchte die Traumfabrik, diese neuen, frischen Talente für sich zu vereinnahmen, ihre Ideen und Innovationen mit den eigenen Zielen und Gesetzmäßigkeiten zu verbinden – ein Versuch, der in den meisten Fällen zwar scheiterte, aber dem Horror-Genre auf längere Sicht ein Zuhause bei den großen unabhängigen Produktionsgesellschaften gegeben hat.

Die Newcomer der neunziger Jahre – Autoren wie Kevin Williamson und Joss Whedon, Werbe- und Video-Clip-Regisseure wie David Fincher und Jim Gillespie – konnten diese Situation nutzen. Sie mußten sich nicht erst einen Namen mit kleinen, rauhen und meist dreckigen Filmen machen, sie konnten Hollywood und die großen *companies* gleich, quasi im Sturm, erobern. Dabei haben heute die Autoren, die nicht wie in den Siebzigern zugleich ihre eigenen Regisseure sind, eine größere Bedeutung.

So hat Kevin Williamson mit I KNOW WHAT YOU DID LAST SUMMER und den beiden SCREAM-Teilen den Slasher-Film im Alleingang erneuert und den Horror wieder zu einer festen Größe in unseren Kinos gemacht.

Neben Williamson ist Joss Whedon der zweite große neue Stern unter den Drehbuchautoren am Himmel über Hollywood. Nach den Drehbüchern zu dem Computer-Animationsfilm TOY STORY (dt.: TOY STORY) und dem Sci-Fi-Horror ALIEN – RESURRECTION (dt. ALIEN IV – DIE WIEDERGEBURT) ist er im Moment einer der am stärksten umworbenen Autoren der Traumfabrik. Gerade einmal Mitte Dreißig, steht Joss Whedon als Kopf hinter seiner eigenen Produktionsgesellschaft *Mutant Enemy Inc.*, die seit dem Sommer 1997 einen großen Entwicklungs- und Produktionsdeal mit der 20th Century FOX hat, und als *Creator*, Autor und Mitproduzent von BUFFY – IM BANN DER DÄMONEN, dem Überraschungshit unter den Fernsehserien der späten neunziger Jahre, auf dem Zenit seiner nunmehr gut zehnjährigen Karriere, und es sieht noch lange nicht so aus, als ob er die Spitze seines Erfolgs erreicht hätte.

Aber trotz dieses sensationellen Aufstiegs, der ihn innerhalb eines Jahrzehnts von einem unbekannten Autor im Team von ROSEANNE (dt.: ROSEANNE) zu einem der begehrtesten Schreiber im Horror- und Action-Kino (er war auch für die Überarbeitung der Drehbücher zu SPEED, WATERWORLD und TWISTER verantwortlich) gemacht hat, sind seine Gefühle gegenüber Hollywood eher zwiespältig. Seit BUFFY THE VAMPIRE SLAYER (dt.: BUFFY, DER VAMPIRKILLER), Fran Rubel Kuzuis Adaption seines ersten Filmdrehbuchs, begegnet er der Traumfabrik mit einer gewissen Skepsis, die aus der Enttäuschung über den Film geboren wurde, der aus seiner Vorlage geworden ist. Die schmerzliche Erkenntnis, daß der Drehbuchautor zwar eine wichtige und zentrale Stellung innerhalb der Entstehung eines Filmes hat, aber eigentlich keine Macht besitzt, also auch keinen wirklichen Einfluß darauf hat, wie der Film am Ende aussieht – das entscheiden allein der Regisseur und die Produzenten –, wirkt noch heute nach.

Wirklich heimisch fühlt sich Joss Whedon im Moment allerdings beim Fernsehen. Denn hier hat er als *Creator* und hauptverantwortlicher Autor einer Serie die Macht und die Kontrolle über die Umsetzung seiner Vision, die er im Kino an andere abtreten muß. Deshalb ist er 1995/96 auch sofort auf das Angebot der Produzenten und Rechteinhaber von BUFFY eingegangen, die Idee seines Filmdrehbuchs in den Stoff für eine Fernsehserie zu verwandeln. So konnte er zu einem Projekt zurückkehren, das ihm immer noch sehr am Herzen lag, und bekam gleichzeitig die Chance, noch einmal alles ganz neu zu machen, seinen ursprünglichen Traum von einer Geschichte zu realisieren, die Horror, Komik und Action verbindet, ohne daß das eine dem anderen widerspricht. Hier kann Whedon nun endlich seine Obsessionen ausleben und seine Sicht auf die Welt und das Leben vor uns ausbreiten. Deshalb ist BUFFY – IM BANNE DER DÄMONEN von all seinen Projekten das persönlichste und das, das ihm am meisten bedeutet, auch mehr als TOY STORY, für dessen Drehbuch er immerhin zusammen mit seinen Co-Autoren eine Oscar-Nominierung bekommen hat.

»Ich glaube, High School ist deshalb zu einem so beliebten Hintergrund für neue Shows geworden, weil es keine andere Zeit im Leben gibt, die so sehr einer Fernsehserie ähnelt, sei es nun eine Horror-Show, eine dramatische Serie oder etwas ganz anderes. Während man zur Schule geht, erscheint alles im Leben viel bedeutender, viel dramatischer, es wirkt viel stärker auf einen. Ich denke, daß es keine andere Phase im Leben gibt, in der man so fühlt wie in der Schulzeit.« Diese von Joss Whedon in einem Interview geäußerte Einschätzung der Bedeutung der High-School-Zeit mag der Schlüssel sein, der Erklärungen für den Erfolg von BUFFY liefert. Ganz sicher aber ist sie der Schlüssel zum Verständnis von Whedons Vision. Denn diese Sicht auf die Schulzeit, die sich mit seiner Überzeugung verbindet, daß dieser Abschnitt des Lebens reinster Horror ist, dem sich niemand entziehen kann, steht hinter jeder Folge der Serie. Sie ist zugleich ihr Rückgrat und ihre Seele, durch sie drückt sich Joss Whedons Persönlichkeit ganz direkt aus. Wie er selbst sagt, dient BUFFY ihm auch dazu, es allen heimzuzahlen, mit denen er zur Schule gegangen ist. So befreit er sich von den Dämonen seiner Jugend und gibt ihnen das Gesicht, das sie in der Imagination aller sensiblen Jugendlichen mit einer überbordenden Phantasie haben.

»Für mich war die High School ein Horrorfilm«, sagt Joss Whedon und führt weiter aus: »Mädchen wollten mich nicht einmal mit einem Stock berühren.« So ist ihm, der in Manhattan aufgewachsen ist und sich selbst als »seltsames, schwer zu mögendes Kind« bezeichnet, seine Zeit an der exklusiven New Yorker Riverdale School alles andere als in angenehmer Erinnerung geblieben. Sein letztes Schuljahr hat er dann am Winchester College, einer für ihre hohen Ansprüche berühmten, reinen Jungen-Schule in England, verbracht. Diese Zeit, die er größtenteils genutzt hat, um die Klassiker zu studieren und ins Kino zu gehen, ist so wie die Schulerfahrungen in Amerika die Grundlage für das Universum, das Whedon für BUFFY entworfen hat und in dem sich durch die Figur des *Watcher* Rupert Giles die alte und die neue Welt verbinden.

Nach dem Abschluß in England ist Joss Whedon nach Amerika zurückgekehrt und hat dort das kleine, aber dafür um so exklusivere Wesleyan College in Connecticut besucht. Seine Erinnerungen an die Jahre am Connecticut River sind schon um einiges positiver als die an die Schulzeit. Eigentlich schon Amerika-typisch beherrschten Partys und der Wille, möglichst viel Spaß zu haben, diese Phase in seinem Leben. Nachdem er sein Studium im Hauptfach Film abgeschlossen hatte, stand für ihn fest, daß er als Autor arbeiten wollte. Damit folgte er einer Tradition innerhalb seiner Familie, denn sein Großvater John Whedon hat für Fernsehshows wie LEAVE IT TO BEAVER, THE DONNA REED SHOW und THE DICK VAN DYKE SHOW geschrieben, sein Vater Tom war Autor bei Serien wie ALICE, BENSON (dt.: ALICE, BENSON) und THE DICK CAVETT SHOW, bevor er dann THE GOLDEN GIRLS (dt.: DIE GOLDEN GIRLS) produziert hat.

Um überhaupt erst einmal einen Weg in die Film- und Fernsehindustrie zu finden, hat Joss Whedon zunächst in kürzester Zeit mehrere Entwürfe für Drehbücher geschrieben, sogenannte *spec scripts*, d. h. Drehbücher, die ein Autor schreibt, ohne dafür einen Auftrag zu haben, und die er dann an verschiedene Produktionsgesellschaften in der Hoffnung verschickt, daß eine von ihnen sein *script* kauft. In Whedons Fall gab es aber nichts als freundliche, wenngleich bestimmte Absagen. Allerdings öffnete sich dann eine andere Tür für ihn, der am liebsten für Serien wie THE SIMPSONS (dt.: DIE SIMPSONS) oder TWIN PEAKS (dt.: TWIN PEAKS) geschrieben hätte, als er einen Job als Autor bei der äußerst beliebten *sitcom* ROSEANNE erhielt. Nach einem Jahr, in dem auch sein erstes fertiggestelltes Drehbuch – das zu BUFFY THE VAMPIR SLAYER (dt.: BUFFY, DER VAMPIRKILLER) – entstanden ist, hat er das Team der Serie verlassen, um sich mehr auf Hollywood und das Kino zu konzentrieren. Eine Entscheidung, die sich als richtig erwies, da er noch im selben Jahr, 1988, das BUFFY-*script* an Sandollar Productions, eine von Dolly Parton

und ihrem Manager Sandy Gallin gegründete Produktionsgesellschaft, verkaufen konnte.

Allerdings vergingen zwischen dem Verkauf des Drehbuchs und
dem eigentlich Produktionsbeginn etwa drei Jahre. In dieser Zeit
hat Joss Whedon kurzfrislig wieder beim Fernsehen als Co-Produzent und Autor der NBC-Serie PARENTHOOD (dt.: ELTERN SEIN
DAGEGEN SEHR) gearbeitet. Nachdem BUFFY, mit dem er selbst
gar nicht zufrieden war, in die Kinos gekommen war, bekam
seine Hollywood-Karriere allerdings einen neuen Schub. 1993
konnte er sein *spec sript* SUSPENSION an Largo Entertainment
verkaufen. Die Produktion dieses als DIE HARD (dt. STIRB LANG-
SAM) auf einer Brücke beschriebenen Films sollte auch relativ
schnell beginnen, doch dann brach Largo alle Vorbereitungen
ab, und SUSPENSION verschwand – zumindest bis heute – in der
development hell. Niemand weiß so recht, warum der Film nicht
gemacht wurde. Allerdings vermuten einige Fachleute, daß der
Mißerfolg von Stephen Hopkins' auch von Largo produziertem
JUDGEMENT NIGHT (dt.: JUDGEMENT NIGHT) den Ausschlag
gegeben hat. Man wollte zu diesem Zeitpunkt wohl keinen
zweiten Mißerfolg im Action-Genre riskieren.

1993/94 erhielt Whedon dann seinen ersten Job als *script doctor*,
also als Autor, der kurz vor Produktionsbeginn bzw. während
der Dreharbeiten hinzugezogen wird, um das vorhandene, von
jemand anderem geschriebene Drehbuch noch einmal zu überarbeiten und Schwächen auszubügeln. Er bearbeitete das *script*
zu Jan De Bonts SPEED, der Keanu-Reeves/Sandra-Bullock-
Actioner, der im Sommer 1994 zu einem echten Überraschungs-
erfolg werden sollte. Während SPEED seinen Triumphzug antrat,
arbeitete Whedon erneut als *script doctor*, diesmal an Kevin
Costners und Kevin Reynolds' WATERWORLD, der aufgrund
seiner chaotischen Produktionsgeschichte und den Unsummen

an Geld, die er verschlungen hat, berühmt wurde, lange bevor er ins Kino kam. Die Arbeit mit dem Superstar Costner, der sich während der Dreharbeiten von Reynolds trennte, war allerdings für Whedon alles andere als eine positive Erfahrung. Auch er, der später kein Drehbuch-*credit* bekam, wurde im Prinzip ein Opfer des allgemeinen Dreh-Chaos und der Egomanie Costners. Im September 1994 kaufte dann Columbia Pictures Whedons *spec script* AFTERLIFE. In ihm geht es um einen Wissenschaftler, der sein Gehirn nach seinem Tod in den Körper eines jüngeren Mannes verpflanzen läßt. So will er Zeit für seine Forschungen und seine von ihm über alles geliebte Frau gewinnen. Doch der Körper, den sein Gehirn übernimmt, gehört einem Serienmörder. Wie schon bei SUSPENSION wollte man auch hier sofort mit der Produktion beginnen, als Star war Jean-Claude van Damme vorgesehen. Doch als der Action-Star aus dem Projekt ausstieg, änderten auch die Bosse von Columbia ihre Meinung und legten das Drehbuch auf Eis.

Als nächstes folgte für Whedon die Arbeit an Disneys erstem großen Computer-Animationsfilm TOY STORY. Auch hier kam er erst hinzu, als die Produktion schon angefangen hatte. Seine Aufgabe war es, die beiden eher unsympathischen Hauptfiguren, besonders den zynischen, ständig nörgelnden Cowboy Woody, der später von Tom Hanks gesprochen wurde, in Charaktere zu verwandeln, die die Zuschauer mögen und mit denen sie sich identifizieren können. Seine Arbeit an TOY STORY brachte Whedon zusammen mit den anderen sechs in den *credits* genannten Autoren eine Oscar-Nominierung für das beste Original-Drehbuch ein. Der Preis ging dann allerdings an Christopher McQuarrie für sein *script* zu Bryan Singers THE USUAL SUSPECTS (dt.: DIE ÜBLICHEN VERDÄCHTIGEN). Aber die Nominierung machte ihn zu einem der bestbezahlten

Autoren unter den *script doctors*, was sich sofort bemerkbar machte, als man ihn engagierte, das Drehbuch zu Jan de Bonts Katastrophen-Thriller TWISTER zu überarbeiten. Sein gefestigter Ruf innerhalb Hollywoods zeigt sich auch darin, daß er nach seiner Oscar-Nominierung zum ersten Mal von einem Studio den Auftrag bekam, ein neues *script* zu schreiben. Twentieth Century FOX gab bei ihm das Drehbuch zum vierten Teil der ALIEN-Saga in Auftrag, der im Herbst 1997 unter dem Titel ALIEN – RESURRECTION in die Kinos kam. Dies war seine bisher letzte Arbeit an einem Kinofilm. Allerdings fällt sein Name immer wieder im Zusammenhang mit verschiedensten Hollywood-Produktionen. So brachten ihn Gerüchte mit einem Drehbuch zusammen, das die Siebziger-Jahre-Fernsehserie THE SIX MILLION DOLLAR MAN (dt.: DER SECHS MILLIONEN DOLLAR-MANN) für die große Leinwand adaptieren soll. Außerdem heißt es, daß – sollte es einen fünften ALIEN-Teil geben – Joss Whedon wieder das Drehbuch schreiben wird. Den größten Teil seiner Zeit nimmt im Moment allerdings sein Lieblingsprojekt BUFFY in Anspruch, bei dem er am Ende der ersten Staffel sein Debüt als Regisseur gegeben hat.

Sarah Michelle Gellar alias Buffy Summers –
die ultimative Action-Heldin für das 21. Jahrhundert!

DIE DARSTELLER

SARAH MICHELLE GELLAR ist BUFFY SUMMERS

Lange bevor der Pilotfilm zu BUFFY – IM BANN DER DÄMONEN tatsächlich in Produktion gehen sollte, stand die zu diesem Zeitpunkt gerade einmal 18jährige Sarah Michelle Gellar vor der Kamera, um in einer sogenannten Präsentation eben jene Vampirkillerin darzustellen, die sie rund ein Jahr später zu einem großen Star machen sollte. Präsentationen werden gedreht, wenn es darum geht, Fernsehsendern ein Projekt nicht nur auf Papier, sondern auch visuell vorzustellen. Vor allem junge Produzenten, die noch nicht über jene Namen verfügen, welche es ihnen ermöglichen, anhand eines Treatments sofort die Gelder für einen Pilotfilm zu erhalten, müssen solche zumeist halbstündigen Filme drehen, um die Fernsehsender von ihrem Projekt zu überzeugen. Das Geld für diese Filme müssen sie meist selbst aufbringen, nur selten springen die Sender als Finanziers ein.

Auch Joss Whedon war dazu verdammt, eine solche Präsentation zu erstellen. Whedon, enttäuscht von der Umsetzung seiner Geschichte im Spielfilm, begnügte sich nicht mit der Position eines Produzenten, er übernahm auch die Regie dieses 30minütigen Präsentationsfilmes. Das Problem: Er hatte zuvor noch nie Regie geführt. Entsprechend unsicher war er, der Autor, im Umgang mit seinen Mitarbeitern, allesamt Profis, die Whedon deutlich zu verstehen gaben, daß sie ihm überlegen waren und ihm jegliche Form von Unterstützung, zum Beispiel durch Überstunden, verwehrten. Dazu hatten sie das Recht, denn Whedon arbeitete in Hollywood. Und dort gab und gibt es rigide Bestimmungen bezüglich der Arbeitszeiten. Aufgrund des knappen

Budgets aber war Whedon auf die Hilfe seines Drehteams angewiesen. Diese erhielt er jedoch erst, als Sarah Michelle Gellar dem Team androhte, dessen lasche Arbeitseinstellung publik zu machen. Dies zeigte Wirkung, denn trotz ihrer gerade einmal achtzehn Lenze galt Sarah Michelle Gellar unter den Mitarbeitern bereits als alter Hase im Showgeschäft. Als solcher wußte sie, welchen Ton sie einschlagen mußte, um das Drehteam von der Notwendigkeit einer guten Zusammenarbeit zu überzeugen, denn immerhin ist sie ein Star. Und einem Star widerspricht man nicht!

Es ist kaum zu glauben, doch mit ihren nunmehr gerade einmal einundzwanzig Jahren hat Sarah Michelle Gellar bereits im Mittelpunkt eines aufsehenerregenden Prozesses zwischen McDonald's und Burger King vor Gericht gestanden, einen Emmy gewonnen und die Hauptrolle einer der erfolgreichsten TV-Serien der letzten zehn Jahre übernommen. Doch alles der Reihe nach.

Geboren wurde Sarah Michelle Gellar am 14. April 1977 in New York City. Um genau zu sein: Sie kam in Manhattan zur Welt. Ihre Mutter Roselle arbeitete zu jener Zeit als Lehrerin an einer Krankenschwesternschule, ihr Vater Arthur war selbständiger Kaufmann. Über die ersten drei Jahre ihres Lebens ist nicht viel bekannt. Dies mag etwas eigenartig klingen. Die ersten drei Jahre ihres Lebens! Ein solcher Satz klingt jedoch in keiner Weise lächerlich, wenn man sich überlegt, daß Sarah gerade einmal vier Jahre alt war, als ihre Karriere begann. Während andere Kinder in den Kindergarten gehen und mit Begriffen wie Lesen und Schreiben noch nicht allzuviel anfangen können, stand Sarah erstmals vor der Kamera und mußte dafür Texte auswendig lernen. Um ihren Einstieg ins Filmgeschäft ranken sich bereits heute Legenden, die von ihren Fans rund um den Erdball gerne weitergegeben werden. Diese Legende sieht wie folgt aus: Sarah lebte mit ihren Eltern in der Upper East Side, einem als gehoben zu bezeichnenden Teil Manhattans. Mit ihrer Mutter saß sie eines Tages in einem Restaurant, als eine Agentin auf sie zukam, angetan von ihrer Unbekümmertheit, und sie fragte, ob sie ins Fernsehen wolle. Sarah sagte ja – und so erhielt sie ihr erstes Werbefilmengagement.

Ob diese Geschichte wahr ist? Oder ist sie nur ein perfekter PR-Gag, der einen Vergleich der jungen TV-Schauspielerin mit der großen Lana Turner implizieren soll? Lana Turner, eine der großen weiblichen Hollywood-Ikonen dieses Jahrhunderts, war selbst ein Kinderstar und tatsächlich von einem Agenten auf der Straße entdeckt worden. Entdeckt in einer Zeit, als der Bedarf an kindlichen Darstellern weitaus geringer war als in unserer Zeit und in der Agenten schon einmal zu unorthodoxen Methoden greifen mußten, um Rollen zu besetzen. In den Zwanzigern, Dreißigern, ja sogar noch in den vierziger Jahren gab es Wunder wie das, das Lana Turner widerfahren ist. Doch 1981? In den USA und gerade in New York, der Theaterhauptstadt Amerikas, wo fürs Fernsehen mehr Werbespots gedreht werden als in Hollywood, soll es einen solchen Mangel an Kinderschauspielern gegeben haben, daß sich eine Agentin genötigt sah, ein ihr wildfremdes Mädchen in einem Restaurant anzusprechen und vom Fleck weg zu engagieren? Oder sollte am Ende doch eine Mutter hinter Sarah gestanden haben, die ihre Tochter von Kindesbeinen an zu einem Star machen wollte, um möglicherweise eigene Träume durch die Tochter zu erfüllen?

Spekulationen über Spekulationen, doch Antworten gibt es keine. Da Sarah Michelle Gellar die Geschichte ihrer Entdeckung tatsächlich so und nicht anders erzählt, muß sie, trotz aller Einwände, vorerst als wahr betrachtet werden.

Es dauerte nicht lange, bis sie in dem CBS-Movie-of-the-Week AN INVASION OF PRIVACY ihre erste Rolle bekam. Schon wenig später avancierte Sarah zu einem der beliebtesten Werbespotmädchen. Ihr unbekümmertes Auftreten sprach die Werbefilmer in New York an, und schon bald gab es kaum ein Produkt, für das sie nicht geworben hätte. Eines dieses Werbeengagements machte Sarah Michelle Gellar 1982 schließlich erstmals mit der amerikanischen Justiz bekannt und zwang die Jüngstschauspielerin, in einem Prozeß von McDonald's gegen Burger King auszusagen. Wohlgemerkt: Sarah Michelle Gellar war zu diesem Zeitpunkt fünf Jahre alt!

Was war geschehen? Anfang der achtziger Jahre hatte die amerikanische Wettbewerbsbehörde den vergleichenden Wettbewerb freigegeben. Vergleichende Werbung bedeutet, daß Firma A ihre Produkte im Werbespot direkt mit denen von Firma B vergleicht und am Ende dem Zuschauer suggeriert, die Produkte von B könnten dem Vergleich mit A auf keinen Fall standhalten. Ein ganz ähnliches Recht gibt es inzwischen auch in Europa. Hier hat die Europäische Kommission diese Werbung unter bestimmten Voraussetzungen – so dürfen über das Konkurrenzprodukt keine Lügen in Umlauf gebracht werden – ebenfalls freigegeben, und im Frühjahr 1998 wurde dieses Recht auch in deutsches Recht übertragen. Die ersten vergleichenden Werbungen in Deutschland schaltete im Oktober 1998 schließlich die Hamburger-Kette Burger King, indem sie beispielsweise den Preis ihrer Pommes frites mit denen von McDonald's verglich, um aus diesem Preisvergleich eindeutig als Sieger hervorzugehen. Sechzehn Jahre vor diesem ersten vergleichenden Fernsehwerbespot in der Bundesrepublik Deutschland hatte eben jene Burger-Kette auch in den USA das Zeitalter der vergleichenden Werbung eingeläutet. Die Kampagne, die in den USA geschaltet wurde, verglich weniger die Preise miteinander, Burger King ging es vielmehr darum, McDonald's' Vorherrschaft im Kinder- und Jugendbereich zu brechen, denn McDonald's war in diesem Segment seit Jahren Marktführer. Um diese Marktführerschaft zu brechen, schaltete Burger King eine ausschließlich auf Kinder, Jugendliche und deren Eltern zugeschnittene Werbekampagne, in deren Mittelpunkt ein kleines Mädchen stand: Sarah Michelle Gellar.

Im ersten vergleichenden Werbespot der amerikanischen TV-Geschichte ist ein kleines Mädchen (Sarah) zu sehen, das – sinngemäß übersetzt – den folgenden Spruch aufsagt: »Sehe ich 20 Prozent zu klein aus? Das kommt wohl daher, weil ich zu McDonald's gehe, wo die Hamburger 20 Prozent kleiner sind.«

McDonald's fühlte sich vom Spott im Spot über Gebühr angegriffen und reichte Klage gegen ihn ein. Es kam zu einem Prozeß, in dem alle am Werbespot beteiligten Personen aussagen mußten – auch Sarah Michelle Gellar. Sie habe zu jener Zeit nicht einmal das Wort Rechtsanwalt aussprechen können, amüsiert sie sich heute, doch McDonald's nahm die Geschichte fürchterlich ernst, und so mußte die gerade einmal fünfjährige Sarah Michelle Gellar vor den Richter treten und von ihren Erfahrungen während des Drehs Bericht erstatten.

Burger King und McDonald's einigten sich schließlich außergerichtlich auf einen Vergleich, und Burger King setzte seine Werbekampagne in abgeschwächter Form fort. So stand Sarah Michelle Gellar in den nächsten Jahren in nicht weniger als 30 Burger-King-Spots vor der Kamera.

In dieser Zeit kam es zu ersten ernsthaften Spannungen in der Ehe der Eltern. Ihr Vater machte ihrer Mutter den Vorwurf, der

Tochter die Kindheit zu stehlen. Da Sarah die Ereignisse rund um den McDonald's/Burger-King-Fall jedoch mit kindlicher Naivität überstanden hatte und sich noch nicht wirklich bewußt war, um was es in diesem Prozeß eigentlich gegangen war, spielte sie weiter in Werbespots mit und gab 1983 ihr Kinofilmdebüt in dem Streifen OVER THE BROOKLYN BRIDGE (dt.: ÜBER DIE BRÜCKE VON BROOKLYN). Regisseur dieses Werkes war Menahem Golan, der mit seinem Cousin Yoram Globus gerade die unabhängige Produktionsfirma Cannon in Hollywood hatte etablieren können und der in den Jahren 1984 bis 1988 Hollywood mit billig produzierten, aber im Vergleich zu den Herstellungskosten ungemein erfolgreichen Actionfilmen auf den Kopf stellte. Ob Chuck Norris' MISSING IN ACTION (dt.: MISSING IN ACTION), Michael Dudikoffs NINJA FIGHTER (dt.: AMERICAN FIGHTER) oder Jean-Claude van Dammes CYBORG (dt.: CYBORG): billig produziert, maximal vermarktet, lautete die Devise der beiden Israelis. Und der Erfolg gab ihnen recht, bis ihre Produktionsfirma Cannon mit den beiden Großproduktionen und Megaflops SUPERMAN IV (dt.: dito) und MASTERS OF THE UNIVERSE (dt.: dito) Schiffbruch erlitt.

Doch zurück zu Sarah Michelle Gellar und OVER THE BROOKLYN BRIDGE. Dieser Film, der international auch unter dem Titel ACROSS THE BROOKLYN BRIDGE verkauft wurde, erzählt die Geschichte des Besitzers eines Schnellimbiß-Lokals in Brooklyn, der nach einer Reihe mehr oder minder witziger Verwicklungen nicht nur sein Schnellimbiß-Lokal gegen ein Feinschmecker-Restaurant eintauschen darf, sondern darüber hinaus auch noch die Frau seiner Träume erobert. Durchaus prominent mit Elliot Gould, Margaux Hemingway und Burt Young besetzt, war der Film in den USA ein netter Erfolg, in Deutschland aber kam der

Film erst im Zuge des Cannon-Erfolges im Jahr 1986 auf Video heraus. Im teutonischen Fernsehen bekam der Film übrigens den Titel ÜBER DIE BRÜCKE VON BROOKLYN. Abgesehen davon, daß der Film, wie im ›Internationalen Lexikon des Films‹ nachzulesen steht, »... ungeniert für einige Konzerne Schleichwerbung betreibt«, hat er beim deutschen Publikum keinen allzu großen Eindruck hinterlassen. Sarah Michelle Gellar spielte Margaux Hemingways Tochter.

1986, sie hatte inzwischen fast 100 Werbespots gedreht und war ein kleines Ein-Frau-Unternehmen geworden, das von ihrer Mutter gemanagt wurde, erhielt sie eine Rolle in SPENSER: FOR HIRE (dt.: SPENSER) an der Seite von Serienstar Robert Urich. In der nicht ganz unumstrittenen Serie, in deren Mittelpunkt der Privatdetektiv Spenser stand, der, auch wenn dies nie wirklich offen gesagt wurde, vor seiner Karriere als Detektiv ein Profikiller gewesen ist und auch im Rahmen seiner Detektivtätigkeit oft einen Fall dadurch löst, daß er einen Schuldigen ganz einfach ins Jenseits befördert, war sie allerdings nur einmal zu sehen, wenngleich ein zweiter Auftritt durchaus im Bereich des Möglichen gelegen hätte. Nebenher hatte sie längst ihr erstes Theaterengagement angetreten und stand neben Matthew Broderick in dem Stück THE WIDOW CLAIR auf der Bühne. Das Stück war ein großer Erfolg und für die gerade einmal neunjährige Aktrice ein gelungener Einstieg ins Theatergeschäft. Nach dem Start des Spielfilms FERRIES BUELLERS DAY (dt.: FERRIES MACHT BLAU) wurde dessen Hauptdarsteller Matthew Broderick jedoch über Nacht zu einem echten Filmstar und stand der Theaterproduktion aufgrund einer Reihe größerer Angebote aus Hollywood nicht mehr zur Verfügung. Seine Rolle übernahm Eric Stoltz. Doch kaum hatte dieser Broderick würdig ersetzt, knallte dessen Film SOME KIND OF WONDERFUL (dt.: IST SIE NICHT WUNDER-

VOLL?) in die Charts und machte aus Stoltz einen der großen Teeniestars der mittleren achtziger Jahre.

Einen besseren Einstand hätte sich das kleine Mädchen kaum wünschen können, denn der Glanz von Matthew Broderick und Eric Stoltz fiel auch auf die Darsteller des Bühnenstückes zurück, obwohl diese mit deren Erfolgen gar nichts zu tun hatten, was sich aber für Sarah Michelle Gellar dahingehend bemerkbar machte, daß sie eine ganze Reihe von TV- und Film-Angeboten bekam. In ihrer Alterskategorie war sie als Mädchen de facto konkurrenzlos. Daß ihr der große Durchbruch à la Macauly Culkin verwehrt blieb, hat familiäre Gründe. Zwischen ihrem Vater und ihrer Mutter begann ein häßlicher Scheidungskrieg. Arthur, wie bereits erwähnt, war mit der Kinderkarriere seiner Tochter nicht einverstanden und wollte ihr ein normales Leben ermöglichen. Ein solches Leben nämlich führte seine Tochter keineswegs. Während sie als Werbe-Modell gutes Geld verdiente und inzwischen sogar eine schauspielerische Karriere anstrebte, war sie kaum mit freundschaftlichen Beziehungen zu gleichaltrigen Mädchen in der Lage. In ihrer Schule, einer Privatschule gehobenen Standards in Manhattan, besaß sie den Ruf, eingebildet und hochnäsig zu sein. Heute sagt sie, dies habe vor allem daran gelegen, daß sie eben Dinge getan habe, von denen ihre Mitschülerinnen nur träumen konnten. Auch kannte sie Leute wie Matthew Broderick oder Eric Stoltz, deren Plakate an den Wänden ihrer Mitschülerinnen hingen, persönlich. Doch ob es wirklich nur die Eifersucht der Mitschülerinnen war, die ihr das Leben auf der Schule schwer machten, oder ob ihr Vater mit seinen Sorgen recht haben sollte, soll als Frage ganz einfach im Raum stehen bleiben.

Ihrem Vater zumindest stank die Vermarktung seiner Tochter gewaltig. Hatte er ihr schon keine normale Kindheit schenken können, wollte er dies damit gutmachen, daß er ihre eine normale Teenagerzeit ermöglichte. Mit diesem Wunsch stand er in unvereinbarer Opposition zu seiner Frau Roselle. Diese hatte erkannt, daß ihre gemeinsame Tochter erst am Anfang ihrer Karriere stand. Arthur dagegen hatte um seine Tochter Angst. Zu viele Kinderstars landeten und landen, wenn sie erwachsen werden und den Flair der Unbekümmertheit und Jugend verlieren, in der Gosse. Sie verfallen, wenn sie nicht mehr im Mittelpunkt des Geschehens stehen, in Depressionen, greifen zu Alkohol oder zu Drogen. Eine solche ›Karriere‹ wollte Arthur seiner Tochter ersparen. Geld hatte sie genug verdient, um darauf eine gesicherte Existenz aufzubauen.

Zwischen Roselle und Arthur begann ein erbitterter Kampf um die gemeinsame Tochter. Als Arthur auch noch arbeitslos wurde und plötzlich auf das Geld seiner Tochter angewiesen war, steckte er selbst in einem Teufelskreis, aus dem es kein Entkommen mehr gab. 1987 ließen sich Roselle und Arthur schließlich scheiden. Sarah Michelle wandte sich von ihrem Vater ab und übernahm die Einstellung der Mutter, die in jener Zeit auch ihre einzige Freundin war. Raffiniert gelang es Roselle, Arthur von seiner Tochter fernzuhalten, bis der Kontakt zwischen den beiden für Jahre abbrechen sollte.

Das Abkapseln von ihren Schulkameradinnen machte sie weiter zu einer Außenseiterin. Die anderen Schülerinnen fanden sie arrogant und versnobt, sie selbst tat jedoch nichts, um dies zu widerlegen. Heute rechtfertigt sie ihr Verhalten damit, daß die anderen Kinder auf sie ganz einfach eifersüchtig gewesen seien, da sie all das hatte, was sie sich wünschten – ohne zu verstehen, daß sie hart für diesen Erfolg hatte arbeiten müssen. Mit diesem Argument hat sie vielleicht recht, der Preis aber, den sie für diesen Erfolg hat zahlen müssen, bestand nicht nur im Leisten harter Arbeit: Er bestand im Aufgeben der Jugend, ohne eine Kindheit erlebt zu haben.

Nach der Scheidung ihrer Eltern versuchte ihre Mutter, Sarah, die damals noch als Sara Gellar von den Castingagenturen geführt wurde, vermehrt im Filmbereich unterzubringen. 1989 trat sie in FUNNY FARM (dt.: FUNNY FARM), einer Chevy-Chase-Komödie, als Schülerin auf, ohne jedoch in den Credits genannt zu werden. Der Film entpuppte sich darüber hinaus sowohl finanziell wie künstlerisch als Debakel. Ähnliches gilt für den nächsten Streifen, in dem sie vor der Kamera stand.

Was sich in dieser Zeit alles abspielte, darüber kann man nur Vermutungen anstellen. Die erfolgsgewöhnte Zwölfjährige, die mit allem, was sie bis dahin angefaßt hatte, nur Erfolg und Zustimmung geerntet hatte, mußte plötzlich feststellen, daß es neben Erfolg auch Mißerfolg gibt. Dies führte zu Spannungen mit ihren Mitschülern, die ihr offen zu verstehen gaben, daß sie sich über ihre schauspielerischen Fehlgriffe freuten. Sarah hatte einen beträchtlichen Dämpfer erhalten. Die Ehe ihrer Eltern hatte sich in Wohlgefallen aufgelöst, die beiden Filme, in denen sie mitgespielt hatte, entpuppten sich als katastrophale Flops. Mit Hilfe ihrer Mutter und eines befreundeten Arztes ließ sie sich von der Schule beurlauben. Offiziell litt sie an einem Rückenproblem, inoffiziell stand sie für die Mini-Serie A WOMAN NAMED JACKIE vor der Kamera, in der sie, braunhaarig (ihre aus BUFFY bekannten blonden Haare sind das Produkt eines perfekt abdeckenden Färbemittels), die junge Königin von Amerika, Jacqueline Bouvier, verheiratete Kennedy, darstellte. Mit diesem Projekt konnte sie unmöglich Schiffbruch erleiden, denn Jackie Kennedy ist in den USA ein Mythos, und im Endeffekt reicht es aus, lediglich ihren Namen auf ein Produkt zu schreiben, und es verkauft sich von alleine. Obwohl die Kinderjahre der Jackie

Kennedy nur einen kleinen Teil der Miniserie darstellten, bedeutete die Mitwirkung in dieser Serie für Sarah Michelle Gellar den erhofften Erfolg vor der Filmkamera. Glück hatte sie auch mit der Hauptdarstellerin Roma Downey, die kurze Zeit später mit der Serie TOUCHED BY AN ANGEL (dt.: EIN HAUCH VON HIMMEL) in den USA ein Fernsehstar werden sollte. Roma nahm die junge Sarah unter ihre Aufsicht und erklärte ihr die Rolle. Bereitwillig verriet sie ihr außerdem einige Schauspieltricks, die Sarah bei ihrer künftigen Karriere weiterhelfen sollten. Trotz des Altersunterschiedes entwickelte sich zwischen den beiden während der Dreharbeiten eine Freundschaft. Die Serie wurde, wie kaum anders zu erwarten, ein bodenständiger Quotenhit und öffnete Sarah die Tür zu ihrem nächsten — Flop!

Bevor es soweit war, entgingen Sarah und ihre Mutter dem bevorstehenden Ärger mit ihrer Schule — man darf nicht vergessen, daß Sarah während der Dreharbeiten offiziell krankgeschrieben war —, indem sie auf eine Bildungsanstalt wechselte, die ausschließlich von schauspielenden und anderweitig künstlerisch tätigen Kindern besucht wurde und deren Lehrpläne auf ihre besonderen Ansprüche zurechtgeschnitten waren. Hier war Sarah plötzlich nicht mehr die Außenseiterin. Hier war sie eine unter vielen. Und im Vergleich zu vielen anderen war sie sogar eine ganz kleine Nummer. Der Schulwechsel tat ihr gut, denn hier interessierte sich niemand für sie. Sarah, die seit ihrem neunten Lebensjahr Taekwondo betreibt und eine ausgezeichnete Rollschuhläuferin ist, gelang es hier sogar, einige wenngleich oberflächliche Freundschaften zu knüpfen. Für tiefgehende Freundschaften war an dieser Schule ganz einfach keine Zeit vorgesehen.

Während sich ihr Leben auf schulischer Seite normalisierte, mußte sie mit ihrer wöchentlichen TV-Serie, wie bereits angekündigt, der bitteren, von Quoten bestimmten Fernsehrealität in die Augen schauen. THE LEGEND OF WILLIAM TELL hieß die Serie, die ganz einfach daran krankte, daß sie sich zu ernst nahm. Die Zeit für eine Fantasy-Serie war 1991 längst reif, doch gab es offenbar keinen Produzenten, der mit dem Genre Fantasy umgehen konnte. Während HERCULES, THE LEGENDARY JOURNEYS von EVIL DEAD (dt.: TANZ DER TEUFEL)-Regisseur Sam Raimi einige Jahre später zum weltweiten Megahit werden sollte und eine Lawine von Fantasy-Serien losschlug, interessierte sich für die Geschichte des Schweizer Nationalhelden gar niemand. Der Kosten wegen in Europa gedreht, wirkte das Endprodukt einfach nur billig und vor allem unausgewogen. Einerseits sollte die Geschichte Tells erzählt werden, andererseits versuchten sich die Produzenten auch an mystischen Inhalten. Dabei machten sie weder das eine noch das andere richtig. Die am Ende auf 13 Episoden produzierte Serie wurde ein Reinfall der übelsten Sorte und fand nicht einmal bei den noch jungen, seinerzeit – im Gegensatz zu heute – zum Teil noch mit äußerst bescheidenen Mitteln arbeitenden europäischen Privatsendern Gefallen, die zu Beginn der neunziger Jahre in gewisser Weise gezwungen waren, zu kaufen, was man ihnen anbot. Doch selbst auf diesem Markt gab es eine Schmerzgrenze, die nicht unterschritten werden sollte.

Nach der herben Enttäuschung mit THE LEGEND OF WILLIAM TELL suchte Roselle Gellar eine erfolgreichere Serie, die die Karriere ihrer Tochter vorantreiben sollte. Und verschätzte sich ein weiteres Mal um ein bis zwei Lichtjahre.

SWAN'S CROSSING hieß die von dem New Yorker Sender WOR für den Syndication-Markt produzierte Serie, die zwar recht groß beworben wurde, die aber ganz einfach niemand sehen konnte. Zur Erklärung: Syndicationserien – wie zum Beispiel auch

BUFFY – werden auf dem freien TV-Markt feilgeboten. Das heißt, sie werden ausschließlich von unabhängigen, regional arbeitenden Sendern ausgestrahlt. Diese Serien finanzieren sich zu einem großen Teil aus dem Verkauf und weniger über die Quoten, die bei den Networks ausschlaggebend sind. Da sich Syndicationsender im Endeffekt aber genauso durch Werbeeinnahmen finanzieren müssen wie Networks, können diese nicht nur aus Gefallen eine Serie ausstrahlen, sondern müssen natürlich auch darauf achten, daß diese Serien ihr Publikum ansprechen. Doch dies tat schon THE LEGEND OF WILLIAM TELL nicht, und dieses Dilemma wiederholte sich im Fall von SWAN'S CROSSING, die darüber hinaus mit dem Handicap zu kämpfen hatte, nur einen Teil des Syndication-Marktes zu erreichen, und damit in vielen Teilen der USA gar nicht ausgestrahlt wurde.

Angesiedelt in einer fiktiven Stadt in Neu-England erzählt die Serie die Geschichte einiger bessergestellter Teenager und ihrer Probleme. Programmatisch war SWAN'S CROSSING ganz klar an BEVERLY HILLS, 90210 angelehnt, einer Serie, die seinerzeit als absoluter Außenseiter ins Rennen gegangen war. Als BEVERLY HILLS, 90210 entgegen jeder Prognose ein Megahit wurde, suchte jeder Produzent nach einem ähnlichen Produkt. Auf dieser Suche aber wurde das Originalkonzept lediglich immer und immer wiedergekäut, ohne ihm neue Aspekte abgewinnen zu können. Nach der Erstausstrahlung des Pilotfilms von SWAN'S CROSSING am 25. September 1992 läuteten bereits die Totenglocken für die Serie. Jeder Verantwortliche wußte, daß mit diesem Format ein Flop produziert worden war. Dies ahnten offenbar auch die Darsteller, die, noch während die Serie lief, anderweitige Verpflichtungen eingegangen waren. Einen Trost aber konnte Sarah Michelle Gellar auf der Habenseite verbuchen: Im Kreis der allesamt unbekannten Jungschauspieler erhielt sie sowohl vom Publikum wie auch von der Fernsehkritik relativ gute Noten.

In ihrer Rolle als hinterlistige Tochter des Bürgermeisters des fiktiven Städtchens Swan's Crossing war sie auch der Castingagentur der *daily-soap* ALL MY CHILDREN aufgefallen. Seit 1970 läuft diese Seifenoper bis zum heutigen Tag in den USA mit großem Erfolg. Sie besitzt den Ruf, zu den eher anspruchsvollen Serien dieser Art zu gehören. Star der Serie ist Susan Lucci, ihre Rolle der Erica Kane gehört zu den bekanntesten Fernsehfiguren des amerikanischen Fernsehens überhaupt. In Deutschland wurde die Serie RTL angeboten, jedoch abgelehnt.

Seifenopern haben es an sich, daß sie ihre Spannung vor allem aus wechselnden Beziehungen der Hauptfiguren untereinander entstehen lassen. Und in diesen Beziehungen wird nicht nur Händchen gehalten. So kann es ohne weiteres sein – und das gehört zu den ungeschriebenen Gesetzen der Seifenopern –, daß man für den Fall, man braucht wieder einmal einen neuen, jugendlichen Darsteller, ganz einfach ein lang verschollenes Kind irgendeiner Hauptfigur aus dem Hut zaubert. Dieses Kind ist dann entweder nach der Geburt entführt worden (mit einer solchen Geschichte wurde in DYNASTY [dt.: DER DENVER-CLAN] das Auftauchen eines erwachsenen Sohnes erklärt), zur Adoption freigegeben (so behalf sich FALCON CREST [dt.: FALCON CREST] bei der Einführung einer neuen männlichen Hauptfigur) oder – wie im Fall von Kendall, der von Sarah Michelle Gellar dargestellten Figur – von der Mutter ganz einfach weggegeben (es wurde nie geklärt, warum; Fans der Serie glauben zu wissen, daß Kendall das Produkt einer Vergewaltigung war, einer Vergewaltigung, die im Freundeskreis von Erica geschehen sein muß – die Vaterschaft wurde trotzdem nie eindeutig geklärt).

Sarah Michelle Gellar spielte ein Biest: Kendall war ein Alptraum.

Sie verführte Ericas Freund Dimitri, gespielt von Michael Nader, der in Deutschland durch seine Rolle in der *weekly soap* DYNASTY bekannt wurde; sie vermasselte ihrer Mutter Geschäfte und entpuppte sich auch sonst als wenig erfreuliches Kind. Das heißt, ein Kind war sie nicht mehr. Obwohl Sarah gerade einmal fünfzehn Jahre zählte, war Kendall bereits über zweiundzwanzig. Dies war wichtig, denn am 24. Februar 1993, als die erste Episode mit Sarah über den Äther geschickt wurde, lief ALL MY CHILDREN bereits im dreiundzwanzigsten Jahr. Wie also hätte man eine minderjährige Tochter in eine Daily Soap integrieren können, wenn die Hauptdarstellerin seit dreiundzwanzig Jahren nicht gewechselt hatte?

Perfekt geschminkt merkte niemand, daß das abgefeimte Luder Kendall in Wirklichkeit ein Teenager von gerade einmal fünfzehn Jahren war. Und mit diesem Alter stellte Sarah Michelle Gellar die einzige minderjährige, mit einem festen Vertrag ausgestattete Soap-Schauspielerin der Vereinigten Staaten im Jahr 1993.

Sollte das Intrigenspiel eigentlich vor der Kamera stattfinden, verlagerte sich dieses mit jeder Episode mehr und mehr hinter die Kamera. Während Sarah in der zehn Jahre älteren Darstellerin Eva LaRue eine Freundin fand, die sie in die Welt der Seifenopern einführte und ihr beibrachte, bis zu 40 Manuskriptseiten an einem einzigen Tag zu lernen, was bei amerikanischen Soaps das normale Tagespensum darstellt, krachte es zwischen Sarah Michelle Gellar und Susan Lucci beinahe täglich.

Warum?

Das ist nicht einfach zu erklären. Für die Fans von Sarah Michelle Gellar steht fest, daß Susan Lucci eine Diva ist, die der jungen Schauspielerin ihren Erfolg neidete. Kendall entwickelte sich in kürzester Zeit zum heimlichen Star der Serie. Mit ihrer unglaublichen Bösartigkeit durfte sie all jene Dinge tun, die im realen Leben garantiert in Prozessen, Eifersuchtsdramen oder gar tödlichen Tragödien enden würden. Die Realität des Fernsehens aber erlaubt es, Traumwelten aufzubauen. Auch jene, in denen sich die dunkelsten Gedanken der Zuschauer projizieren. Kendall war eine Personifizierung dieser dunklen Gedanken. Sie durfte jede Gemeinheit ausleben, jede Schandtat vollbringen – ohne dafür unangenehme Konsequenzen befürchten zu müssen. Denn ihre Welt, das war die Welt der Seifenopern.

Kendall wurde schon bald an zweiter Stelle, direkt hinter der von Susan Lucci dargestellten Erica Kane, genannt. Nun geschah des weiteren folgendes: Seit Beginn der Serie wurde Susan Lucci über fünfzehn Mal für den Emmy, den Fernsehoscar, in der Sparte ›Beste Darstellerin einer täglichen Soap‹ nominiert. Gewonnen hat sie diesen Preis bis heute nicht. 1994, also ein Jahr nach ihrem Einstieg, wurde Sarah Michelle Gellar erstmals für die Kategorie der besten Nebendarstellerin nominiert, ein Jahr später durfte sie den Preis entgegennehmen.

Für die amerikanischen Fans von BUFFY steht fest, daß Susan Lucci dies nicht verkraftet hat und Sarah Michelle Gellar das Leben zur Hölle machte, um sie aus der Serie hinauszumobben. Dieses Denken aber ist einseitig und stellt die Jungschauspielerin in einem viel zu unschuldigen Licht dar. Es ist kein Geheimnis, daß Susan Lucci Sarah Michelle Gellar ihren schnellen Erfolg neidete und ihre führende Position bedroht sah. Dies soll nicht darüber hinwegtäuschen, daß auch die Jungschauspielerin Sarah sehr wohl Intrigen gegen ihre Fernsehmutter zu schmieden wußte. Hinter vorgehaltener Hand erzählten Mitarbeiter der Produktion, daß Sarah sich sehr wohl bewußt war, wie sie ihrer Partnerin das Leben schwermachen konnte. Sie verstand es durchaus, Mitarbeiter für sich einzunehmen und gegen Susan

NON-SPORT

UPDATE

U.S. $4.50
Canada $6.50

Volume 9 • No. 5
October-November 1998
Published Bi-Monthly

DART'S UNSINKABLE SET
TITANIC

Buffy
the Vampire Slayer

PLUS:
Autographs,
Promos, Titanic
and Wrestling

Sarah Michelle Gellar macht sich auch als
Cover-Girl besonders gut, wie unter anderem auch das
amerikanische Magazin *Non-Sport Update* erkannte

Lucci aufzustacheln. Wie sie dies tat, ist ganz einfach erklärt: mit dem unschuldigen Charme einer Sechzehnjährigen und einem Schuß Naivität, der vor allem die älteren Setmitarbeiter in ihren Bann zog. Gegen diesen Charme konnte die Mittvierzigerin Susan Lucci nicht ankommen. Susan Lucci rächte sich für jene Mobbings damit, daß sie ihre über zwanzigjährige Professionalität als Schauspielerin in die Waagschale warf und Sarah, wenn diese vor der Kamera einmal ihren Text vergaß, mit einer solchen Leichtigkeit und Ironie unsicher machte, daß es Sarah kaum mehr möglich war, die Szene wirklich zu Ende zu spielen, weshalb viele dieser Szenen – um weitere Streitereien zwischen den Darstellerinnen zu vermeiden – gestrichen wurden, was Susan Lucci als Triumph werten konnte.

In dieser Phase geriet Sarah auch ins Scheinwerferlicht der Klatschpresse. Sie war gerade siebzehn Jahre alt geworden, als sie zu lesen bekam, sie habe sich auf eine Affäre mit Winsor Harmon, einem der Hauptdarsteller der Serie, eingelassen. Der einunddreißigjährige Soap-Darsteller und die siebzehnjährige Nachwuchsaktrice wurden schnell zum liebsten Objekt der New Yorker Paparazzi. Daran änderten auch ihre Beteuerungen nichts, nichts, aber auch wirklich gar nichts miteinander gehabt zu haben.

Als reichte dies nicht aus, entwickelte sich die Zusammenarbeit zwischen Sarah Michelle Gellar und Susan Lucci zu einer regelrechten Produktionshölle. Das Team wurde in zwei Lager gespalten: das Pro-Gellar- und das Pro-Lucci-Team. Auf der Strecke blieben die anderen Schauspieler, die weitestgehend bemüht waren, sich aus den Streitereien herauszuhalten.

Insgeheim aber wünschten sich die meisten Mitarbeiter der Produktion den freiwilligen Ausstieg von Sarah Michelle Gellar. Sie mochte der neue Star sein, doch gerade Seifenopern verbrauchen ihre Stars ungemein schnell. Wie sollte ein sechzehnjähriges Mädchen gegen Susan Lucci bestehen können, eine Frau, der es gelungen war, in einem Geschäft, in dem heute geheuert und morgen schon wieder gefeuert wird, über zwanzig Jahre zu überleben? Die Produzenten, die in Sarah natürlich ein Juwel sahen, mit dem sich jüngere Zuschauer ködern ließen, hätten – wäre es wirklich zum Äußersten in der Haßbeziehung der beiden Darstellerinnen gekommen – für Susan Lucci votiert, den Star der Serie. Bevor es soweit kam, bat Sarah Michelle Gellar nach dem Emmy-Gewinn im Herbst 1995 um die Auflösung ihres Vertrages. Die Produzenten bedauerten diesen Schritt und wollten sie bewegen, den Vertrag zu verlängern. Doch ihre Bemühungen waren eher höfliche Abschiedsfloskeln denn ernstgemeinte Bemühungen um einen Verbleib ihres Jungstars in der Serie. Trotz der Vertragsauflösung wurde ihr Ausscheiden vorerst geheimgehalten. Das Warum ist einfach erklärt: Es war im Sinne der Darstellerin und der Serie. Welchen Eindruck hätte Sarahs Ausstieg auf andere Produzenten hinterlassen? Seifenopern stehen im Ansehen ganz unten auf der Skala fiktiver televisionärer Unterhaltung. Trotzdem verlangen Produzenten und Publikum von ihren Darstellern eine gewisse Loyalität. Wie also wäre Sarahs Ausstieg bewertet worden? Als Undank. ALL MY CHILDREN hat sie groß gemacht. Sie kassiert einen angesehenen Preis – und wäre verschwunden. Auf die Serie hätte dieser Ausstieg ebenfalls einen Schatten geworfen, getreu dem Motto: Kaum gewinnt eine Darstellerin einen Preis, hat sie nichts Eiligeres zu tun, als die Chance der Stunde zu nutzen und zu verschwinden. Nein, sosehr der Ausstieg auch gewünscht war, kam er doch zu einem äußerst ungünstigen Zeitpunkt. Er wurde zwar ratifiziert, publik gemacht wurde er jedoch erst im Februar 1996, fast sechs Monate nach dem Gewinn des Fernseh-Oscars.

Der Übergang von der Seifenoper zur TV-Serie wurde von einem TV-Film und einem verpatzten Casting begleitet. In ihrem Freudentaumel, den Emmy gewonnen zu haben, zog es Sarah nach Hollywood. Seifenopern werden in New York gedreht, New York war Sarahs Jagdrevier. In Hollywood war sie eine Fremde. Und auf eine Seifenoperndarstellerin hatte man hier nicht gerade gewartet. Zwar erhielt sie eine Rolle in der TV-Komödie BEVERLY HILLS FAMILY ROBINSON, ihr Vorsprechen zu ROMEO AND JULIET (dt.: ROMEO UND JULIA) entpuppte sich jedoch als mittlere Katastrophe für die erfolgsverwöhnte Jungschauspielerin. Sie wurde nicht einmal in die engere Auswahl einbezogen, sondern bereits nach dem ersten Vorsprechen als ungeeignet nach Hause geschickt. Mit Claire Daines und Leonardo di Caprio wurde dieser Film schließlich ein Megahit, und für di Caprio stellte er den ersten Schritt auf dem Weg zu jenem unglaublichen Ruhm dar, den er mit TITANIC rund ein Jahr später ernten sollte.

ROMEO AND JULIET war nicht das einzige Casting, bei dem sie sich den Spruch anhören mußte: »Vielen Dank, Sie hören wieder von uns«, was übersetzt bedeutet: »Tut uns leid, kein Interesse.« Das Kino hatte auf sie nicht gewartet. Der direkte Wechsel von einer Seifenoper in einen Hollywood-Spielfilm wäre vergleichbar mit dem Wechsel eines Stürmers einer Fußball-Verbandsligamannschaft direkt in die Bundesliga, wo der Stürmer gleich einen Stammplatz erhält. Ein Wechsel ist nicht ausgeschlossen. Solche Fälle hat es schon gegeben. Doch ein Stammplatz? Dabei sprach ihre Mitwirkung in SWAN'S CROSSING keinesfalls für sie, bedeutete doch der Wechsel von einer *weekly* in eine *daily soap* im Endeffekt einen Abstieg!

Sarah Michelle Gellar hatte die Meßlatte, indem sie sich in Hollywood sofort für Castings zu Spielfilmproduktionen beworben hatte, zu hoch angelegt. Man kann sagen, sie war ganz einfach selbstbewußt genug, sich gar nicht erst mit kleineren Rollen abgeben zu wollen. Man kann aber auch sagen, daß sie schlecht beraten war. Sie war ein Profi, dies bestritt niemand, doch im Kinogeschäft hatte sie noch keine Erfahrungen sammeln können. Vielleicht hätte sie die eine oder andere Nebenrolle bekommen, so wie in BEVERLY HILLS FAMILY ROBINSON (dt.: DIE BEVERLY HILLS FAMILIE ROBINSON), wo sie sich mit einem kleinen Part zufrieden gegeben hatte, doch Sarah Michelle Gellar wollte mehr. Und scheiterte vorerst.

So besann sie sich auf ihre Stärken. Und ihre Stärken lagen im Format der Fernsehserie. Als Soap-Darstellerin war sie daran gewöhnt, schnell, konzentriert und hart zu arbeiten. Mit SWAN'S CROSSING hatte sie auch im wöchentlichen Seriengeschäft erste Erfahrungen sammeln können. Der Umgang mit engen Drehplänen war für sie etwas Selbstverständliches.

Sarah Michelle Gellar begann, sich auch um Serienrollen zu bewerben. So sprach sie schließlich auch für BUFFY vor, scheiterte aber daran, daß eine blonde Darstellerin gesucht wurde. Wie bereits bekannt, sind ihre Haare gefärbt. Wenn es nur darum ging, gab sie dem Macher der Serie, Joss Whedon, zu verstehen, färbe sie sich eben die Haare. Whedon war dennoch nicht gerade von ihr angetan. Was er suchte, war ein All American Girl, möglichst aus Kalifornien, mit einem sonnigen Gemüt. Joss Whedon konnte sich einfach nicht vorstellen, daß ein Mädchen aus New York eine solche Rolle verkörpern konnte. Und so gefiel ihm Sarahs selbstbewußtes, vielleicht sogar arrogantes Auftreten nicht. Ihr ganzes Verhalten, ihre Sprache, ihre Gestik waren geprägt von der Hektik eines New Yorkers der Oberschicht. Für Menschen wie diese ist das Leben ein Leben auf der Überholspur zwischen dem Büro, dem Großstadtver-

kehr, der Familie (die von einem Kindermädchen zusammengehalten werden muß) und der wöchentlichen Sitzung beim Psych-
iater. Und genau dies war garantiert nicht der Typus von Frau,
den Whedon zur Heldin seiner Serie machen wollte. Seine BUFFY
sollte auf den ersten Blick ganz normaler Durchschnitt sein, das
nette Mädchen von nebenan. Was Whedon suchte, das war der
totale amerikanische Mittelstandsdurchschnitt. Und von diesem
Typus war Sarah Michelle Gellar Lichtjahre entfernt. Schon ihre
Kleidung, topmodisch und teuer, widersprach Whedons Vorstellungen. Dies ist um so erstaunlicher, da Whedon ihre Vorliebe
für bauchfreie T-Shirts in die Serie einbauen und zu einer Art
Buffy-Markenzeichen machen sollte, was ihr gefiel, hat sie doch
nichts dagegen, wie sie in einem Interview mit dem *US Magazine*
im Juli 1997 bemerkte, hin und wieder ein bißchen Haut zu
zeigen.

Sarah bemerkte jedoch den Kampf, den Joss Whedon in seinem
Inneren austrug. Einerseits war sie alles andere als das, was er
sich vorgestellt hatte, andererseits aber schien es während des
Vorsprechens einige Momente gegeben zu haben, die ihm
gefallen hatten. Zumindest gab er ihr eine zweite Chance, indem
er sie in den engeren Kreis der Kandidatinnen aufnahm. Es kam
zu einem zweiten Treffen, bei dem Sarah viel von ihrer New
Yorker Hektik ablegte und die Rolle der Buffy weitaus natürlicher und weniger affektiert darstellte. Dies war es, was Whedon
an ihr gefiel. Sie hatte die Rolle verstanden und war in der Lage,
sich den Umständen anzupassen. Daß sie von ihrem natürlichen
Sprachrhythmus und Dialekt her ihre Herkunft nicht verhehlen
konnte, war zweitrangig. Wichtig war das Faktum, daß sie das
Wesen der Figur erkannt hatte. Ab diesem Moment war es egal,
ob sie mit New Yorker Slang oder texanischem Akzent gesprochen hätte.

Die absolute Traumbesetzung war sie noch immer nicht, gibt Joss Whedon in Interviews heute zu. Für sie sprachen jedoch das Verstehen der Rolle – und ihre Erfahrung. Das geringe Budget, mit dem BUFFY ausgestattet wurde, sowie Joss Whedons fehlende Erfahrungen als Produzent und Regisseur machten es notwendig, mit Darstellern zu arbeiten, die in ihrem Job Profis waren. Whedon konnte es sich nicht erlauben, mit Darstellern zu arbeiten, die das Metier Fernsehen erst noch kennenlernen mußten. Glücklich war er über diese Situation nicht, doch wenn er BUFFY realisieren wollte, mußte er mit den Finanziers Kompromisse schließen. Und diese waren eben nur zur Finanzierung bereit, wenn die Kosten niedrig gehalten wurden. Da war die Professionalität schließlich Sarahs Trumpfkarte. Von allen Aspirantinnen war sie die professionellste.

So wurde Sarah zu Buffy. Und die Geschichte nahm ihren Lauf …

Vor dem Pilotfilm stand die eingangs erwähnte Präsentation, in der es Sarah sehr schnell gelang, Joss Whedons Vertrauen zu gewinnen. Whedon hatte mit dem autoritären Ton, den er sich angewöhnen mußte, um als Chef akzeptiert zu werden, seine Probleme. Als Autor gehörte er eher zu den ruhigen, introvertierten Vertretern der Filmzunft. An diesem Punkt konnte ihm Sarah nun für sein Vertrauen danken, indem sie ihre Star-Allüren durchaus zum Wohle der Produktion einzusetzen wußte. Seit ALL MY CHILDREN war sie an Streitereien am Set gewöhnt und wußte, welchen Ton man anschlagen muß, um zu erreichen, was man will. In der Regel genügt es, den Star heraushängen zu lassen. Den verwöhnten Star, der, sobald etwas nicht so läuft, wie dieser es sich vorstellt, den Mitarbeitern der Produktion das Leben zur Hölle macht.

Ob sie auch im Privatleben so agiert? Darüber gibt es ganz unterschiedliche Geschichten. Set-Mitarbeiter verschiedener

Produktionen nennen sie eine Hexe, Ihre Fans schwärmen von ihr, da sie nicht nur bereitwillig Autogramme gibt, sondern immer auch Zeit für ein kleines Schwätzchen mitbringt. Der Produktion zumindest tat ihr Verhalten im Endeffekt gut. Whedon bekam das Team, das von Sarahs Allüren genug hatte, in den Griff, die Präsentation war schließlich relativ schnell abgedreht, und mit den Filmrollen unter dem Arm konnte Whedon seinen Geldgebern das fertige Werbeprodukt präsentieren. Wie er es erwartet hatte, bekam er das Geld für einen 90minütigen Pilotfilm und konnte sich nun ganz seiner Vision von BUFFY widmen.

Die Dreharbeiten verliefen ruhig und ohne besondere Vorkommnisse. Kaum war die letzte Klappe gefallen, begann für Sarah das große Warten. Dazu sei folgendes erklärt: Nur weil ein Pilotfilm inszeniert wird, muß dies nicht heißen, daß aus ihm eine Serie wird. Jedes Jahr verschwinden Dutzende von fertig produzierten, 25-, 45- oder 90minütigen Pilotfilmen in den Giftschränken der Produzenten, ohne jemals das Licht des Bildschirms zu erblicken.

Das Warten zermürbte Sarah. Sie wußte, daß der Film gut war, doch erkannten dies auch die Verantwortlichen des Fernsehsenders WB, in dessen Auftrag Whedon gehandelt hatte? Und wie schnell würden sie ihre Entscheidung bezüglich einer Serie treffen? Sarah war in einer ungünstigen Position. Vertraglich war sie an BUFFY gebunden. Doch wann – wenn überhaupt – würde BUFFY in Serie gehen?

Genervt gab Sarah das Abenteuer Hollywood vorerst auf und kehrte nach New York zurück. Es dauerte fast sechs Monate, bis sie von Whedon den Anruf erhielt, daß man endlich zu dem Entschluß gekommen sei, eine elfteilige Serie zu produzieren. Da der Pilotfilm bereits im Kasten war, mußte Sarah Michelle

Gellar für zehn weitere Episoden als Buffy vor die Kamera treten, bis die letzte Klappe fiel.

Über die Dreharbeiten der ersten elf Episoden läßt sich kaum etwas berichten. Sie verliefen unspektakulär, Spannungen oder gar Katastrophen am Set gab es keine. Für Sarah war es in dieser Zeit am wichtigsten, die Figur der Buffy zu definieren. »Buffy«, erinnert sie sich im Gespräch mit amerikanischen Journalisten, »ist eine Figur, die versucht, […] eine Balance zwischen ihrer Bestimmung und ihren eigenen Interessen zu finden.« So ist Buffy in ihren Augen eigentlich ein gewöhnlicher Teenager, der versucht, seinen Platz in der Welt zu finden.

Ihre Mitwirkung in BUFFY hatte die Produzenten eines unabhängig produzierten Horrorthrillers auf Sarah aufmerksam werden lassen. Mit SCREAM hatte 1996 überraschend das Revival des Horrorfilms begonnen. Der von Wes Craven meisterlich inszenierte Thriller durchbrach in wenigen Wochen die 100-Millionen-Dollar-Einspielgrenze. Und das als unabhängige Produktion. Die Hollywood-Studios waren wie vor den Kopf geschlagen. Horror galt als B-Produkt für den Videomarkt, in dem abgehalfterte Ex-Stars ihr Gnadenbrot verdienten. Und Filme wie SCREAM, die vor allem davon lebten, daß jugendliche Darsteller einer nach dem anderen auf möglichst originelle Weise ins Jenseits befördert wurden, galten seit Anfang der achtziger Jahre als ausgestorben. Trotzdem hatte SCREAM die Kinokassen gestürmt und eine Lawine losgetreten, von der auch BUFFY profitieren konnte: An das gleiche Zielpublikum wie das von SCREAM gerichtet, nämlich an jüngere Kinogänger ab 14 aufwärts, wurde schließlich auch die Serie um die jugendliche Vampirjägerin zu einem Erfolg.

Mit dem Autor Kevin Williamson hatte SCREAM ganz nebenbei über Nacht auch noch einen neuen Star am Autorenhimmel etabliert, und als dieser sein zweites Drehbuch auf den Tisch seines Produktionsstudios legte, wurde nicht gefragt, um was es ging, sondern nur noch, wann es realisiert werden könnte.

Das Buch trug den etwas umständlichen Titel I KNOW WHAT YOU DID LAST SUMMER. Und es war das Buch, das Sarah Michelle Gellar zu ihrer ersten Kinohauptrolle verhalf. Der sensationelle Erfolg von SCREAM hat viele Faktoren gehabt. Einer bestand darin, beim jugendlichen Publikum beliebte Schauspieler wie Neve Campbell aus PARTY OF FIVE (dt.: PARTY OF FIVE) und Courtney Cox aus FRIENDS (dt.: FRIENDS) engagiert zu haben. Beim Casting von I KNOW WHAT YOU DID LAST SUMMER wurde ein ähnlicher Weg eingeschlagen. Mit Jennifer Love Hewitt wurde Neve Campbells PARTY-OF-FIVE-Kollegin engagiert, mit Sarah Michelle Gellar sollte vom BUFFY-Effekt profitiert werden. Das Interessante daran war die Tatsache, daß an dem Tag, an dem Sarah Michelle Gellar die Rolle bekam, noch nicht eine Episode von BUFFY im amerikanischen Fernsehen gezeigt worden war. Regisseur Jim Gillespie aber kannte die Geschichte der Serie und glaubte an deren Erfolg. Daher hatte er keine Probleme, die Figur der Helen Shivers mit Sarah Michelle Gellar zu besetzen, wenngleich er genau wußte, daß diese Rolle ihrem Typ widersprach. In BUFFY spielt Sarah eine starke Persönlichkeit, die keinem Streit aus dem Weg geht. Sie ist nicht das Horrorfilmblondchen, das hysterisch anfängt zu schreien, wenn plötzlich ein Monster vor ihr steht. Sie ist das Mädchen, das den Holzpflock zückt, um dem Monster den Garaus zu machen. In I KNOW WHAT YOU DID LAST SUMMER sah dies anders aus, wenngleich ihre Rolle weitaus vielschichtiger ist, als dies auf den ersten Blick aussieht.

I KNOW WHAT YOU DID LAST SUMMER erzählt die Geschichte von vier Jugendlichen, die am Abend ihres High-School-Abschlußballs einen Unfall verursachen, bei dem ein Mann umkommt. Noch bevor ihr Leben wirklich begonnen hat, haben sie es mit einem ›Mord‹ ruiniert. Von Panik ergriffen, lassen die vier die Leiche verschwinden, indem sie sie ins Meer werfen. Sollte die Leiche jemals gefunden werden, würde der Fall vermutlich als Bootsunglück zu den Akten gelegt. Der Tod des Mannes aber zerstört ihre Freundschaft. Das Wissen, ein Verbrechen begangen zu haben, behalten die vier zwar für sich, doch geht jeder seiner Wege. Nur Julie (Jennifer Love Hewitt) und Helen (Sarah Michelle Gellar) schreiben sich noch von Zeit zu Zeit.

Ein Jahr geht ins Land, bis Julie eine kurz gehaltene, unmißverständliche Nachricht erhält, die ganz knapp aussagt: »Ich weiß, was Du letzten Sommer getan hast!«

I KNOW WHAT YOU DID LAST SUMMER verzichtet auf die aus SCREAM bekannten Spielereien wie das Zitieren bekannter Vorbilder. Statt dessen setzt der britische Regisseur Jim Gillespie auf einen geradlinigen Spannungsaufbau und effektiv eingesetzte Schockeffekte. Dabei wartet der Film immer wieder mit überraschenden Wendungen auf, die die gesamte Handlung in eine vollkommen neue Richtung lenken. In den späten siebziger und frühen achtziger Jahren kreierten Filme wie HALLOWEEN (dt.: HALLOWEEN), NIGHTMARE ON ELM STREET (dt.: NIGHTMARE ON ELM STREET) oder FRIDAY, THE 13th (dt.: FREITAG DER DREIZEHNTE) im Horrorfilm ein eigenes Subgenre: den Slasherfilm. Im Mittelpunkt standen zumeist Teenager, deren Leben von einem verrückten Serienkiller bedroht wurden. Dabei war klar: Jene Jugendlichen, die sich den gesellschaftlichen Normen unterordneten (kein Sex, keine Drogen, kein Alkohol), überlebten das unvermeidliche Gemetzel, während ihre weniger gesellschaftskonformen Altersgenossen dahingemetzelt wurde. Das Genre des Slasherfilms verkam im Laufe der Jahre zur billigen

Videoware, miese Inszenierungen und die immer gleichen Drehbücher sorgten ebenso für ihren Untergang wie die im Mantel
des Jugendschutzes versteckte Zensur.

So einfach aber funktioniert I KNOW WHAT YOU DID LAST
SUMMER nicht. Obwohl inhaltlich durchaus an jenen Filmen
orientiert, erlaubt er seinen Darstellern, wirklich zu schauspie-
lern und keine Sterotypen, wie sie vor allem aus der FRIDAY,
THE 13th-Serie hinlänglich bekannt sind, darstellen zu müssen.
Dabei wird die Rolle der Sarah Michelle Gellar gewaltig unter-
schätzt. Keine Frage: Die starke Frauenfigur dieses Films stellt
Jennifer Love Hewitt dar. Sarah Michelle Gellar jedoch als das
blonde Dummchen darzustellen, das ein paarmal hysterisch
schreien darf, um am Ende vom Killer stilgerecht abgemetzelt
zu werden, wird ihrer Rolle nicht gerecht. Helen Shivers ist
vielmehr ein Opfer einer durch und durch patriarchalischen
Gesellschaft, in der Schönheit und Anmut weitaus höher hono-
riert werden als Leistung und Wissen. So erlebt der Zuschauer
Helen zu Beginn des Films − am Abend des Entlassungsballs −
als Ball-Königin. Ihr Job besteht darin zu lächeln, schön zu sein,
Anmut und Grazie zu verkörpern. Eine Persönlichkeit zu entwickeln, das verlangt niemand von ihr, ja mehr noch, es ist nicht
erwünscht. Ein Jahr später sehen wir Helen gesellschaftlich am
Ende. Obwohl nicht einmal zwanzig Jahre alt, hat sie all ihre
Chancen auf eine Karriere verspielt. Sie hat den Absprung aus
ihrem Heimatstädtchen, beispielsweise nach New York, wo sie
aus ihrem Aussehen möglicherweise tatsächlich Kapital hätte
schlagen können, verpaßt. Die Zeit der Bälle aber, auf denen sie
im Mittelpunkt stand und für ihre Schönheit bewundert wurde,
gehören der Geschichte an. Was ihr bleibt, ist ein Job im
Modeladen ihrer Schwester, die keine Gelegenheit ausläßt, sie,
das ehemalige Schönchen, zu schikanieren und ihr klarzuma-

chen, daß sie in ihrem Leben vollends versagt hat. Die einzige Erinnerung an die Vergangenheit, als jeder sie liebte, stellen ihre makellosen Haare dar, die sie nach wie vor mit Hingabe und Liebe pflegt. Dabei stellt die Pflege ein Ritual dar, das es ihr erlaubt, für ein paar Minuten daran zurückzudenken, wie sie einst von allen geliebt wurde. Dies erkennt auch der geheimnisvolle Killer. Eines Nachts taucht er in ihrer Wohnung auf. Nicht etwa, um sie zu ermorden. Er schneidet ihr ganz einfach ihre Haare ab, womit er ihr Ritual zerstört und ihr ihre wenigen schönen Erinnerungen stiehlt.

I KNOW WHAT YOU DID LAST SUMMER spielte in den USA ebenfalls weit über 100 Millionen Dollar ein und lockte sogar in Deutschland über zwei Millionen Besucher in die Kinos. Der Erfolg dieses Films und der Erfolg ihrer Serie machten Sarah Michelle Gellar neben Neve ›SCREAM‹ Campbell zur Horrorfilm-Königin der neunziger Jahre.

Noch bevor I KNOW WHAT YOU DID LAST SUMMER in den Kinos angelaufen war, hatte sich BUFFY etabliert, und eine zweite Staffel war in Auftrag gegeben worden. Mochte das große Publikum noch nicht wirklich auf Sarah Michelle Gellar aufmerksam geworden sein, hatten einige Personen ihre Laufbahn – und vor allem ihre Serie und ihren neuen Film – ganz genau beobachtet. Unter anderem gehörten zu diesen Personen Wes Craven und Kevin Williamson. Williamson, der als ausführender Produzent übrigens auch für die TV-Serie DAWSON'S CREEK verantwortlich ist, die zusammen mit BUFFY die beiden großen Hits der kleinen amerikanischen TV-Senderkette WB darstellt, war es schließlich auch, der – aufgrund der positiven Erfahrungen mit ihr am Set von I KNOW WHAT YOU DID LAST SUMMER – Craven vorschlug, sie für SCREAM 2 (dt.: SCREAM 2) zu casten. Craven ließ sich nicht lange bitten, hatte aber Angst, es könne

Probleme mit der Produktion von BUFFY geben. BUFFY sollte etwa zur gleichen Zeit in die zweite Produktionsrunde gehen wie die Fortsetzung von SCREAM. Obwohl sie nur eine Nebenrolle spielen sollte, wäre es unter normalen Umständen kaum möglich für sie gewesen, neben der Serienverpflichtung auch noch in einem Spielfilm mitzuwirken. Wie gesagt: unter normalen Umständen. Joss Whedon aber ist kein gewöhnlicher Produzent. Whedon, als Horrorfan ein Bewunderer von Wes Craven, war sich darüber im klaren, daß eine Mitwirkung von Sarah Michelle Gellar in Cravens SCREAM-Fortsetzung auf das Publikum positive Auswirkungen haben würde. Zusammen mit den Regisseuren der Serie auf der einen Seite und Wes Craven auf der anderen strickte er einen Drehplan, der vorsah, daß Sarah von montags bis donnerstags der Serie zur Verfügung stand. Von Freitag bis Sonntag wechselte sie dann den Set und spielte Cici in Cravens SCREAM 2.

Ob sich dieser Aufwand gelohnt hat, darüber kann man sich streiten. SCREAM 2 wäre auch ohne Sarah Michelle Gellar ein Megahit geworden, vor allem, weil ihre Rolle eher unbedeutend ist. Sarahs Charakter Cici: eine Mitbewohnerin der von Neve Campbell verkörperten Hauptfigur. Sie ist eine Nebenfigur, sie ist blond – ihr Schicksal ist besiegelt, noch bevor sie ihr erstes Wort gesagt hat. Nach etwas mehr als der Hälfte der Spielzeit dringt der verrückte Killer – denn um einen solchen geht es schließlich in SCREAM 2 – in Cicis Haus ein, in dem sie sich zu diesem Zeitpunkt ganz allein aufhält, verfolgt sie die Treppe hinauf und bringt sie um. So ist Sarah Michelle Gellar am Ende nur als eines der vielen Opfer des Killers zu beklagen, ohne dabei einen nachhaltigen Eindruck hinterlassen zu haben.

Zur Zeit gehört Sarah Michelle Gellars Leben ganz und gar BUFFY. Die dritte Staffel befand sich während der Drucklegung dieses Buches noch in Produktion, eine vierte Staffel ist so gut wie sicher.

Trotzdem arbeitet Sarah Michelle Gellar nach wie vor an ihrer Kinokarriere. Im Sommer 1998 bekamen sie die amerikanischen Kinogänger in Joe Dantes leider etwas untergegangenem Sommerfilmspektakel SMALL SOLDIERS (dt.: SMALL SOLDIERS) zu hören. Jawohl: zu hören. In der Geschichte um eine Horde lebendig gewordener Actionfiguren, die anfangen, einige harmlose Vorstadtbürger zu terrorisieren, lieh Sarah der Figur der Gwendy Doll ihre Stimme.

Vor der Kamera stand sie im Jahr 1998 bei zwei weiteren Projekten: zum einen bei der romantischen Komödie VANILLA FOG, in der Sarah eine junge Frau darstellt, die glaubt, übernatürliche Fähigkeiten zu besitzen, und dabei fast die Liebe ihres Lebens verpaßt. Das zweite Projekt sorgte während seiner Vorbereitung bereits für großes Aufsehen unter Amerikas Filmkritikern. CRUEL INTENTIONS heißt der Film, der auf Choderlos de Laclos literarischem Klassiker »Les Liaisons Dangereuses« basiert, den man in Deutschland vor allem aufgrund der Verfilmung DANGEROUS LIAISON (dt.: GEFÄHRLICHE LIEBSCHAFTEN) von Stephen Frears aus dem Jahre 1989 kennt, in dem seinerzeit Michelle Pfeiffer, Glenn Close und John Malkovitch die Hauptrollen spielten. Die Geschichte einer verbotenen Liebesaffäre war in dieser Verfilmung angesiedelt am Hof des französischen Königs, ebenso die 1991er Verfilmung des Stoffes von Milos Forman, die den Titel VALMONT (dt.: VALMONT) trägt – und zu den größten Flops der neunziger Jahre gezählt wird. Die Geschichte von CRUEL INTENTIONS wurde indes in das Connecticut der Gegenwart verlegt. Nach offiziellen Angaben soll der Film im Frühjahr 1999 in den amerikanischen Kinos anlaufen. Es hängt dann von einem Erfolg in den USA ab, ob er überhaupt in die deutschen Kinos kommen oder direkt auf Video veröffentlicht werden wird.

Auch in einem neuen BUFFY-Spielfilm würde Sarah Michelle Gellar die Hauptrolle spielen. Nachdem im Sommer 1998 THE X-FILES bewiesen hat, daß man eine TV-Serie äußerst erfolgreich auch zwischen zwei Staffeln auf die Leinwand transportieren kann, ist auch ein BUFFY-Kinofilm keine Utopie mehr. Ob und wann dieser in Produktion gehen wird, steht zur Zeit jedoch noch in den Sternen. Nur sollte man sich beeilen. Noch nämlich nimmt man Sarah Michelle Gellar den Teenager ab. In zwei oder drei Jahren sieht dies möglicherweise anders aus. Andererseits: Wer hindert Buffy eigentlich daran, auch auf dem College oder der Universität auf Vampirjagd zu gehen?

ANTHONY STEWART HEAD ist RUPERT GILES

Während seiner Jugend lebte Joss Whedon einige Jahre in Großbritannien, wo er eine private Jungenschule besuchte. Dort lernte er, wie sich ein englischer Gentleman in der Öffentlichkeit zu verhalten hat. Er lebte in einer eigenen, von strengen Regeln gekennzeichneten Welt, die − verhaftet in alten Traditionen − in der Welt von heute oft antiquiert wirkt. Trotzdem hat sich auch Joss Whedon der Faszination dieses archaischen Erziehungssystems nicht entziehen können. Der perfekte englische Gentleman ist eine Institution, die auch außerhalb Großbritanniens die Menschen in ihren Bann schlägt. Der englische Gentleman ist ein Snob, aber gebildet, er ist affektiert und verfügt doch über einen nicht zu unterschätzenden Sportsgeist, er ist konservativ in seinem Denken, dabei aber immer offen für neue Ideen und Erfindungen. Vielleicht ist es seine Widersprüchlichkeit, die ihn auch in der Kultur zu einer beliebten Figur gemacht hat. Was wäre der englische Kriminalroman einer Agatha Christie ohne diesen englischen Gentleman? Selbst ihr belgischer Superdetektiv Hercule Poirot gleicht in seinem Auftreten eher einem gebildeten Briten denn einem belgischen Intellektuellen. Ob die James-Bond-Filme, die Dracula-Streifen der Hammer-Studios mit Christopher Lee oder TV-Serien wie THE AVENGERS (dt.: MIT SCHIRM, CHARME UND MELONE): all diese Filme und Serien wurden unsterblich, da es ihnen perfekt gelang, das, was man allgemein typisch britisch nennen würde, spielerisch zu verarbeiten. Ihre Figuren, egal ob gut oder böse, sind, egal was sie tun mögen, Gentlemen. Ob der Staatskiller Bond oder der Blutsauger Dracula: es sind Geistesverwandte, die einen Lebensstil in der ganzen Welt berühmt gemacht haben, der bis zum heutigen Tag in der ganzen Welt kopiert wird.

Auch Joss Whedon hat sich dieser Welt nicht entziehen können und für seine Serie BUFFY die Figur des Rupert Giles erfunden. Rupert Giles, der hochgebildete englische Bibliothekar der High School von Sunnydale, ist in Kalifornien natürlich ein ›fish-out-of-water‹. Vermutlich ist ihm die Welt der Amerikaner – mit ihrem Hang zum Gigantismus, dem Cheerleading und Fastfood – weitaus fremder als die der Vampire und anderer Monster. Giles aber ist durch und durch ein englischer Gentleman. Und so hat er den Begriff des Pflichtbewußtseins quasi mit der Muttermilch eingesogen. Seine Pflicht als *watcher* besteht darin, der Vampir-Jägerin als Mentor und väterlicher Freund zur Seite zu stehen, ohne in den Kampf als solchen einzutreten.

Von Anfang an suchte Joss Whedon für die Rolle des Rupert Giles einen englischen Schauspieler. Er sollte ein englischer Gentleman vom Scheitel bis zur Sohle sein, ein Mann, der feinstes Oxford-Englisch sprach, der aber gleichzeitig in Sunnydale, Kalifornien, nicht zu verloren wirkte. Ein Schauspieler jenseits der Fünfzig schien für diese Rolle ebenso ungeeignet wie ein zu junger Schauspieler. Fortysomething, um die Vierzig sollte er sein, alt genug, um den englischen Gentleman glaubwürdig zu verkörpern, jung genug, um in der ungewohnten amerikanischen High-School-Umgebung nicht zu verloren zu wirken. Mit Anthony Stewart Head hatte Joss Whedon schließlich die Idealbesetzung gefunden.

Anthony Stewart Head wurde am 20. Februar 1954 in Camden, einer Ortschaft nördlich von London, geboren. Seine Kindheit und Jugend verbrachte er in Hampton, einem typischen englischen Kleinstädtchen, wo er die Schule besuchte und auch seine erste Theaterrolle spielte. Im Alter von gerade einmal sechs Jahren stand er auf der Bühne des Stadttheaters, wo er eine kleine Rolle in ›Des Kaisers neue Kleider‹ spielte. Es wäre auch

**Buffys Freund und Mentor Rupert Giles,
gespielt von Anthony Stewart Head.**

ein Wunder gewesen, wenn er nicht den Weg zur Bühne gefunden hätte. Seine Mutter war bereits in den fünfziger Jahren eine bekannte Fernsehschauspielerin und verkörperte Dutzende von Rollen, zumeist in BBC-Filmen und Fernsehserien. Sein Vater ist ein Dokumentarfilmer, der mit seiner Firma Verity Films ebenfalls fürs britische Fernsehen Dokus aller Art produzierte. Obwohl Anthony Stewart Head schon während seiner Schulzeit begann, an seiner Schule in Hampton selbstgeschriebene Theaterstücke aufzuführen und mehrere Nachwuchspreise erhalten hatte, stand er stets im Schatten seines Bruders Murray. Murray war nicht unbedingt der talentiertere der beiden, besaß jedoch jene undefinierbare Ausstrahlung, die einen Star von einem Schauspieler unterscheidet. So ist Murray seit den siebziger Jahren ein bekannter Musical-Star in England, Anfang der Achtziger verbuchte er mit dem Song »One Night In Bangkog« aus dem Musical CHESS sogar einen großen Welthit.

Anthony brauchte viele Jahre, um sich vom Schatten seines Bruders zu befreien. Nach der Schule arbeitete er für seinen Vater in dessen Produktionsfirma, wo er sich überwiegend mit Filmschnitt beschäftigte, dennoch vergaß er in dieser Zeit nicht, daß er eigentlich Schauspieler werden wollte. Ein Jahr nach Schulende verließ er den Betrieb seines Vaters und ging nach London, wo er die London Academy Of Dramatic Arts besuchte.

Kaum hatte er die Schule abgeschlossen, erhielt er auch schon einen Vertrag für das Musical GODSPELL, in dem er Jesus Christus verkörperte. Das Stück wurde in London ein großer Hit und nach dem Ende der Spielzeit auf eine landesweite Tournee geschickt. Ohne es gewollt zu haben, war Anthony über Nacht zu einem gefragten Musical-Darsteller avanciert. Er spielte und sang Hauptrollen in YONADAB, LADY WINDERMERE'S FAN, THE

ROPE und THE HEIRESS. In CHESS war er außerdem eine Zeitlang neben seinem Bruder Murray zu sehen.

Eine Geschichte über die Besetzung der Kanalinseln während des Zweiten Weltkriegs durch deutsche Truppen bescherte ihm im Alter von 24 Jahren sein Fernsehdebüt. ENEMY AT THE DOOR lautete der Titel des für die BBC produzierten Dramas, dem eine Reihe kleinerer Fernsehfilme folgten, in denen von ihm jedoch selten mehr als ein oder zwei Sätze zu hören waren. Einen seiner denkwürdigsten Auftritte absolvierte er 1981. »Ich liebe Dich« war der einzige Satz, den er sagen mußte – und das auf deutsch. LADY CHATTERLEYS LOVER (dt.: LADY CHATTERLEYS LIEB-HABER) hieß der schwülstige Erotikstreifen, in dem Sylvia Cristel die Hauptrolle spielte. Sylvia Cristel war aufgrund ihrer Mitwir-kung in den EMMANUELLE-Filmen der größte Erotikstar ihrer Zeit. Die Geschichte eines durch eine Kriegsverletzung an den Rollstuhl gefesselten, zur körperlichen Liebe nicht mehr fähigen Adligen, der seine Frau ermuntert, sich einen Liebhaber zu nehmen, den diese schließlich im Wildhüter ihres Mannes findet und für den sie eben jenen am Ende der Geschichte verläßt, war eine britisch/französische Co-Produktion und erhielt auf diesem Wege einen europaweiten Start – inklusive einiger Ostblock-staaten wie der DDR, wo er bereits ein Jahr nach seiner Fertig-stellung in die Kinos kam. Obwohl der Film ein beachtlicher Erfolg wurde, half er Anthony Stewart Head kaum, seine Fern-sehkarriere auf die Leinwand zu übertragen. Obwohl er sich neben seinen Musical-Engagements auch als TV-Schauspieler etablieren konnte, dauerte es bis 1987, ehe er erneut für eine Kinoproduktion vor die Kamera treten durfte: A PRAYER FOR DYING (dt.: AUF DEN SCHWINGEN DES TODES) hieß der nach einem Roman von Jack Higgins entstandene Thriller über einen IRA-Terroristen, der bei einem Anschlag versehentlich einen

Schulbus in die Luft jagt und gezwungen ist, sich als Profikiller zu verdingen, wenn er aus der Terrorszene aussteigen möchte. Der britische Spielfilm war mit Mickey Rourke zwar prominent besetzt, doch Rourke befand sich als Star längst wieder auf dem absteigenden Ast. Für Anthony Stewart Head war in diesem Film kaum mehr als eine etwas größere Nebenrolle drin. Er erinnert sich heute nur noch daran, daß es während der Dreharbeiten eher chaotisch zuging und sich der Regisseur und die Produzenten nie darüber einigen konnten, was sie mit diesem Film eigentlich aussagen wollten: Der Regisseur wollte ein Drama über einen vom Krieg verblendeten Soldaten drehen, der erst eine Katastrophe auslösen muß, um zu erkennen, was er mit seinen Taten angerichtet hat, die Produzenten wollten viel lieber einen Thriller. Und so sieht der fertige Film auch heute aus: Wie eine unentschlossene Mischung aus Thriller und Drama.

Trotz dieses eher unerfreulichen Ausflugs in die Welt des Kinos konnte sich Anthony Stewart Head seinerzeit nicht über fehlende Rollenengagements beklagen. 1988 erhielt er die Hauptrolle in einem Kinofilm: DEVIL'S HILL (dt.: DER TOD WARTET AM DEVIL'S HILL) wurde in Venezuela gedreht und erzählt die Geschichte eines englischen Musikers (A. S. Head), der Zeuge eines Blutbades wird und kurze Zeit später selbst in das Visier der Mörder gerät, da diese glauben, er verfüge über Informationen, die ihnen schaden könnten.

Wie der Titel schon ahnen läßt, handelt es sich bei DEVIL'S HILL um einen mit eher bescheidenen Mitteln inszenierten Spielfilm, der darüber hinaus von einem italienischen Studio produziert worden war, das von Anfang an kein Interesse an einem Kinostart gezeigt hatte und den Film ausschließlich an Videoverleiher verkaufte. Mit LOVE IN A COLD CLIMATE, SECRET ARMY oder THE GRUDGE FRIGHT folgten eine Reihe von TV-Produktionen, außerdem trat Head in britischen Fernsehserien wie BERGERAC oder PULASKI als Gaststar auf.

Neben seinen TV-Auftritten und Musical-Engagements trat er hin und wieder auch in Theaterstücken auf. Innerhalb der Musical-Zirkel hatte er einen guten Ruf, doch diese Zirkel sind natürlich auf ein bestimmtes Publikum beschränkt; für die große Masse war er kaum mehr als ein Schauspieler, dessen Gesicht man in einigen TV-Produktionen gesehen hatte. Mehr nicht. Dies sollte sich 1990 schlagartig ändern. Von einem Tag auf den anderen kannte ganz Großbritannien sein Gesicht. Und auch in den USA begannen einige Monate später die Frauen von dem smarten Briten zu träumen. Was war geschehen?

TV-Werbung stellte für Anthony Stewart Head kein Neuland dar. Bereits in den frühen achtziger Jahren hatte er sich das eine oder andere Pfund durch die Mitwirkung in solchen Spots hinzuverdient. So dachte er sich nichts dabei, 1990 in einem Werbespot des Kaffeefabrikanten Taster's Choice, einer Tochter des Nestlé-Konzerns, mitzuwirken. Dieser Spot erzählte eine kleine Geschichte: Eine Frau (Sarah Maugham) stellt fest, keinen Kaffee mehr im Haus zu haben. Sie klingelt bei ihrem neuen Nachbarn (A. S. Head) – und schon springt zwischen den beiden der Funken.

Es war weniger sein Äußeres, worauf das weibliche Zielpublikum positiv reagierte. Anthony Stewart Head ist ohne Zweifel ein sympathisch wirkender Mann, ein waschbrettbauchgestählter Dressman aber ist er nicht. An was sich die Frauen vor allem erinnerten, war seine Stimme. Sie ist es auch, die in der englischen Originalversion von BUFFY eine fast magische Wirkung auf den Zuschauer ausstrahlt und einen wohltuenden Kontrast zu der im Original eher hohen, fiepsigen Stimme von Sarah Michelle Gellar bietet.

Der Vertrag mit Taster's Choice lief über ein Jahr. Und nach dem unerwarteten Erfolg des ersten Spots standen Sarah Maugham und Anthony Stewart Head auch schon für den zweiten Spot vor der Kamera. Die Taster's-Choice-Spots begannen Schritt für Schritt eine Soap-Geschichte von der sich anbahnenden Liebe zweier füreinander bestimmter Menschen zu erzählen, die dadurch pikant wird, daß die Frau (noch) verheiratet ist!

Mit diesem sehr ungewöhnlichen Konzept für eine Werbung konnten sich die Macher sicher sein, daß das weibliche Zielpublikum jeden neuen Spot konsumieren würde, frau möchte schließlich darüber informiert sein, wie die Liebesgeschichte weitergeht. Dreizehn Spots sind bis dato im Kasten, wobei für den amerikanischen Markt teilweise eigene Fassungen gedreht wurden.

Wie bereits angesprochen, war die Taster's-Choice-Reklame auch in den USA ein voller Erfolg. Anthony Stewart Head nutzte die Gunst der Stunde und bewarb sich umgehend auch für Rollen in den Vereinigten Staaten. Angewiesen war er auf eine solche Verpflichtung nicht, mit dem Taster's-Choice-Bonus aber sollte es nur eine Frage der Zeit sein, bis er sein erstes Engagement erhielt. Dies dauerte aber dann doch etwas länger, als er gedacht hatte. Zum einen war er für die Amerikaner im Endeffekt doch nur das ›Gesicht aus der Werbung‹, zum anderen hatte er in Großbritannien Verpflichtungen zu erfüllen. Über eine Gastrolle in der mit kanadischen und französischen Geldern finanzierten Fantasy-Serie HIGHLANDER gelang ihm schließlich doch noch der Sprung über den großen Teich. HIGHLANDER folgte alsbald ein Auftritt in NYPD BLUE (dt.: NEW YORK COPS – NYPD BLUE). Seinen ersten amerikanischen Spielfilm drehte er schließlich für den Pay-TV-Sender Showtime. ROYCE (dt.: ROYCE) erzählt die Geschichte des von James Belushi dargestellten ehemaligen Geheimagenten gleichen Namens, der, da der Kalte Krieg beendet ist, keinen Sinn mehr in seinem Tun finden kann: Er verläßt den Geheimdienst, um sich kurze Zeit später auf der Abschußliste des psychopathischen Killers Pitlock (A. S. Head) wiederzufinden, der Royce im Auftrag seiner alten Arbeitgeber ins Jenseits befördern soll.

Unter amerikanischen BUFFY-Fans hat sich ROYCE inzwischen zu einem Kultfilm entwickelt, da dies der bislang einzige Film ist, in dem Anthony Stewart Head nicht den kultivierten englischen Gentleman spielen darf, sondern als Psychopath eine beeindruckende schauspielerische Leistung bietet, die man ihm – ist er doch sehr auf den Typus des englischen Bildungsbürgers festgelegt – kaum zugetraut hätte.

Kurze Zeit später erhielt er sein erstes reguläres Serienengagement. Für die ungemein aufwendig produzierte TV-Serie VR5 hatten die Produzenten nach einem englisch wirkenden Schauspieler Ausschau gehalten, mit Anthony Stewart Head hatten sie ihn gefunden. VR5 wurde von Fox Network produziert, jenem Sender, der mit MARRIED … WITH CHILDREN (dt.: EINE SCHRECKLICH NETTE FAMILIE), THE SIMPSONS, BERVERLY HILLS 90210 und nicht zuletzt THE X-FILES neue Fernsehstandards gesetzt hatte. Auch VR5 sollte – so die Planungen der TV-Produzenten – einen solchen Standard setzen. Erzählt wird die Geschichte einer Computerhackerin (dargestellt von Lori Singer), die einen Weg entdeckt, Menschen in eine fünfte Realitätsebene zu versetzen (VR= Virtual Reality, 5 = fünfte Realitätsebene). Diese Realitätsebene birgt eine unglaubliche Gefahr: Mit ihr ist es möglich, den Verstand eines jeden Menschen beliebig zu manipulieren, ohne daß dieser sich an die Manipulation erinnern kann. Für ihn ist das, was er in der VR5 erlebt hat, nur ein Traum. Um einen Mißbrauch zu vermeiden, schließt sich Sydney

Bloom, so lautet der Name der jungen Hackerin, einer Organisation namens The Commitee an, die es sich zur Aufgabe gemacht hat, neue technologische Erfindungen und Entdeckung ausschließlich für gute Zwecke einzusetzen. Das glaubt Sydney zumindest – bis sie eines Besseren belehrt wird. Im Pilotfilm wird der Vorsitzende dieser Vereinigung noch von dem Schauspieler Will Patton dargestellt, der aber in der vierten Episode den Serientod stirbt und dessen Platz von Anthony Stewart Head übernommen werden sollte. 5D hieß diese Episode. Die Rolle des Oliver Sampson sollte er jedoch nur zehnmal darstellen, obschon er einen Vertrag unterschrieben hatte, der ihn für fünf Jahre an die Serie band. Verträge wie diese sind jedoch nur etwas wert, solange die Serie ein Hit ist. Und VR5 war kein Hit. Obwohl mit großem Werbeaufwand und einem relativ hohen Produktionsetat gestartet, entwickelte sich VR5 zu einem regelrechten Rohrkrepierer. Schon nach drei, vier Episoden stand fest, daß das Projekt einer Virtual-Reality-TV-Serie gescheitert war. Nach dreizehn Folgen wurde das Projekt eingestellt, ohne daß alle Episoden ausgestrahlt worden wären. In Deutschland zeigte arte den Pilotfilm zur Serie im Rahmen eines Virtual-Reality-Themenabends. Angekündigt wurde der Pilot jedoch nicht als Auftakt einer TV-Serie, sondern als amerikanischer Experimentalfilm!

Nach Beendigung der VR5-Dreharbeiten bekam A. S. Head schließlich zwei lukrative Serienangebote, aus denen er nur noch das richtige auswählen mußte. Zum einen handelte es sich um die Hauptrolle in der Showtime-Serie POLTERGEIST THE LEGACY (dt.: POLTERGEIST – DIE SERIE), die ihm ein langfristiges Engagement beschert hätte, da POLTERGEIST als Pay-TV-Serie von Einschaltquoten weitestgehend unabhängig ist und sich aus den Mitgliedsbeiträgen der Zuschauer und nicht aus den Werbegeldern der Werbekunden finanziert. »Ich fand die Serie zu düster«, erklärt der britische Schauspieler jedoch. Daher entschied er sich schließlich zur Mitwirkung in BUFFY, einer Serie, die, wie er es ausdrückt, »… aussah, als käme sie von einem helleren Ort«.

Vom Leben in Kalifornien ist Anthony Stewart Head nach wie vor begeistert. Für den Briten ist das Leben in den USA wie ein niemals enden wollender Urlaub. In Hollywood ist alles möglich, daher möchte er dort weiterarbeiten, auch wenn BUFFY eines Tages eingestellt werden sollte. Noch ist die Serie ein Hit, und in der zur Zeit der Drucklegung dieses Buches noch in Produktion befindlichen dritten Staffel wird Anthony Stewart Head auch Regie führen. Während seiner Theater- und Musicaljahre in London hatte er diverse Stücke inszeniert; BUFFY, sagt er nicht ohne Stolz, erfüllte ihm nun seinen Traum, endlich einmal auch hinter der Filmkamera seine Kreativität ausleben zu dürfen.

Ganz hat er seiner Heimat Großbritannien jedoch nicht den Rücken kehren können. Wenn ihm das Leben in den USA zu hektisch wird und die Zeit es ihm erlaubt, fliegt er mit seiner Ehefrau Sarah und den gemeinsamen Töchtern Emily Rose und Daisy May zurück nach England, wo er – stilecht, wie es sich für einen englischen Gentleman gehört – in Bath, einem vornehmen Kurort an der Südküste, inzwischen ein Herrenhaus besitzt.

Es war keine Liebe auf den ersten Blick. Während der Vorberei-
tunsgphase zu BUFFY – IM BANN DER DÄMONEN suchte die für
die Besetzung zuständige Agentur lange Zeit nach der richtigen
Besetzung für die Rolle der Willow Rosenberg. Willow Rosenberg sollte, so stand es im Treatment zur Serie zu lesen, der Typ
des netten Mädchens von nebenan sein. Unscheinbar, aber nett
anzugucken, schüchtern, aber intelligent. Diese Zusammenfas-
sung schien Alyson Hannigan wie auf den Leib geschneidert.
Privat eher ein unauffälliger Typ, erhielt sie als eine der ersten
Darstellerinnen das Drehbuch zugeschickt und wußte: Dies ist
die Rolle, auf die sie gewartet hatte. Leider aber war sie die
einzige, die so dachte. Ihre Agentin riet ihr mit Nachdruck von
diesem Projekt ab. In ihren Augen war BUFFY eine Totgeburt,
die Alysons Karriere eher schaden denn nützen würde. Und
überhaupt sei es für eine Schauspielerin eine undankbare Aufgabe, einen schüchternen, zurückhaltenden, von der Mutter
überforderten Typ wie den der Willow Rosenberg zu spielen.
Willow ist das Mädchen, das von den Jungs nicht beachtet wird;
sie hat keinen eigenen Modegeschmack, sondern trägt im Endeffekt das, was ihre Mutter ihr aussucht – was sie unter den
Mädchen der Schule zu einer Außenseiterin macht. Nein, um
groß rauszukommen, da bedarf es einer selbstbewußten Figur.
Alyson Hannigan sah dies anders. Willow nämlich ist überaus
intelligent. Sie schert sich nicht um das, was die anderen über
sie sagen. Natürlich hat sie lernen müssen, so zu denken, die
Serie aber setzt in einem Moment ein, in dem sie diesen Lernprozeß fast abgeschlossen hat und damit leben kann, von der
Masse ihrer Mitschüler für eine Außenseiterin gehalten zu werden. Für sie zählt die Klasse, nicht die Masse.

Romantisch und hochintelligent:
Alyson Hannigan als Willow Rosenberg

Das Casting aber entpuppte sich für die im April 1974 in Washington, D.C. geborene Aktrice als herbe Enttäuschung. Obwohl sie schon rein äußerlich exakt der Figur der Willow Rosenberg entsprach, fiel sie direkt nach dem ersten Vorsprechtermin durch. Ja, unauffällig sollte Willow schon sein, aber nicht zu unauffällig. Rote Haare waren schon okay, aber blond war besser. Und zierlich zu sein war ja auch keine Schande, aber gesucht wurde doch eher ein Bikini-Typ. Da halfen ihr auch ihr natürlicher Charme und Humor, zwei der gesuchten Haupteigenschaften, nicht mehr weiter.

Alyson Hannigan war enttäuscht. Aber im Endeffekt hatte sie nichts anderes erwartet. Mit der schillernden Sarah Michelle Gellar hatte die Serie bereits eine Hauptdarstellerin von makelloser Schönheit gefunden, die vom Aussehen her für die Titelblätter aller Hochglanz-Illustrierten geeignet war. Und offenbar sollte sie von jungen Frauen, die über ähnliche Attribute verfügten, umgeben werden. Eine Schwarzhaarige, Charisma Carpenter, für all jene, die mit Blond nicht allzuviel anfangen konnten, und Willow Rosenberg ... Na ja, auch für diese Rolle ließ sich eine geeignete Darstellerin finden. Für Alyson Hannigan war BUFFY gestorben. Vorerst zumindest.

Schon als Baby posierte Alyson Hannigan vor der Foto-Kamera. Einen besseren Start hätte sie sich für eine Karriere als Fotomodell kaum wünschen können: Ihre Eltern arbeiteten in Washington als Werbefotografen. Jedesmal, wenn sie für einen Auftrag ein Baby-Modell brauchten, mußte ihre eigene Tochter herhalten. Alyson wuchs quasi vor der Kamera auf und empfand das Posieren als etwas vollkommen Natürliches. Sie war gerade vier Jahre alt, als ihre Mutter sie fragte, ob sie Lust hätte, in einer TV-Werbung mitzuspielen. Eine Agentur, für die ihre Eltern des öfteren tätig waren, hatte nachfragen lassen. Alyson sagte

»fein«, und schon stand sie für McDonald's vor der Kamera. Zu dieser Zeit lebte sie mit ihren Eltern bereits in Atlanta, Georgia, woran sich bis zu ihrem elften Lebensjahr nichts ändern sollte. Trotz einer ganzen Reihe von TV-Spots blieb Alyson Hannigan das Mädchen von nebenan. Ihr Vater hatte ihr von Anfang an klargemacht, daß Ruhm etwas Vergängliches darstellt. In den frühen achtziger Jahren war sie der Typus von Mädchen, den die Werbung liebte. Doch Trends ändern sich, und Alyson würde älter werden. Alyson hatte dies verstanden und betrachtete ihre Jobs als einen angenehmen Zeitvertreib, der zufällig recht viel Geld einbrachte. Sie wollte diese Zeit genießen, denn sie hatte keinerlei Vorstellung davon, wie es weitergehen sollte, wenn sie erst einmal erwachsen wäre.

1985 zogen ihre Eltern nach Los Angeles. Hollywood lag vor der Haustür, und Alysons Mutter suchte für ihre Tochter eine neue Managerin, deren Job darin bestand, nicht nur neue Werbejobs für Alyson zu finden; sie sollte ihre Fühler auch in Richtung Film und Fernsehen ausstrecken.

In dieser Zeit führte die Jungmimin ein ganz normales Leben, bis 1988 ihre große Chance kam. Für die Komödie MY STEP-MOTHER IS AN ALIEN (dt.: MEINE STIEFMUTTER IST EIN ALIEN) wurde sie für die Rolle der Tochter von Dan Aykroyd gecastet. MY STEPMOTHER IS AN ALIEN erzählt die Geschichte einer wunderschönen Außerirdischen (Kim Basinger), die auf die Erde kommt, um auf ihrem Planeten einen Krieg zu verhindern, den der Radioastronom Dr. Steve Mills (Aykroyd) unwissentlich her-aufbeschworen hat. Dieser, ein Witwer, hat indessen Probleme mit seiner Tochter (Hannigan). Als Mills die außerirdische Schön-heit kennenlernt, verliebt er sich in sie, unwissend, daß diese alles darauf angelegt hat, ihn kennenzulernen. Nun aber ge-schieht etwas, womit Celeste, die Fremde, nicht gerechnet hat –

sie lernt die Liebe kennen und heiratet Steve. Ausgerechnet ihre Stieftochter ist es nun, die feststellt, daß ihre Stiefmutter nicht von dieser Welt ist.

Der Film wurde im weltweiten Verkauf zwar ein mittelprächtiger Hit, erfüllte die Erwartungen der Produzenten aber nicht. Aufgrund ihrer Verpflichtung in der von Richard Benjamin inszenierten Komödie erhielt Alyson jedoch eine Hauptrolle in der Sitcom FREE SPIRIT (dt.: DIE REINSTE HEXEREI), in der sie de facto die gleiche Rolle wie in MY STEPMOTHER IS AN ALIEN zu verkörpern hatte, mit dem Unterschied, daß in FREE SPIRIT eine Hexe und keine Außerirdische im Mittelpunkt der Geschichte stehen sollte: Auch in FREE SPIRIT ist es ein Witwer, der sich in diesem Fall aber in das Kindermädchen Winnie verliebt, ohne zu ahnen, daß diese eine gute Hexe ist. Offenbar waren die Amerikaner von dieser Geschichte wenig angetan, denn obwohl im September 1989 gestartet, wurde die letzte Episode bereits im Januar 1990 ausgestrahlt. Danach verschwand FREE SPIRIT in den Archiven des Senders ABC beziehungsweise wurde ins Ausland verkauft, wo allerdings ebenfalls keine größeren Jubelstürme ausgelöst wurden.

Da Alyson Hannigan grundsätzlich einige Jahre jünger aussah, als sie tatsächlich war, spielte sie 1991 eine Dreizehnjährige in dem TV-Zweiteiler SWITCHED AT BIRTH (dt.: BABYSWITCH − KIND FREMDER ELTERN). In diesem Zweiteiler war Alyson Hannigan in der Rolle der Gina Twigg zu sehen, ein Mädchen, das in den USA ungewollt für Furore gesorgt hatte. Gina Twigg wurde am Tag ihrer Geburt mit einem anderen Mädchen verwechselt und somit zu den falschen Eltern gegeben. Nach einem Unfall starb das andere Mädchen, und deren Eltern stellten fest, daß dieses Mädchen gar nicht ihre Tochter gewesen war. Ihre richtige Tochter, Gina, hatten sie schnell gefunden. Statt Gina in ihrer Umgebung zu belassen, klagten sie auf die Herausgabe ihres leiblichen Kindes.

Kaum waren die Dreharbeiten abgeschlossen, stand Alyson Hannigan vor der größten Herausforderung ihres noch jungen Lebens – und machte den High-School-Abschluß. Hier offenbaren sich überraschende Parallelen zwischen der Figur der Willow Rosenberg und ihrer Darstellerin Alyson Hannigan. Alyson haßte die High School. Trotz ihrer Serien- und Filmengagements war sie eine Außenseiterin. Es war nicht der Erfolg, der ihr geneidet wurde, sie war eine Außenseiterin, weil sie einfach ruhiger und unauffälliger als die anderen war. »Meine Theorie zur High School ist, geh rein, geh raus und sieh zu, daß du nicht verletzt wirst«, sagt sie wenig schmeichelhaft. High School war für sie eine schwierige Zeit, und sie war froh, als diese vorbei war.

Es folgten in den nächsten Jahren nur wenige Rollen. Sie war in einer Episode von ROSEANNE (dt.: ROSEANNE) zu sehen, spielte eine Gastrolle in PICKET FENCES (dt.: PICKET FENCES – TATORT GARTENZAUN) und wirkte in den Serien ALMOST HOME sowie TOUCHED BY AN ANGEL mit.

Ihr Vorsprechen für die Rolle der Willow Rosenberg entpuppte sich als ein Schlag ins Wasser.

Nachdem Alyson, die privat eine Vorliebe fürs Kickboxen entwickelt hat und gerne Rad fährt, BUFFY bereits abgehakt hatte, war sie überrascht, nach der Fertigstellung des Präsentationsbandes erneut eine Einladung zum Casting zu erhalten. Wie sich herausstellte, hatte es mit der für Willow für die Präsentation engagierten Schauspielerin Probleme gegeben. Bei dieser Schauspielerin handelte es sich um eine Neuseeländerin, die sich zwar bemüht hatte, ein amerikanisches Mädchen darzustellen, deren Stimme und Habitus jedoch einen europäischen

Einschlag verrieten. Alyson ging also erneut zum Casting, doch ein Vergnügen wurde auch dieser Termin nicht. Sowohl Joss Whedon, der unter Zeitdruck stand, als auch die anderen für das Casting und die Produktion verantwortlichen Personen schienen sich in eine Sackgasse manövriert zu haben. Sie standen vor dem Problem, kurzfristig eine Schauspielerin auswechseln zu müssen, und schienen dabei Angst zu haben, erneut eine Fehlentscheidung zu treffen. Insgesamt wurden schließlich zehn Schauspielerinnen ausgewählt. Es war schrecklich, erinnert sich die junge Amerikanerin in einem Gespräch mit der Zeitschrift *Xposé*. Zwischen den jungen Frauen entstand ein gnadenloser Konkurrenzkampf. Jede der zehn Schauspielerinnen wußte, daß die Produktion ins Stocken geraten war und die Rolle der Willow von heute auf morgen besetzt werden mußte. Nur einmal den Text zu vergessen bedeutete das Aus. Wer am Ende übrigblieb, hatte den Job. Die Anspannung, so Alyson Hannigan, war unbeschreiblich. Am Ende sprach ihre Serienerfahrung für sie.

Neben ihrer Arbeit am Set von BUFFY hat sie 1998 in dem Thriller DEAD MAN ON CAMPUS an der Seite von Tom Everett Scott mitgewirkt. Für 1999 ist außerdem ein Spielfilm mit dem Titel GREAT FALLS geplant.

Ansonsten verläuft ihr Leben relativ unspektakulär. Zur Zeit lebt sie mit ihrem Freund, der sich vollkommen aus dem Rampenlicht heraushält, in Los Angeles zusammen. Die Tatsache, der heimliche Star der Serie zu sein – Ende 1998 gab es über 100 Websites im Internet, die sich ausschließlich mit Alyson Hannigan beschäftigten, was mehr Seiten sind als jene, die sich ausschließlich Sarah Michelle Gellar widmen – hat sie zu keinerlei Höhenflügen veranlaßt. Unter den Fans der Serie genießt sie den besten Ruf. Wenn zeitlich möglich, beantwortet sie Fan-Briefe nach wie vor persönlich, oft chattet sie im Internet mit ihren

Fans, wenngleich die meisten nicht glauben möchten, daß es sich bei der chattenden Alyson Hannigan tatsächlich um *die* Alyson Hannigan handelt. Die negativen Seiten eines Daseins in der Öffentlichkeit hat sie inzwischen jedoch auch kennenlernen müssen. Ihre enge Freundschaft zu ihrem Kollegen David »Angel« Boreanaz brachte das Gerücht in Umlauf, die beiden hätten eine Affäre. Dies ist Unsinn, erklärte sie daraufhin der Zeitschrift *Xposé*. David hat eine Freundin, sie einen Freund. Trotzdem können ein Mann und eine Frau doch gute Freunde sein, ohne gleich eine Affäre beginnen zu müssen. Mit ihrer Offenheit hat sie die Klatschpresse in ihre Schranken verwiesen. Vorerst zumindest ...

»Ich habe eine Stereoanlage, einen Fernseher, Bücher, meinen Hund und lebe mit der besten Freundin zusammen, die man sich vorstellen kann. Ich bin ein glücklicher Mann, warum sollte ich ausgehen?« Mit diesem für einen jungen Schauspieler ungewöhnlichen Statement überraschte Nicholas Brendon die Journalistin Amanda Rudolph vom amerikanischen *Style Magazine*. Obwohl er der männliche Hauptdarsteller von BUFFY ist und sein Poster die Wände Tausender amerikanischer Mädchen ziert, vermeidet er es in jeder Form, öffentlich im Mittelpunkt zu stehen. Über sein Privatleben ist somit nur wenig bekannt, und Nicholas Brendon achtet sorgfältig darauf, daß dies auch so bleibt.

Geboren am 12. April 1971 in Los Angeles, nur wenige Minuten vor seinem Zwillingsbruder Kelly, hat er noch zwei jüngere Brüder, Christian und Kyle. Nach der Scheidung der Eltern wuchs er bei seiner Mutter auf, die bis zum heutigen Tag als Besetzungsagentin für eine Reihe von Werbeagenturen arbeitet. Im Gegensatz zu seiner Kollegin Alyson Hannigan, deren Eltern als Werbefotografen ihre Tochter vom Babyalter an in Werbespots einsetzten, hielt Nicholas' Mutter ihre Söhne aus dem Werbegeschäft vollkommen heraus. So verbrachten Nicky, wie er von seinen Freunden genannt wird, und Kelly eine normale Kindheit und Jugend. Nicholas träumte von einer Karriere als Baseballprofi. Dieser Traum aber platzte bereits während seiner Teenagerzeit, als er sich den rechten Ellenbogen anbrach.

Mit der High School, auf die er in BUFFY indirekt zurückgekehrt ist, verbindet er keine guten Erinnerungen. »In Israel«, sagt er, nicht ohne Zynismus, »stecken sie dich in die Armee. In den USA schicken sie dich auf die High School.« Im Gegensatz zu Sarah

**Kerle mit Köpfchen: Angel (David Boreanaz, links)
und Xander (Nicholas Brendon) mit dem Objekt
ihrer gemeinsamen Begierde …**

Michelle Gellar, Charisma Carpenter oder auch Alyson Hannigan besuchte er keine private, sondern eine normale öffentliche High School. Die L. A. Unified war zwar kein Schlachtfeld wie jene Schulen in den sozialen Brennpunkten von Los Angeles, aber auch auf der Unified gab es eine Reihe von Gangs und ein gehöriges Maß an Kleinkriminalität. Für einen Jungen aus behütetem Hause wurde die Schule somit zu einer mißliebigen Pflichtübung.

Nach seinem Abschluß entschloß er sich schließlich, gegen den Rat seiner Mutter eine Filmkarriere anzuvisieren. Nun befindet sich in Hollywood eine Filmindustrie − und diese Industrie hat weit mehr Berufe als nur den des Schauspielers anzubieten. Es war seine Mutter, die ihm Starthilfe gab und einen Darsteller-Job in einem Clearasil-Werbespot verschaffte. Der Anfang war getan, von nun an war er auf sich allein gestellt. Er spielte in einigen kleinen, unabhängigen Theaterproduktionen mit und erhielt schließlich eine Anstellung als Produktionsassistent bei der Sitcom DAVE'S WORLD, für die er in einer Episode schließlich auch vor der Kamera stand. Nach diesem Auftritt wurde von seiten der Produktion sein Talent gelobt, fast im gleichen Atemzug aber wurde er auch gefeuert. Warum, das hat er bis heute nicht in Erfahrung bringen können.

Über eine Mini-Rolle in dem Slasherfilm CHILDREN OF THE CORN III (dt.: KINDER DES ZORNS III) erhielt er ein Engagement in der Soap-Opera THE YOUNG AND THE RESTLESS (dt.: SCHATTEN DER LEIDENSCHAFT) und hatte einen Auftritt in MARRIED … WITH CHILDREN. Sein großer Moment kam mit der Hauptrolle in dem Pilotfilm SECRET LIVES, einer Hochzeitsshow, die einen großen Nachteil hatte: sie ging niemals in Serie, sondern landete direkt im Giftschrank der Produzenten.

Während all dieser Jahre arbeitete er kontinuierlich hinter der

Kamera, zumeist in der Produktionsassistenz. Da er in dieser Zeit immer wieder auch vor der Kamera oder auf der Bühne stand, handelt es sich bei all diesen Arbeiten ausschließlich um kurzfristige Auftragsjobs.

Vollkommen unspektakulär verlief schließlich seine Verpflichtung für die Rolle des Xander in BUFFY. Er bekam eine Einladung, sprach vor – und hatte den Job. Dies klingt fast schon zu einfach, aber genau so hat es sich abgespielt. Was vor allem Joss Whedon an Nicholas Brendons Auftreten gefiel, war sein unterschwelliger Humor, den er mit kleinen Gesten oder Betonungen in die Rolle einbrachte.

Seither steht der in der Branche als äußerst pflegeleicht geltende Schauspieler Woche für Woche als Alexander ›Xander‹ Harris vor der Kamera. Ambitionen, die Serie als Startbrett für eine große Karriere zu nutzen, hat er nicht. Vielmehr fühlt er sich Joss Whedon gegenüber verpflichtet. Solange dieser BUFFY produziert, wird er für ihn vor der Kamera stehen. Dies betrachtet er als seine Pflicht. Probleme, nach einem Ende der Serie möglicherweise hinter die Kamera zurückzukehren, hat er nicht.

David Boreanaz nennt seine Karriere unspektakulär. Ein bekannter Schauspieler wollte er eigentlich nie werden. Schauspieler, das war etwas anderes. Er hatte gesehen, welchen Spaß sein Vater in diesem Beruf hatte. Im Lichte der Öffentlichkeit wollte er deswegen noch längst nicht stehen.

Geboren wurde David Boreanaz 1970 in Philadelphia. Sein Vater, Dave Roberts, war ein in der Region bekannter Entertainer, der heute den Wetterbericht einer regionalen Fernsehstation auf witzige Weise moderiert. So war er in Philadelphia ein bekannter Mann, außerhalb der Region aber kannte ihn kein Mensch. Von seinem Vater hat er die Freude an Film und Theater geerbt. Er war noch ein Kind, da schleppte ihn Dave in jede Theateraufführung in Philadelphia mit oder lud ihn ins Kino ein. Nie verlangte er von seinem Sohn, in seine Fußstapfen zu treten, er teilte mit ihm und seinen Schwestern Beth und Bo ganz einfach die Freude am Entertainment. Es ist somit kein Wunder, daß David eine ganz normale Kindheit verlebte. Er stand nicht, wie Sarah Michelle Gellar und Alyson Hannigan, schon in jungen Jahren vor der Kamera. Statt dessen spielte er Baseball, Basketball und American Football mit seinen Freunden, besuchte die Schule und machte eines Tages seinen High-School-Abschluß. Diesen erlangte er auf einer sogenannten Preparation School. Diese Schulen gehören zur Elite des amerikanischen Schulwesens und werden entweder von den Kindern reicher Eltern besucht oder aber von Jugendlichen wie David Boreanaz, die aufgrund außergewöhnlicher schulischer Leistungen ein Stipendium erhalten haben. Der Besuch einer solchen Preparation School hätte es ihm problemlos ermöglicht, sich an jeder Eliteuniversität — beziehungsweise jedem Elite-College — einzuschreiben. Dies aber wollte er gar nicht. Achtzehnjährig zog er nach New York, um das Ithaca College zu besuchen, auf dem er schließlich einen Abschluß im Fach Film erlangte. Eigentlich hatte er vor, in die Fußstapfen seiner Schwestern zu treten. Bo ist Kostümdesignerin und arbeitete für Filme wie John Carpenters ESCAPE FROM L. A. (dt.: FLUCHT AUS L. A.) oder BARTON FINK (dt.: BARTON FINK) von den Coen-Brüdern, Beth ist Produktions-Koordinatorin der ROSIE O'DONNELL SHOW. Auch David wollte in den Produktionsbereich einsteigen, denn mehr als einen Schauspielpflichtkurs im Rahmen seines Studiums hatte er nicht belegt.

Wenig befriedigend verlief allerdings seine Jobsuche. Inzwischen nach Hollywood umgezogen, fand er nur Hilfsjobs zumeist in Werbefilmproduktionen. Seine Arbeit beschränkte sich auf kaum mehr als Equipment zu schleppen oder Kaffee zu kochen. Um überleben zu können, arbeitete er als Fitneßlehrer, Fahrer eines Hotels und Anstreicher. Seinen ersten echten Filmjob erhielt er, wie er heute noch mit ungläubigem Ton in der Stimme erzählt, im Rahmen der Dreharbeiten zu einem Werbespot für Foster's Bier. Leider verschwand der fertige Spot im Giftschrank der Agentur, sein Gesicht aber blieb den Produzenten im Gedächtnis. Innerhalb kürzester Zeit stand er für ein halbes Dutzend Werbespots vor der Kamera. Den Werbespots folgte eine erste Mini-Rolle in dem TV-Film ASPEN EXTREME (dt.: ASPEN bzw. ASPEN EXTREME – ZWEI ASSE IM SCHNEE), der Geschichte zweier Fabrikarbeiter aus Detroit, die im Nobelskiort Aspen ihr Glück versuchen. Gespielt wurden die beiden Hauptdarsteller übrigens von Paul Gross und Peter Berg, die ihrerseits heute Stars bekannter Fernsehserien sind; David Boreanaz' Rolle war so klein, daß er nicht einmal eine Abspann-Nennung erhielt. Diese erhielt er dafür am Ende seines zweiten Films, dem

Kickbox-Drama BEST OF THE BEST 2 (dt.: DIE UNBESIEGBAREN: BEST OF THE BEST 2), in dem er immerhin an der Seite von B-Star Eric Roberts und Chris Penn spielen durfte. Seine erste Hauptrolle spielte er schließlich in seinem dritten Film EYES OF THE WORLD, der jedoch so unglaublich schlecht sein muß, daß der Produzent bis heute auf eine Veröffentlichung des Films verzichtete.

Auch in MARRIED … WITH CHILDREN war er mit von der Partie, lebte aber nach seinem Flop mit EYES OF THE WORLD hauptsächlich vom Theaterspiel. Unter anderem war er 1996 in Sam Shepards' COWBOY MOUTH zu sehen, wofür er einige sehr gute Kritiken erhielt.

Heute sagt er, daß er ohne seine Theaterengagements vermutlich niemals ein echter Schauspieler geworden wäre. Aber das Spielen vor Publikum hat ihm seine Unsicherheit genommen, die er noch während der Spielfilmproduktionen vor der Kamera empfunden hatte.

Die Verpflichtung für BUFFY verlief wieder relativ unspektakulär. Joss Whedon hatte seine Fotos gesehen und seine Vita gelesen. Da Angel in den ursprünglichen Planungen nur eine Nebenfigur war, die von Zeit zu Zeit auftauchen sollte, verzichtete Joss Whedon auf ein großangelegtes Casting. Eine Handvoll Schauspieler wurde zum Casting eingeladen, David Boreanaz brachte das meiste Charisma mit – und schon bekam er sein erstes reguläres Serienengagement.

Der Rest der Geschichte erscheint David Boreanaz noch immer wie ein Märchen. BUFFY wurde zur Hitserie, und Angel avancierte vor allem bei den weiblichen Fans der Serie zum Adrenalinerhitzer. Dieser Entwicklung verschloß sich auch Joss Whedon nicht. Für die zweite Staffel der Serie schrieb er bedeutend mehr Angel-Episoden, als er dies ursprünglich geplant hatte. Damit aber konnte er das Verlangen der Fans kaum befriedigen, was

THE MAGAZINE OF HORROR ENTERTAINMENT #51   UK £2.99   CAN $7.95 $5.99

SHIVERS

MORE
COLOUR!

THE X-FILES:
new season
episodes
reviewed

ALLEN
devilish
new movie

EXCLUSIVE!
Monster make-up
secrets of

VISUAL
IMAGINATION

Buffy
the vampire slayer

**Pech für David: Magazine wie *Shivers* sind mehr an seiner Kollegin
Sarah Michelle Gellar als Covergirl interessiert – seine Fans
lieben ihn aber auch als »Monster im Hintergrund«.**

ihn auf eine Idee brachte. BUFFY war und ist ein Hit, das sogenannte erwachsene Publikum aber hat mit der Serie einige Probleme. Der Spielort, die High School, ist nicht unbedingt ein von Erwachsenen bevorzugter Handlungsort. Dies hat Joss Whedon dazu veranlaßt, eine zweite, düsterere, für ein erwachsenes Publikum konzipierte Serie zu schreiben, die auf BUFFY aufbaut, aber als eigenständige Serie bestehen kann: ANGEL lautet der Titel dieses Spin-Offs. Ihr Hauptdarsteller ist David Boreanaz.

1999 soll die Serie in den USA anlaufen. Für David Boreanaz kein Grund, in Panik zu verfallen. Er sieht seinen Erfolg gelassen und realistisch. Er weiß nicht, wie lange dieser Erfolg anhalten wird. Daher ist es für ihn wichtig, für die Zukunft zu planen und das Geld, das er jetzt verdient, sinnvoll anzulegen. Große Partys oder übertriebener Luxus sind dem Achtundzwanzigjährigen eh ein Greuel. Seit einigen Jahren schon ist er mit seiner Jugendfreundin Ingrid, einer Irin, verheiratet, mit der er relativ zurückgezogen in Los Angeles lebt. Unter ihrem Dach leben außerdem seine beiden Hunde, beides Streuner, die er von der Straße aufgelesen hat.

Ach ja, einen kleinen Luxus gönnt sich David Boreanaz inzwischen schon. Seit einem kleinen Unfall während eines Basketball-Spiels hat er Probleme mit der Belastbarkeit seines rechten Knies. Da Mannschaftssportarten somit für ihn tabu sind, er sich aber weiterhin im Wettkampf sportlich betätigen will, hat er das Golfspiel für sich entdeckt. Golf, versichert er, sei aber wirklich sein einziger kleiner Luxus …

»Ich bin nicht das Biest Cordelia«, versichert Charisma Carpenter Journalisten immer und immer wieder. Cordelia, das sei nur eine Rolle. Und inständig bittet sie darum, nicht mit ihrer Rolle verwechselt zu werden. Dennoch gibt es eine Gemeinsamkeit zwischen Cordelia und Charisma: beide kommen aus einem wohlbehüteten, wohlhabenden Elternhaus. Geboren am 23. Juli 1970 in Las Vegas, Nevada, erhielt Charisma Carpenter bereits mit fünf Jahren erste Ballettstunden und damit verbunden eine Ausbildung in klassischem Tanz. Künstlerisch begabt, dachte sie jedoch keinesfalls daran, eines Tages Schauspielerin zu werden. Bis sie mit BUFFY einem größeren Publikumskreis bekannt werden sollte, verlief ihre Karriere in einem Zickzack-Kurs.

Als sie fünfzehn Jahre alt war, zogen ihre Eltern nach Mexiko, ganz in die Nähe der amerikanisch-mexikanischen Grenze. Ihr Vater arbeitete im nahegelegenen San Diego, Kalifornien, wo Charisma auch die Schule besuchte. Auf dieser High School wurde ein besonderer Schwerpunkt auf die Kunsterziehung gelegt. Charisma war eine sehr gute Schülerin, Schule machte ihr Spaß. Daher entschloß sie sich, Lehrerin zu werden. Bevor sie jedoch tatsächlich nach dem Ende ihrer Schulzeit ein Lehramtsstudium aufnehmen sollte, reiste sie knapp ein halbes Jahr durch Europa, was für junge amerikanische Frauen, die aus einem wohlhabenden Umfeld wie Charisma Carpenter stammen, durchaus nichts Ungewöhnliches darstellt. Zurück in den USA, begann sie sich Gedanken über die Finanzierung ihres Studiums zu machen. Natürlich hätten ihr ihre Eltern finanziell unter die Arme gegriffen, dies aber wollte die junge Frau nicht, zumal sich für sie die Gelegenheit ergab, mit relativ wenig Arbeit gutes Geld zu verdienen: Charisma bewarb sich um einen Platz im Team der Cheerleader der San Diego Chargers, einem American-Football-Profiteam, und erhielt diesen Platz. Schon während der High-School-Zeit hatte sie als Cheerleader das Football-Schulteam angefeuert, im Endeffekt tat sie jetzt nichts anderes, mit dem kleinen Unterschied, daß sie offiziell als Profi geführt wurde und damit sehr gutes Geld verdiente. Für ein Studium blieb unter diesen Umständen jedoch keine Zeit. Nach einem Jahr schied sie daher auf eigenen Wunsch aus. Sie fürchtete sich davor, wie viele ihrer Kolleginnen den Absprung zu versäumen. Und so nahm sie 1991 endlich ihr Studium auf.

Doch erstens kommt es anders und zweitens als man denkt. Sie arbeitete als Kellnerin in einem In-Restaurant am Sunset Strip von Los Angeles, in dem eine ganze Reihe von Werbefilmproduzenten verkehrten. Dies brachte sie auf eine Idee. Charisma überlegte sich, daß es für sie als klassisch ausgebildete Tänzerin und Cheerleaderin kein Problem darstellen sollte, einen Job in einem Werbefilm zu bekommen. Alles, auf was es in diesen Spots ankam, war ein makelloses Aussehen. Und was dies betraf, war sie selbstbewußt genug, von sich zu behaupten, dieses Kriterium zu erfüllen. Sie nahm sich einen Agenten und bekam stante pede ihre ersten Werbejobs. Meist hatte sie nicht mehr zu tun, als nett in die Kamera zu lächeln. Eines Tages aber ergab sich ein Problem, das sie nicht einkalkuliert hatte: sie wurde erfolgreich. Vor allem ein äußerst erfolgreicher Werbespot für Secret Ultra Dry, das amerikanische Schwesterprodukt zur deutschen Always Ultra, der zwei Jahre in den USA laufen sollte, machte sie zu einem begehrten Werbefilm-Modell. Das Posieren vor der Kamera entwickelte sich zu einem Fulltime-Job, und irgendwann kam der Tag, an dem sie ihr Studium an den Nagel hängte.

Über ihren Werbejob bekam sie schließlich ein erstes TV-Engagament in BAYWATCH (dt.: BAYWATCH), dem ein Auftritt in PACIFIC BLUE folgte. In der auf ein jugendliches Publikum ausgerichteten SciFi-Serie JOSH KIRBY – TIME WARRIOR erhielt sie schließlich ihre erste Darsteller-Nennung. In drei Episoden war sie dabei, bevor sie in der mit sehr großem Werbeaufwand gestarteten, von Soap-Guru Aaron Spelling (BEVERLY HILLS, 90210) produzierten Serie MALIBU SHORES eine der weiblichen Hauptrolle übernehmen sollte. Die Grundgeschichte von MALIBU SHORES erzählt von der im Grunde verbotenen Liebe eines aus reichem Hause stammenden Mädchens aus Malibu und eines Jungen aus dem ärmlichen San Fernando Valley. Vom Stil her ganz klar an BEVERLY HILLS, 90210 angelehnt, stellte Charisma die Figur der Ashley Green dar, einer Intrigantin der übelsten Sorte.

Schon während die ersten Episoden ausgestrahlt wurden, schaute sich Charisma nach einem neuen Job um. Trotz eines beachtlichen Werbeaufwands und eines nicht minder hohen Produktionsbudgets hatte sie als eine der ersten Darstellerinnen erkannt, daß MALIBU SHORES kein langes Leben beschieden sein würde. Noch während die Serie ausgestrahlt wurde, unterschrieb sie für die Rolle der Cordelia Chase in BUFFY. Spielte sie auch hier zunächst die Hexe, veränderte sich ihr Charakter im Verlauf der Serie eindeutig zum Positiven. Dennoch ist das Kapitel BUFFY für Charisma inzwischen abgeschlossen – als Hauptdarstellerin des Spin-Offs ANGEL steht sie zur Zeit bereits an der Seite von David Boreanaz vor der Kamera.

Buffy
the Vampire Slayer

Deutscher Titel: BUFFY, DER VAMPIRKILLER

Regie: Fran Rubel Kuzui

Drehbuch: Joss Whedon

Kamera: James Hayman

Musik: Carter Burwell

Schnitt: Camilla Toniolo, Jill Savitt

Production Designer: Lawrence Miller

Ko-Produzent: Dennis Stuart Murphy

Ausführende Produzentinnen: Sandy Gallin, Carol Baum, Fran Rubel Kuzui

Produzenten: Kaz Kuzui, Howard Rosenman für Sandollar/Kuzui Enterprises

Erstaufführung (USA)**:** 31. Juli 1992

Erstauführung (Deutschland)**:** 22. März 1993 (Videostart), 28. März 1994 (Erstausstrahlung bei Premiere)

Besetzung: Kristy Swanson (Buffy), Donald Sutherland (Merrick), Paul Reubens (Amilyn), Rutger Hauer (Lothos), Luke Perry (Pike), Michele Abrams (Jennifer), Hilary Swank (Kimberly), Paris Vaughan (Nicole), David Arquette (Benny), Randall Batinkoff (Jeffrey), Andrew Lowery (Andy), Sasha Jenson (Grueller), Stephen Root (Gary Murray), Natasha Gregson Wagner (Cassandra), Mark DeCarlo (Coach)

»Since the dawn of man,
The vampires have walked among us,
Killing, feeding.
The only one
With the strength or skill
To stop their heinous evil
Is the slayer, she,
Who bears the birthmark,
The mark of the coven.
Trained by the Watcher.
One slayer dies
And the next is chosen.«

(Seit dem Anbeginn der Menschheit haben die Vampire
unter uns gelebt, mordend, sich nährend. Die einzige mit
der Stärke oder Fähigkeit, ihr abscheuliches Übel aufzuhalten,
ist die Jägerin, sie, die das Muttermal trägt, das Mal des
Zirkels. Ausgebildet vom Beobachter. Eine Jägerin stirbt,
und die nächste ist auserwählt.)

Voice over von Merrick

Inhalt:

Europa im Mittelalter. In einem kleinen Zimmer einer Burg vollziehen ein alter Mann und ein junges Mädchen mit einem auffälligen Muttermal über der linken Brust ein seltsames Ritual. Er überreicht ihr einen kunstvoll gearbeiteten und verzierten Dolch aus Holz. Sie nimmt ihn in beide Hände und hebt diese hoch über ihren Kopf, während der alte Mann das Ritual mit den Worten »Laß Satan erzittern, eine Jägerin wurde geboren« beendet.

Kalifornien im ›Light‹-Zeitalter. Während einer Shopping-Tour mit ihren Freundinnen Jenny, Kimberly und Nicole begegnet Buffy – Senior an der Hemery High School und Cheerleader – zum ersten Mal einem seltsamen älteren Mann, der genauso aussieht wie der, der im Mittelalter das Ritual mit dem jungen Mädchen vollzogen hat. Dieses kurze Zusammentreffen in einer Mall, das von Buffy und ihren Freundinnen mit einigen schnippischen Bemerkungen beendet wird, ohne daß der Fremde zu Wort gekommen wäre, ist der Auftakt für eine Reihe merkwürdiger Ereignisse, die langsam einen Schatten über das unbeschwerte Leben der Teenager in Los Angeles werfen. Ohne daß Buffy oder die anderen es zunächst bemerken, beginnt ihre Welt sich zu verändern. Noch am selben Abend begegnen die vier Mädchen in einem Kino Pike und Benny, zwei etwas älteren, weniger privilegierten Jungen, über die sie, gerade auch Buffy, nur die Nase rümpfen. Aber schon die kurzen Blicke, die Pike und sie wechseln, sprechen eine andere Sprache. Doch noch läuft alles perfekt zwischen Buffy und ihrem Freund Jeffrey, dem Star des Basketballteams von Hemery High, der es genießt, daß ihre Eltern an Wochenenden wie diesem fast nie zu Hause sind.

Teenie-Schwarm Luke Perry und Blondschopf Kristy Swanson nebst formschönem Holzpfahl im Buffy-Kinofilm

Aber Buffy ist nicht die einzige, die an diesem Abend ihrem Schicksal begegnet. Während eine Nachrichtensprecherin im Fernsehen von einer äußerst grausigen Mordserie an Jugendlichen und dem seltsamen Verschwinden von einem der Leichname der Opfer berichtet, trifft Grueller, einer von Jeffreys Mannschaftskameraden, in einem verlassenen Park mit dem bedrohlich wirkenden Amilyn zusammen, dessen Grinsen von reiner Mordlust erzählt.

Noch in derselben Nacht raubt ein ungewöhnlicher Alptraum Buffy den Schlaf. In ihm war sie ein Bauernmädchen aus dem Mittelalter, das in einem Zimmer eines Gasthofs einen Vampir attackiert. Als er ihr entwischt und schon sein Pferd erreicht hat, springt sie ihm durch das Fenster des Zimmers nach, überwältigt und tötet ihn. Doch in dem Moment, in dem sie wieder aufsteht und sich umdreht, treten ihr mehrere Blutsauger entgegen. Dann erscheint ein besonders mächtiger Vampir, der sich selbst Lothos nennt und das Mädchen, die Vampir-Jägerin, verhöhnt. Als er sich über sie, die wie gelähmt dasteht, beugt, um ihr Blut zu trinken, erwacht Buffy.

Am nächsten Morgen ist für Buffy erst einmal alles wieder so, wie es immer war. Sie trifft sich mit ihren Freundinnen und Cassandra, die in der Clique geduldet wird, weil sie den anderen bei den Hausaufgaben und beim Üben für Klausuren hilft, auf dem Schulhof. Das Thema des Tages ist der bald stattfindende *Senior Dance*, eine der großen Partys dieses letzten Schuljahres. Er soll unter einem besonderen Motto stehen, das das soziale Engagement der Schüler und ihr Bewußtsein für die großen Probleme der Welt spiegelt. Auf Drängen Buffys einigt man sich auf das Modethema Umweltzerstörung, auch wenn weder Buffy noch Nicole, Kimberly und Jenny so recht wissen, wovon unsere Umwelt bedroht wird.

Abends treffen die vier Freundinnen im ›Café Blasé‹, einem bei Schülern sehr beliebten Diner, wieder mit Pike und Benny zusammen. Es kommt zu einem hitzigen Austausch von Sticheleien und Beleidigungen, in dessen Verlauf Buffy ihr Tafelmesser wie eine gefährliche Waffe benutzt und Bennys Hot Dog zerschneidet – etwas, das sie selbst genauso wie ihre Freundinnen überrascht und leicht entsetzt. Auf dem Weg vom Diner nach Hause kippt Pike betrunken um, während Benny von dem Vampir Amilyn attackiert und überwältigt wird. Der seltsame Fremde, der Buffy in der Mall ansprechen wollte, findet den schlafenden Pike und rettet ihn, bevor der Vampir zurückkommt, um auch über ihn herzufallen. Später wird Amilyn seinem Herren, dem Vampirfürsten Lothos, Bericht erstatten. Noch lebt Lothos in einem luxuriös-dekadenten Kellergewölbe. Aber er wartet nur darauf, genügend Anhänger und Macht zu haben, um dann die Stadt der Engel zu seiner zu machen.

Buffy hat gerade mit ihren Freundinnen und den anderen Cheerleadern ihr Training absolviert und entschließt sich, noch eine Weile allein in dem Gymnastikraum zu bleiben, um ein paar Übungen zu machen und auf Cassandra zu warten, die ihr in Geschichte helfen soll. Dabei wird sie von dem etwa fünfzigjährigen Fremden, den sie schon in der Mall gesehen hatte, überrascht. Er stellt sich als Merrick vor und sagt Buffy, daß er sie schon seit langer Zeit gesucht habe, da er sie über ihr Geburtsrecht informieren müsse. Sie glaubt ihm nicht und fühlt sich belästigt, besonders als Merrick sie bittet, mit ihm auf einen Friedhof zu kommen. Erst in dem Moment, als er von ihren Alpträumen spricht, über die er scheinbar bestens informiert ist, obwohl sie doch nie jemandem von ihnen erzählt hat, wird sie neugierig und ist bereit, ihm zu folgen. Auf dem Friedhof angekommen, sagt Merrick ihr, daß sie darauf warten, bis ein Junge, der vor ein paar Tagen getötet und gerade beerdigt worden ist, sich aus seinem Grab befreit und als Vampir wieder aufersteht. Nach einiger Zeit erscheint nicht nur dieser Junge, sondern auch ein Mädchen, auf dessen Grab Buffy gesessen hat. Obwohl sie von diesen Ereignissen vollkommen überrascht ist, gelingt es ihr, die beiden Vampire mit Holzpfählen zu töten, als sei es das Selbstverständlichste überhaupt. Nachdem sie dies überstanden hat, erklärt Merrick ihr, daß sie die eine Vampir-Jägerin ist, die in jede Generation hineingeboren wird, und befiehlt ihr, sich am nächsten Tag mit ihm direkt nach der Schule zu treffen.

Zwischenzeitlich ist Cassandra, die an der Schule vergeblich auf Buffy gewartet hat, von Amilyn überwältigt worden. Er entführt sie und bringt sie in das Versteck von Lothos. Ihre Leiche wird erst einige Zeit später gefunden werden.

Da Buffy nicht am ausgemachten Treffpunkt erscheint, überrascht Merrick sie am nächsten Tag erneut in der Schule. Verärgert sagt sie ihm, daß sie keine Vampir-Jägerin sein will und er nach einer anderen suchen soll. Mit ihrer strikten Weigerung bringt sie Merrick, den für sie verantwortlichen *Watcher*, der die Aufgabe hat, sie auszubilden und – soweit es geht – zu unterstützen, dazu, zum äußersten Mittel zu greifen. Er wirft ohne Vorwarnung ein Messer auf sie, das sie aus dem Flug heraus auffängt. Sie ist zwar über diesen Angriff wieder maßlos entrüstet, fügt sich nun aber in ihr Schicksal, akzeptiert, daß sie ›the Chosen One‹, die Auserwählte, ist. Damit beginnt für Buffy eine Art Crash-Kurs im Töten von Vampiren, zu dem *martial-arts*-Training wie das Lernen des richtigen Umgangs mit Holzpfählen gehört. Außerdem muß sie in der Konfrontation mit Untoten ihre taktischen Fähigkeiten schulen. Dabei darf sie eine Regel auf keinen Fall außer acht lassen: Laß dir nie den Fluchtweg abschneiden.

In der Zwischenzeit hat Pike den zum Vampir gewordenen Benny wiedergesehen. Sein Freund wollte von ihm hereingelassen werden, aber Pike ist mißtrauisch geworden. Ohne zu wissen, was wirklich mit Benny los ist, hat sein Anblick allein ausgereicht, um Pike angst zu machen. Nach dieser unangenehmen Begegnung hat er sich dafür entschieden, seinen Job als Automechaniker zu kündigen und die Stadt zu verlassen, solange er noch in der Lage dazu ist. Allerdings ist es Nacht geworden, bis er losfahren kann. Als sein Wagen dann auf einer Straße in den Hügeln von L. A. stehenbleibt, wird er von Amilyn und zwei anderen Vampiren attackiert. Er kann das Auto zwar wieder starten, aber Amilyn gelingt es, sich daran festzuhalten. Pike verliert die Kontrolle und fährt auf einer Wiese gegen einen Baum, der Vampir ist schon etwas früher vom Wagendach geflogen und hat dabei seinen linken Arm verloren. Trotzdem gibt Amilyn nicht auf, nur kommen dann Buffy und Merrick dazwischen. Während Amilyn in das Versteck seines Meisters flüchtet, gelingt es der Vampir-Jägerin, die anderen beiden Blutsauger zu töten. Danach nimmt sie den Mechaniker mit zu sich nach Hause und rät ihm, am nächsten Morgen die Stadt so schnell wie möglich zu verlassen.

Gegen den Willen Merricks nimmt Buffy ihre Pflichten als Cheerleader weiterhin so ernst wie möglich und geht zu einem Spiel der Basketball-Mannschaft ihrer Schule. Kurz vor Ende des Spiels kommt es zu einem entscheidenden Zwischenfall, nach dem Buffys Freundinnen sie endgültig für verrückt halten werden. Grueller, der mehrere Tage lang verschwunden war, taucht wieder auf und wird vom Coach in den letzten Sekunden eingewechselt. An seinem Verhalten auf dem Platz und den Krämpfen in ihrem Unterleib, die durch die Anwesenheit von Untoten ausgelöst werden, erkennt Buffy, daß Grueller ein

Vampir geworden ist. Sie stürmt auf das Spielfeld und versucht ihn zu überwältigen, aber es gelingt ihm zu entfliehen. Als sie Grueller hinterherstürmt, folgen ihr auch Merrick und Pike, der die Stadt nicht verlassen hat und zufällig sieht, wie sie dem Vampir auf einem ›geliehenen‹ Motorrad nachjagt. Die Verfolgungsjagd endet auf einem Gelände, auf dem die äußerst aufwendig zurechtgemachten Wagen der ›Pasadena Parade‹ gelagert werden. Während sie versucht, Grueller zu überwältigen, tauchen noch zwei andere Vampire auf, die Buffys Noch-Mitschüler unterstützen. Inzwischen hat aber auch Pike das Gelände erreicht und tötet den Basketball-Spieler in einer Überraschungsattacke von hinten mit einem Holzpfahl. Buffy bezwingt die anderen beiden, doch dann erscheinen Lothos und Amilyn. Durch die Anwesenheit Lothos' paralysiert, hätte das Stündlein der Vampir-Jägerin eigentlich schon geschlagen, doch kommt im letzten Moment Merrick dazu und zieht die Aufmerksamkeit des Vampirfürsten auf sich. Nachdem Lothos den *Watcher* getötet hat, entscheidet er, Buffy in dieser Nacht noch zu verschonen, da sie für eine würdige Konfrontation noch nicht bereit ist.

Unter dem Eindruck von Merricks Tod, für den Buffy sich die Schuld gibt, und mit dem Wissen, daß die letzten Tage sie von ihren Freundinnen und ihrem bisherigen Leben entfremdet haben, beschließt das Mädchen, daß sie keine Vampir-Jägerin mehr sein will. Sie möchte nur noch ihr altes Leben zurückhaben und will deshalb zu dem *Senior Dance* am kommenden Samstag gehen, als wäre nichts geschehen. Als sie dies Pike mitteilt, ist er vollkommen enttäuscht von ihr und stürmt nach einer kurzen, aber heftigen Auseinandersetzung davon. Diesen Streit hat Benny belauscht und unterrichtet daraufhin Lothos und Amilyn, daß die Vampir-Jägerin am Samstag zu der Schulparty gehen wird. Der Vampirfürst beschließt, dort auch mit seiner gesamten Gefolgschaft, seiner privaten Armee der Hölle, zu erscheinen.

Als Buffy zum Tanz in die dem Motto ›Hug the World‹ (»Umarme die Welt«) entsprechend hergerichtete Sporthalle der Hemery High kommt, erlebt sie die erste böse Überraschung. Ihr Freund Jeffrey hatte ihr auf dem Anrufbeantworter die Nachricht hinterlassen, daß er mit ihr Schluß gemacht hat, und ist nun mit Jenny da. Vollkommen isoliert, steht die Vampir-Jägerin wider Willen am Rand der Tanzfläche. Erst als überraschend Pike erscheint und sie zum Tanz auffordert, scheint sich der Abend für sie noch zum Guten zu entwickeln. Doch dann tauchen vor der Halle die Vampire auf. Sie fordern die Auslieferung Buffys und versprechen im Gegenzug, die anderen zu verschonen. Pike hat einige vorbereitete Holzpfähle in einer Tasche mitgebracht, von denen er ein paar Buffy gibt, die sich dazu entschlossen hat, ihrem Feind gegenüberzutreten. Sie verläßt die Halle und flieht dann vor der Übermacht der Vampire in das Hauptgebäude der Schule. Amilyn gibt seinen Untertanen ein Zeichen, daß das Mädchen ihm und dem Meister gehört. Daraufhin fallen die restlichen Blutsauger über die Schüler in der Halle her, die sich innerhalb kürzester Zeit in ein Schlachtfeld verwandelt. Währenddessen verfolgt Amilyn Buffy, die im Keller der Schule schon von Lothos erwartet wird. Mit der Billigung des Vampirfürsten tötet sie den einarmigen Blutsauger. Dies ist eine letzte Geste der Zuneigung, die Teil von Lothos' Spiel mit Buffy ist – ein Spiel, in dem es genauso um Macht wie um Verführung geht. Während es den anderen Schülern zusammen mit Pike gelungen ist, den Angriff der Vampire abzuwehren und die Untoten für immer ins Grab zu befördern, muß Buffy ihrem gefährlichsten Widersacher gegenübertreten – ein Kampf in zwei Runden, der über das weitere Schicksal der Welt entscheidet und zunächst im

Keller und dann in der verwüsteten Sporthalle ausgetragen wird, in die sie zurückkehrt, als sie glaubt, Siegerin zu sein.

Kommentar:

Wenn es nur nach dem Ruf ginge, den Fran Rubel Kuzuis BUFFY THE VAMPIRE SLAYER gerade unter eingeschworenen Fans des phantastischen Genres hat, dann hätte es die Serie nie geben dürfen. Tatsächlich war er in der ersten Zeit, als Sarah Michelle Gellar als Buffy über die Bildschirme flimmerte, noch so etwas wie eine Altlast, ein dunkler Schatten, der auf der Serie lastete und zumindest in gewissen Kreisen ihr gegenüber große Vorurteile nährte. Heute, gut zweieinhalb Jahre nachdem die erste BUFFY-Episode in Amerika ausgestrahlt wurde, sind diese Vorurteile weitestgehend vergessen, genauso wie der Film, der sie hervorgerufen hat. Nur hat Fran Rubel Kuzuis vielleicht nicht in jeder Hinsicht gelungene, aber doch sehr unterhaltsame Interpretation von Joss Whedons Idee von dem Vampire jagenden Teenager weder seinen miserablen Ruf noch das Schicksal der Vergessenheit verdient.

Das Dilemma, vor dem der Film im Sommer 1992 bei seinem Kinostart in den Vereinigten Staaten stand, beschreibt sehr schön eine kleine Anekdote des damaligen Vorsitzenden der 20th Century Fox Film Corporation, Joe Roth. Er hat einmal erzählt, daß er mit seinem Sohn und dessen zehn Jahre altem Freund in einem Kino war, um mit ihnen BUFFY zu gucken. Auf dem Heimweg hat der Zehnjährige dann gesagt, daß BUFFY ein Film für Erwachsene sei, nur würden die das nicht mitbekommen. Daraufhin habe Roth ihm einen Job bei Fox angeboten.

Obwohl Fran Rubel Kuzui BUFFY THE VAMPIRE SLAYER mit einem relativ kleinen Budget drehen mußte, der Film also eher zu den Nebenproduktionen gehörte, mit denen die großen

Studios ihre Staffeln füllen, entschied man sich bei Fox noch im Frühjahr 1992 dafür, den Film zu einem der Sommer-Kino-Ereignisse dieses Jahres zu machen. Hinter dieser Strategie stand die Überlegung, daß man auch mit einem relativ billig produzierten Film einen Hit landen kann, solange die Vermarktung stimmt und genügend Teenager ins Kino kommen. Bei dem Konkurrenten Disney war genau dieses Konzept in dem Jahr mit Les Mayfields ENCINO MAN (dt.: STEINZEIT JUNIOR) aufgegangen. Deshalb startete die Fox schon relativ früh eine aufwendige Werbekampagne für BUFFY und verlegte den Start auf den 31. Juli vor. Man glaubte mit dieser Vampir-Komödie um einen blonden Cheerleader, der die Untoten mit *martial-arts*-Tricks für immer ins Jenseits befördert, einen perfekten Konzeptfilm für ein Publikum in Buffys Alter zu haben. Also konzentrierte man sich bei der Werbekampagne auch ganz auf diese Zielgruppe, die dann aber am Ende nicht in dem gewünschten Maß in die Kinos kam. So wurde der Film nicht zu dem erhofften Hit. Er spielte nur die relativ bescheidene Summe von etwas über 16 Millionen Dollar ein, die bei dem geringen Budget allerdings immer noch ausreichte, um dem Studio einen wenn auch minimalen Gewinn zu bringen. Erst später auf Video entwickelte sich BUFFY noch zu einem *sleeper*, einem Film, der zwar keine spektakulären Zahlen macht, dafür aber um so länger auf einem ungefähr gleichbleibenden Niveau läuft. Diesem dann überraschenden Erfolg verdankt übrigens die Serie ihre Entstehung.

Wenn man die amerikanischen Kritiken liest, die 1992 zum Start von BUFFY veröffentlicht wurden, überrascht der Mißerfolg des Films nicht. Denn es herrschte relativ große Einigkeit unter den Rezensenten, die meist noch positive Worte für Kristy Swansons Leistung als jugendliche Vampir-Jägerin fanden und auch einige andere Darsteller lobten, aber dafür die Regisseurin Fran Rubel

Kuzui um so heftiger angriffen. Ihr warf man vor, daß ihr zu dem originellen Drehbuch nichts eingefallen sei, daß sie sich nicht entscheiden konnte, ob sie den Stoff nun wie eine Komödie oder ein Drama behandeln wollte – eine Kritik, die übrigens fast genau der widerspricht, die der über den Film maßlos enttäuschte Joss Whedon geäußert hat. Für Buffys Erfinder ist Kuzui die Hauptschuldige daran, daß von seinem ursprünglichen Konzept fast nichts übriggeblieben sei. Sie hat – seiner Einschätzung nach – das drei Genres, nämlich Action, Horror und Komödie, umspannende Drehbuch ruiniert, indem sie Buffy zu einer reinen Komödie, einer Camp-Extravaganza, gemacht hat.

»Dieser Film war meine [Joss Whedons] Antwort auf all die Horrorfilme, die ich jemals gesehen hatte, in denen ein Mädchen einen dunklen Raum betritt und getötet wird. Deshalb habe ich mich entschieden, einen Film zu machen, in dem das blonde Mädchen einen dunklen Raum betritt und dann so richtig zuschlägt.« So hat Joss Whedon seine ursprüngliche Idee beschrieben, die ihn bei der Ausarbeitung des BUFFY-Drehbuchs geleitet hat. Eigentlich ist Fran Rubel Kuzuis Umsetzung gar nicht so weit von dieser Grundidee entfernt, nur daß sie den Horror-Aspekt weitestgehend reduziert hat. In dieser Reduzierung tritt aber der entscheidende Zug von Whedons Konzept noch stärker heraus, es wird ganz deutlich erkennbar als ironisches, Genre-Konventionen einfach umkehrendes Spiel mit Sehgewohnheiten. Im Prinzip hat Whedon Ende der 80er Jahre, als das Drehbuch entstand, das mit dem Vampirfilm gemacht, was Kevin Williamson etwa acht Jahre später mit einem anderen Subgenre des Horrorfilms, dem *slasher movie*, gemacht hat. Und dies ist vielleicht neben der Tatsache, daß die Fox BUFFY einfach falsch verkauft hat, der entscheidende Grund für den ursprünglichen Mißerfolg des Films und den späteren Erfolg der Serie: er war

Kein Wunder, daß Kristy Swanson hier skeptisch guckt –
den Kostümbildner sollte man für dieses
peinliche Outfit pulverisieren wie einen Vampir.

1992 seiner Zeit voraus. Heute, auch unter dem Eindruck der beiden SCREAM-Teile, kann man ihn mit anderen Augen betrachten und entdeckt in ihm dabei den verfrühten Pionier eines Trends, der erst in den späten neunziger Jahren seine Blüte erlebt hat.

Auch in einer anderen Hinsicht war BUFFY seiner Zeit um ein paar Jahre voraus. Denn Kuzuis Geschichte von der Vampir-Jägerin, die viel lieber nur ihren Abschluß machen, nach Europa reisen und Christian Slater heiraten würde, ist reines Pop-Kino, ein Spiel mit Zitaten und Verweisen, das die Popkultur wie einen Steinbruch verwendet, eine Technik, die erst 1994 durch Quentin Tarantinos PULP FICTION wirklich populär geworden ist. Kuzuis Jonglieren mit Anspielungen und Andeutungen, die ein wahres Netz von Assoziationen heraufbeschwören, beginnt schon bei der Besetzung. So war für Anne Rice, die Autorin der »Vampir-Chroniken‹, Rutger Hauer, der den Vampirfürsten Lothos als verführerischen *Décadent*, als Blutsauger aus dem Geist des *fin de siècle* spielt, einmal die Traumbesetzung für die Figur des Lestat, Rices Verkörperung des unwiderstehlichen Bösen. Dies gibt Lothos eine gewisse Ambivalenz. Er ist die Inkarnation des Ur-Bösen, vor dem man sich – wie schon der Name Lothos andeutet, der vom Klang her nicht rein zufällig an das englische Verb ›loathe‹ (dt.: verabscheuen, nicht ausstehen können, sich ekeln) erinnert – mit Grausen abwendet. Aber in Rutger Hauers und Fran Rubel Kuzuis Interpretation hat er auch etwas Unwiderstehliches. Bei ihrer ersten Begegnung ist Buffy zu Recht wie hypnotisiert. Er will sich die Welt untertan machen, tritt aber, um das zu erreichen, als Verführer und nicht als Vernichter auf, diese Rolle übernimmt Amilyn. Das verbindet Lothos natürlich auch mit Dracula, dem berühmtesten aller Vampire, der zumindest in den Verfilmungen von Bram Stokers klassischem Schauerroman immer mehr zum attraktiven Verführer geworden ist.

Auf einer ganz anderen pop-kulturellen Ebene funktioniert die Besetzung Amilyns mit Paul Reubens. In den achtziger Jahren war Reubens mit seiner Fernseh- und Film-Persona Pee-Wee Herman eine Art Kultfigur, ein berühmter Komiker, der sich nicht nur bei Kindern, sondern auch unter Erwachsenen großer Beliebtheit erfreute. Durch die Fernsehserie PEE-WEE'S PLAYHOUSE berühmt geworden, konnte Reubens auch in zwei Filmen, Tim Burtons PEE-WEE'S BIG ADVENTURE (dt.: PEE-WEES GROSSES ABENTEUER) und Randal Kleisers BIG TOP PEE-WEE (dt.: MANEGE FREI FÜR PEE-WEE), in dieser Rolle auftreten. Die Pee-Wee-Persona zeichnet sich durch eine gewisse Androgynität, schon obsessive Ordentlichkeit, beinahe maßlosen Materialismus und eine hinterlistig antiautoritäre Haltung aus und bringt damit die widersprüchlichsten Aspekte der achtziger Jahre auf subversive Weise zusammen. Pee-Wees Markenzeichen waren dabei die weißen Schuhe und Socken, der enge graue Anzug, die rote Fliege und das bleiche Gesicht, in das nur etwas Rouge und Lippenstift Farbe bringen. 1991 kam dann das Aus für Pee-Wee, als Paul Reubens wegen Exhibitionismus in einem Porno-Kino verhaftet wurde. Vor diesem Hintergrund von Ruhm und Fall wirkt seine Rolle als Amilyn, die eigentlich nichts mit der Pee-Wee-Persona verbindet, fast wie ein Spiel mit seinem komischen Talent und seinem ruinierten Ruf. Amilyn ist das Böse als lächerliche Gestalt, ein bißchen wie das Krokodil im Kasperle-Theater, das vom Kasper (in diesem Fall Buffy) mit schöner Regelmäßigkeit geschlagen wird.

Auch wenn die Entscheidung, Buffys Freund und Assistenten Pike, den ersten der späteren *slayerettes*, mit Luke Perry, einem der Stars aus der beliebten Fernsehserie BEVERLY HILLS 90210, zu besetzen, sicher in erster Linie auf kommerzielle Erwägungen zurückging, paßt sie doch in das selbstreferentielle Konzept des Films. Perry selbst versuchte zwar, mit seiner Rolle etwas von seinem Image aus der *Spelling soap* wegzukommen, deshalb hat er sich auch seine berühmten Koteletten wegrasiert, aber auf der anderen Seite mußte einfach einer der Stars der High-School-Serie schlechthin in BUFFY mitspielen. Denn zumindest die ganzen Szenen mit Buffy und ihren Freundinnen spielen mit dem Bild, das die Popkultur von kalifornischen High-School-Teens geschaffen hat. Joss Whedon und Fran Rubel Kuzui bauen Buffy erst einmal als Prototyp des beliebten, blonden *All american girl* auf, wie wir es aus *soaps* wie 90210 kennen. Doch dieser erste Eindruck, den Drehbuch und Regie regelrecht forcieren, wird dann langsam durch die Geschichte und Entwicklung Buffys zerstört. Man könnte den Film auch als eine langsame Menschwerdung einer Barbie-Puppe sehen – nur besitzt dieser neu erwachte Mensch die Kräfte und Fähigkeiten einer Comic-Superheldin, die unsere Welt vor dem Bösen retten muß. So erschafft BUFFY nicht nur ein Gegenbild zu dem typischen Opfer des Achtziger-Jahre-Horrorfilms, sondern auch eines zu dem Klischee vom blonden *airhead*, die nichts anderes als Mode und Klatsch im Sinn hat. Einer Zerstörung eines festgefügten Bildes gleicht auch die finale Schlacht zwischen Schülern und Vampiren. Die Party wird zum Massaker, zum Ende der Unschuld. Wer diesen Abend überlebt, ist erwachsen geworden, und das Idyll à la BEVERLY HILLS 90210 liegt weit hinter ihm.

Selbst die Art, in der Buffy ihre Gegenspieler tötet, ist ein Spiel mit pop-kulturellen Mythen. Der Holzpfahl durchs Herz, der die Blutsauger endgültig ins Jenseits befördert, ist fester Bestandteil fast aller westlichen Vampirgeschichten. Doch die *martial-arts*-Kampftechniken, mit denen sich die Vampir-Jägerin gegen die

Untoten erst einmal zur Wehr setzt, bevor sie sie dann tötet, gehören eher in den Bereich der asiatischen, besonders der chinesischen, Legenden und Fantasy-Filme. In ihnen nutzten die Menschen im Kampf mit Monstern meist ähnliche Techniken wie hier Buffy. Die Idee, sie zu einer Superheldin nach asiatischem Vorbild zu machen, geht auf Fran Rubel Kuzui zurück. Sie selbst hat darüber einmal gesagt: »Ich wollte, daß Buffy die Vampire auf eine Art tötet, die nicht einem Abschlachten gleicht, weil ich kein Interesse daran hatte, einen besonders gewalttätigen Film zu drehen. Ich bin ein großer Fan chinesischer *martial-arts*-Filme, die – zumindest in den meisten Fällen – ohne großes Blutvergießen auskommen. Da Buffy eine Vampir-Jägerin und keine Killerin ist, hatte ich die Idee, daß sie, soweit es ging, auf *martial-arts*-Techniken zurückgreifen sollte.« Aber diese Art des Kämpfens paßt nicht nur aufgrund ihrer Entrückung von Gewalt ins Phantastisch-Spielerische in das Konzept des Films. Sie rückt ihn auf einer ganz offensichtlichen Ebene in die Nähe des Fantasy-Kinos aus Hongkong, mit dem BUFFY auch der komödiantische Ton und die Tendenz zum *Camp* verbindet.

Entgegen Joss Whedons Einschätzung des Films ist Fran Rubel Kuzuis BUFFY nicht nur eine Komödie, die versucht, jeden Moment auf seine Lacher auszuspielen. Er ist vielmehr echter *Camp*, Ironisches liegt hier direkt neben Pathetischem, Komisches direkt neben Poetischem. So gelingt Fran Rubel Kuzui zumindest ein wirklich ergreifender Moment. In der eigentlich ganz akzeptablen, sich in erster Linie an jugendliche Leser richtenden *novelization* des Drehbuchs von Richie Tankersley Cusick stirbt Merrick in irgendeiner Seitenstraße von Los Angeles. Es ist ein trauriger und auch etwas erschreckender Moment, weil mit ihm Lothos eine Figur zum Opfer fällt, bei der man nicht unbedingt damit rechnet, daß sie in einer eher komödiantischen Horrorgeschichte stirbt. Diese Wirkung hat sein Tod auch im Film, doch zugleich geht diese Sterbeszene hier atmosphärisch weit über das hinaus, was die Autorin der Romanfassung beschreibt. Fran Rubel Kuzui hat den Schauplatz der tödlichen Auseinandersetzung zwischen Merrick und Lothos von der beliebigen kleinen Straße auf ein Gelände verlegt, auf dem die exotisch hergerichteten Festwagen der ›Pasadena Parade‹ gelagert werden. Eine seltsam melancholische Stimmung liegt schon vor dem Tod des *Watcher* über diesem Ort. Die verlassenen Wagen, die zum Teil wie rätselhaft-schöne Fabelwesen aussehen, erzählen von vergangener Freude, verlorener Unschuld und unendlicher Sehnsucht nach einer friedlicheren Welt. Teilweise bewegen sich ihre bizarren Konstruktionen im Wind, und es ist so, als wenn diese Ausgeburten einer spielerischen Phantasie zum Leben erwachen, nur um Zeugen der Macht des Todes zu werden, um mitzuerleben, wie ein hölzerner Dolch Merricks Leben und Buffys Kindheit beendet. Der *Watcher* opfert sich hier für die Jägerin, und die Bilder seines Sterbens gleichen Tränen. In diesem Augenblick bleibt die Welt des Films für einen Moment stehen, versucht das Unfaßbare faßbar zu machen. Dabei kippt er aus dem Spielerischen ins Lyrische, wird zum magisch-poetischen Trauergesang. Die Erinnerung an den Schmerz dieses Moments bleibt bestehen, auch im Augenblick von Buffys Triumph, wenn sie über sich selbst hinausgewachsen ist und Lothos bezwungen hat, sind da noch die Bilder von Merricks Ende und Buffy vor den verlassenen Festwagen, als sie der einsamste Mensch auf der Welt ist – auch wenn Pike direkt neben ihr steht. Die Essenz ihres Lebens als Vampir-Jägerin steckt in diesen Bildern. Und wer den Film kennt, wird beim Sehen der Serie oft an sie denken müssen.

Produktion: 20th Century Fox Television, Kuzui
Enterprises, Sandollar Television, Mutant Enemy, Inc.

Entwickelt von: Joss Whedon

Produzent: Gareth Davies

Co-Produzent: David Solomon, Josep M. Ellis, Gary Law

Consulting-Produzent: Howard Gordon

Exekutiv-Produzenten: Sandy Gallin, Gail Berman, Fran
Ruben Kuzui, Kaz Kuzui, Joss Whedon

Co-Exekutiv-Produzent: David Greenwalt

Unit-Produktionsmanager: Joseph M. Ellis,
Gary Law

Kamera: Michael Gershman

Schnitt: Geoffrey Rowland, Skip Schoolnik,
Regis Kimble, Skip MacDonald, Kimberly Ray

Produktionsdesigner: Steve Hardie, Carey Meyer

Exec. Story Editor: Rob Des Hotel, Dean Batali
(ab zweiter Staffel)

Story Editor: Matt Keine, Joe Reinkemeyer, Rob Des Hotel,
Dean Batali (Staffel 1)

Casting: Marcia Shulman, C.S.A.

Spezial-Make-up-Effekte: Optic Nerve Studios

Stunt Koordinator: Jeff Smolek (Staffel 1),
Jeff Pruitt (Staffel 2)

Visuelle Effekte: Area 51

Visual Effects Supervisor: Glenn Campbell
(nur Pilotfilm), Loni Perestere

Supervising Animator: Scott Wheeler

Art Director: Carey Meyer (Staffel 1), Stephanie J. Gordon
(Staffel 2)

Ausstattung: David Koneff

Make-up Effects Supervisor: John Vulich

Kostümsupervisor: Rita Salazar (Staffel 1), Karen Hudson (Staffel 2)

Kostümdesigner: Susanna Puisto (Staffel 1), Cynthia Bergstrom (Staffel 2)

Property Master: Ken Wilson

Make-up Supervisor: Todd McIntosh

Make-up Artist: Todd McIntosh (nur Staffel 1), Robin Beauchesne, Michael Blake, Alan Friedman, Dayne Johnson, Margie Latinopoulos, John Maldonade (nur Staffel 2), Brigette A. Myre, Gerald Quist, Craig Reardon, Mark Shostrom

Head Hair Stylist: Jeri Baker; Hairstylist: Jeri Baker, Suzan Bagdadi, Dugg Kirkpatrick, Susan Carol Schwary, Francine Shermaine

Location Manager: Jordana Kronen

Titelmusik: Nerf Herder

Musik: Walter Murphy, Christophe Beck, Adam Fields, Shawn K. Clement & Sean Murray (variiert von Episode zu Episode)

Regulärer Cast: Sarah Michelle Gellar (Buffy Summers, die Vampirkillerin), Anthony Stewart Head (Rupert Giles), Alyson Hannigan (Willow Rosenberg), Nicholas Brendon (Alexander ›Xander‹ Harris), Charisma Carpenter (Cordelia Chase), David Boreanaz (Angel [David Boreanaz wird während der ersten Staffel nur unter den Gaststars als Darsteller geführt])

Zur Numerierung der Einzelepisoden wurden die amerikanischen Produktionskennzeichnungen verwendet. Beispiel: Der Pilotfilm trägt die Kennzeichnung BtVS-101. BtVS BUFFY THE VAMPIRE SLAYER, 1 = Staffel 1, 01 = Episode 1).

DAS ZENTRUM DES BÖSEN (Pilot)
DIE ZEIT DER ERNTE

Originaltitel: WELCOME TO HELLMOUTH (Pilot)

THE HARVEST

Erstausstrahlung USA: 10. März 1997
Erstausstrahlung Deutschland: 9. Oktober 1998

Regie: Charles Martin Smith (Teil 1), John T. Kretchmer (Teil 2).
Drehbuch: Joss Whedon. Gaststars: Mark Metcalf (der Meister),
Brian Thompson (Luke), Ken Lerner (Rektor Flutie), Kristine Sut-
herland (Joyce Summers, Mutter von Buffy), Julie Benz (Darla),
Mercedes McNab (Harmony).

Vorbemerkung:

In Deutschland wurde der Pilotfilm DAS ZENTRUM DES BÖSEN
in einer 90minütigen Version ausgestrahlt. Es besteht jedoch
auch die Möglichkeit, den Pilotfilm in zwei Einzelepisoden à 45
Minuten auszustrahlen, deren erster Teil den Titel des 90minü-
tigen Piloten beibehält, den zweiten Teil jedoch neu betitelt
(siehe die Kopfzeile). Es ist wahrscheinlich, daß Pro 7 bei einer
Wiederholung der Serie diese Zweiteilung übernehmen wird.

Songs: »Saturated Believe, Swirl, Things Are Changing, Right My
Wrong« von Sprung Monkeys; »Losing Ground« von Mindtribe;
»Wearing Me Down, Ballad For Dead Friends« von Sashboard
Prophets

Inhalt:

Joyce Summers hat an ihre Tochter nur eine Bitte – keinen Ärger. Der Umzug nach Sunnydale stellt einen Einschnitt im Leben der beiden dar. Nachdem Buffy die Turnhalle ihrer alten Schule angezündet hatte, wurde sie an ihrer Schule zur unerwünschten Person erklärt. Der Umzug nach Sunnydale bietet ihr nun die Chance eines Neuanfangs. Doch schon das erste Zusammentreffen mit Rektor Flutie entpuppt sich als wenig erfreulich. Versucht dieser Buffy zunächst davon zu überzeugen, daß es für ihn keine Rolle spielt, was sie in Los Angeles getan haben mag, ändert er diese Meinung, als er erfährt, daß sie eine Turnhalle abgefackelt hat. Und noch ahnen die beiden nicht, daß Buffys Künste als Vampirkillerin bereits wieder gebraucht werden. Unlängst hat die junge Vampirin Darla nämlich einen Jungen getötet. Die Leiche aber hat sie verschwinden lassen, so daß dieser bislang nur vermißt wird.

Währenddessen versucht Buffy, ihre Mitschüler kennenzulernen. Auf Anhieb findet sie die unscheinbare, schüchterne Willow sympathisch. Diese aber gilt unter ihren Mitschülerinnen als graue Maus. Vor allem Cordelia Chase, das angesagteste Mädchen der Schule, schikaniert Willow. Gleichzeitig versucht sie die Neue, Buffy, anzutesten. Buffy macht auf sie einen coolen Eindruck, und sie glaubt, sie könnte gut in ihre Clique passen, einen Zusammenschluß der angesagtesten Mädchen der Schule, an deren Spitze natürlich Cordelia steht. Sie lädt sie am Freitag abend ins Bronze ein, den wichtigsten (und einzigen) Nightclub der Stadt.

Der Freitag ist jedoch noch weit weg. Und so lernt Buffy Alexander »Xander« Harris und dessen Freund Jesse kennen; wie auch Willow gehören die beiden nicht unbedingt zu den angesagtesten Typen der High School. Xander stört dies wenig. Auch ist er der einzige Freund von Willow, mit der zusammen er quasi aufgewachsen ist. Ihm ist es egal, wie die anderen über Willow denken mögen. Xander ist kein besonders neugieriger Typ, dennoch möchte er wissen, warum Buffy einen Holzpflock bei sich trägt, den sie wenige Minuten zuvor bei einem unbeabsichtigten Zusammenstoß der beiden auf dem Schulflur verloren hat. Buffy wirkt verlegen. In Los Angeles, sagt sie, sei dies ganz einfach ein zur Zeit beliebtes Selbstverteidigungsinstrument. Xander glaubt ihr jedoch kein Wort, denn als die Nachricht die Runde macht, der verschwundene Junge sei tot aufgefunden worden, erkundigt sich Buffy umgehend, ob er Wundmale am Hals gehabt habe. Xander folgt Buffy, ohne daß diese es merkt, in die Bibliothek, wo sie wenige Stunden zuvor bereits ein ungewöhnliches Zusammentreffen mit dem neuen, englischen Bibliothekar der Schule, Rupert Giles, erlebt hat. Eigentlich benötigte sie für den Unterricht ein Buch über die Verbreitung der Pest, statt dessen legte er ihr das Buch »Vampyr« auf den Tresen und nannte sie ein Mädchen mit außergewöhnlichen Begabungen. Nun will sie von Giles wissen, was er von ihr verlangt. In jeder Generation, erklärt er ihr, wird ein Mädchen mit der notwendigen Kraft und dem Wissen geboren, um das Ausbreiten der Vampire auf Erden zu verhindern. Ihr Weg ist vorbestimmt, und daher kann es kein Zufall sein, daß es sie nach Sunnydale verschlagen hat. Sunnydale ist nämlich, vermutet Giles, ein Ort mystischer Energie, der nicht nur Vampire, sondern jede Form von Dämonen anzieht. Buffy will von alledem nichts hören. Sie habe bereits gegen Vampire gekämpft, erklärt sie Giles. Und daher wolle sie nur noch eines sein: ein normaler High-School-Teenager. Wenn Giles wolle, dürfe er den Pflock nehmen und selbst gegen die Vampire kämpfen. Dies aber lehnt der englische Bibliothekar ab. Er sei nur ein *Watcher*, ein Trainer, ein Mentor, aber die zum Kampf gegen Vampire notwendigen Kräfte besitze er nicht. Ihr Gespräch endet ohne Ergebnis. Buffy und Giles verlassen die Bibliothek gemeinsam – und übersehen Xander, der von einer Empore aus ihr Gespräch verfolgt hat.

Währenddessen bewahrheitet sich Giles Befürchtung, daß Sunnydale mehr ist als nur ein kleiner Ort zwei Stunden südlich von Los Angeles: In einer Höhle nämlich treffen sich mehrere Vampire, die ein Ritual beginnen, um den Meister, den höchsten aller Vampire, ins Leben zurückzurufen.

Inzwischen ist es Freitag, und Buffy will nur noch eines: neue Leute kennenlernen. Also geht sie ins Bronze. Doch auf dem Weg in den einzigen Club der Stadt folgt ihr ein Mann, der sich im Verlauf der Serie als Angel vorstellen wird. Buffy überwältigt ihn, doch dieser scheint nichts anderes von ihr erwartet zu haben. Er sei gekommen, um sie zu warnen, und so erzählt er ihr vom Schlund der Hölle, der sie zu verschlingen drohe, denn es sei die Zeit der Ernte gekommen. Das ist alles, was er sagt, bevor er genauso plötzlich verschwindet, wie er aufgetaucht ist. Im Bronze trifft Buffy Willow. Willow ist allein. Buffy spürt, daß Willow Probleme hat, andere Menschen anzusprechen. Genieße den Augenblick, rät sie ihr, bevor sie auf der Tribüne des Clubs Rupert Giles entdeckt. Widerwillig spricht sie ihn an. Sie will, betont sie ein weiteres Mal, keine Vampirjägerin sein. Schluß, Ende, aus. Von diesem Statement läßt sich Giles jedoch nicht aus der Fassung bringen. Sie besitzt die Kraft, erklärt er ihr seelenruhig ein zweites Mal. Dazu gehört die Fähigkeit, einen Vampir als solchen selbst in seiner menschlichen Gestalt zu erkennen. Hier und jetzt soll sie ihm diese Fähigkeit demonstrieren. Buffy wirkt gelangweilt und zeigt geradewegs auf einen jungen Mann auf der Tanzfläche. Es sind seine Klamotten, die ihn verraten, erklärt sie Giles. Diese waren nämlich bereits in den Achtzigern out.

Wirkt Buffy in diesem Moment noch gelangweilt, läßt sie den Vampir schon eine Sekunde später nicht mehr aus den Augen. Der junge Mann, den sie einen Vampir nennt, führt nämlich Willow aus dem Club. Buffy flucht und nimmt augenblicklich die Verfolgung auf. Während sie Willow verfolgt, bemerkt sie nicht, wie die junge Vampirin Darla Jesse anspricht.

Während der Verfolgung trifft Buffy Xander, der gerne mit ihr reden möchte. Dieser glaubt Buffy ihre Geschichte, sie sei eine Vampir-Jägerin, nicht, bis sie Willow und ihren Verehrer eingeholt haben. Er hat Willow in eine Gruft gelockt, wo er nun versucht, das vollkommen verschreckte Mädchen zu beißen. Doch Buffy kommt ihm zuvor, rammt ihm ihren Pflock ins Herz und tötet ihn. Vor Willows und Xanders Augen löst sich der junge Vampir in Luft auf. Doch der Kampf ist noch nicht beendet. Auch Darla betritt die Gruft und beginnt einen Kampf gegen Buffy, ohne mit ihr fertigzuwerden. Ihren Kampf nutzen Xander, Willow und der von Darla ebenfalls zur Gruft geführte Jesse zur Flucht. So sehen sie nicht, wie Luke erscheint. Luke ist ein mächtiger Vampir, der das Ritual in der Höhle leitete, mit dem der Meister zu neuem Leben erweckt werden soll. Luke überwältigt Buffy, doch töten kann er sie nicht. Beim Versuch, sie in den Hals zu beißen, erblickt er ihr Kreuz, das sie an einer Kette um ihren Hals trägt. Angewidert wendet er sich von Buffy ab.

Buffy kommt wieder zu sich und rennt aus der Gruft hinaus, wo sie gerade noch rechtzeitig kommt, um Willow und Xander vor einer Horde plötzlich auftauchender Vampire zu retten. Jesse aber ist verschwunden (im Falle einer Aufteilung des Pilotfilms in zwei Episoden endet die erste Folge an dieser Stelle).

Zurückgekehrt in die Bibliothek, erklärt Giles Willow und Xander, daß Vampire durchaus real sind. Es waren einst Dämonen, die die Welt beherrschten. Doch eines Tages erschien der

Mensch auf der Bildfläche. Und es wurden immer mehr Menschen. Sie machten sich die Welt untertan, und so verschwanden die Dämonen. Der letzte Dämon biß schließlich, bevor auch er die Erde verließ, einen Menschen. Ihr beider Blut vermischte sich, und aus diesem Menschen wurde dann der erste Vampir. Um seinen Durst zu stillen, war er gezwungen, wieder andere Menschen zu beißen. Die, die er nicht tötete, wurden selbst zu Vampiren. Diese Vampire warten nun auf das Ende der Menschheit und die Rückkehr der alten Herrscher. Sie warten auf den Meister, der wiederaufersteht und den Dämonen den Weg weist. Vor sechzig Jahren bereits hätte er fast seinen Weg zurück gefunden, ein Erdbeben in Sunnydale aber warf ihn für einen Zyklus von dreimal zwanzig Jahren zurück in die Finsternis. Die vier ahnen zu diesem Zeitpunkt noch nicht, daß der Meister bereits erschienen ist. Auferstanden aus reinem Blut, wartet er darauf, in die menschliche Welt überzuwechseln, denn noch befindet er sich in einer Zwischenwelt, auf halbem Wege zwischen dem Reich der Finsternis und der Erde. Er benötigt noch viel mehr Blut, um diese Grenze überschreiten zu können. Seine Untergebenen aber schaffen es nicht, genügend Blut heranzuschaffen. Abhilfe könnte das Blut der Jägerin schaffen, Buffys Tod wäre seine Wiederauferstehung. Dafür muß sie in seine Höhle geschafft werden. Luke bekommt den Auftrag, Buffy in die Gruft zu locken. Als Lockvogel dient ihm Jesse, der bis zu diesem Zeitpunkt kaum mehr als ein weiteres Opfer darstellte, nun aber in die Gemeinschaft der Vampire aufgenommen werden soll.

Währenddessen entdecken Buffy und Giles, daß Willow ihrem Kampf nützlich zur Seite stehen könnte. Willow nämlich entpuppt sich als ein Computer-Wizzkid. Auf Buffys Bitte hin, herauszufinden, wie Luke von einem Moment zum anderen in der

Gruft hat verschwinden können, fingert Willow ein unterirdisches Tunnelsystem auf dem Computerbildschirm hervor, das alle unterirdischen Wege unter Sunnydale aufzeigt. Der Zugang zu diesem Höhlensystem, vermutet Buffy, liegt in der Gruft.

Gegen Buffys Willen begleitet sie Xander. Sie steigen in das Höhlensystem ein und finden Jesse, der mit eisernen Ketten gefesselt daliegt. Sie befreien ihn – nur um feststellen zu müssen, daß auch er ein Vampir geworden ist. Von Vampiren verfolgt, gelingt ihnen über einen Notausstieg die Flucht. Gegen Xanders Willen läßt Buffy Jesse zurück. Nur mit Mühe gelingt es ihr, Xander klarzumachen, daß Jesse mittlerweile ein Vampir und somit verloren ist.

Nach dieser mißlungenen Aktion befiehlt der Meister seinen Untergebenen, während dieser Nacht seine Auferstehung eben auf die konventionelle Art durch das Vergießen von viel jungem Blut zu ermöglichen. Die Vampire sollen das Bronze überfallen und die jungen Leute einen nach dem anderen aussaugen. Während dieser Aktion werden Lukes und sein Geist miteinander verbunden sein …

Doch bevor es zu diesem Kampf kommt, entdecken Willow und Giles den Grund für das plötzliche Auftauchen der Vampire. Es handelt sich um den Tag der Ernte. An diesem Tag wird der Meister zurückkehren, genährt vom Blut junger Menschen. Dieses Blut verleiht ihm Kraft und neues Leben. Und wo gibt es dieses Blut? Im Bronze!

Als sie den Club erreichen, herrscht dort bereits Chaos. Die Vampire haben den Club hermetisch abgeriegelt; Buffy bleibt kein anderer Weg, als durch ein Dachfenster in das Bronze zu gelangen, während Willow, Giles und Xander versuchen, den Hinterausgang aufzubrechen. Im Dunkel des Clubs erkennen die Jugendlichen nicht, daß die, die Gewalt ausüben und Chaos verbreiten, Vampire sind. Die Jugendlichen versuchen zu fliehen, doch erst der Aufbruch des Hinterausgangs ermöglicht es ihnen, der Gefahr zu entkommen. Während die Jugendlichen das Bronze verlassen, steht Xander Jesse gegenüber. In seinen Händen hält Xander einen Holzpflock. Er bittet Jesse, mit ihm zu kommen, doch Jesse verachtet ihn. Früher war er ein kleiner Niemand, der von den Mädchen ausgelacht wurde und den niemand ernst nahm. Heute ist er ein Gott. Nur einen kurzen Moment bevor Jesse Xander beißen will, wird er von einem flüchtenden Mädchen angerempelt. Er stolpert und stürzt Xander entgegen. Automatisch schiebt sich der Holzpflock in Jesses Herz. Er schreit – und löst sich in Luft auf. Genauso wie Luke nur wenige Minuten später. Im direkten Zweikampf Buffy unterlegen, stößt diese ihm ihren Pflock ins Herz. Mit Lukes Vernichtung bleibt auch der Meister ein Gefangener seiner Zwischenwelt.

Am Tag nach dem Chaos im Bronze heißt es, zwei rivalisierende Gangs hätten sich eine Schlägerei geliefert. Und Buffy? Buffy habe die Gangs gekannt. Dieses Gerücht bringt zumindest Cordelia in Umlauf, ohne zu berücksichtigen, daß Buffy sie zuvor aus Lukes Armen riß und ihr somit das Leben gerettet hat. Buffy kümmert dies wenig. In Xander und Willow hat sie zwei Freunde gefunden, in Giles einen fähigen Lehrer. Ob sie, wie Willow vermutet, gewonnen haben, weiß sie nicht. Zumindest haben sie die Apokalypse verhindert, erklärt ihr Buffy. Und dies gibt immerhin Punkte.

Kommentar:

Es ist tragisch, daß der TV-Sender WB, der BUFFY THE VAMPIRE SLAYER in Produktion gab, wenig Vertrauen in sein eigenes Produkt gehabt zu haben scheint. Statt einen Pilotfilm von einem Regisseur inszenieren zu lassen, wie dies die Regel darstellt, gab der Sender einen Piloten in Auftrag, der – wie in der Vorbemerkung bereits angemerkt wurde – auch als normaler Zweiteiler ausgestrahlt werden könnte. Der Grund dafür ist nicht nachvollziehbar, werden durch Serien in den USA, die eine halbe Season Spielzeit erhalten, entweder à elf oder à dreizehn Episoden in Auftrag gegeben. Zählt man den Pilotfilm als Einzelepisode mit doppelter Laufzeit, umfaßt die erste Staffel tatsächlich elf Episoden, teilt man den Pilotfilm in zwei Episoden, hat man jedoch zwölf Folgen, eine auf dem internationalen Verkaufsmarkt eher ungewöhnliche Zahl. Nun wird kein Sender gezwungen, den Piloten zu teilen; es ist jedoch nicht nachzuvollziehen, warum für diesen Piloten, der sowohl in den USA als auch in Deutschland in Spielfilmform ausgestrahlt wurde, zwei Regisseure mit vollkommen unterschiedlichen Inszenierungsstilen verpflichtet wurden. Die ersten 45 Minuten gehen auf das Konto von Charles Martin Smith, der als Schauspieler in Filmen wie THE UNTOUCHABLES (dt.: DIE UNBESTECHLICHEN) oder zuletzt in DEEP IMPACT (dt.: DEEP IMPACT) zu sehen war. Charles Martin Smith hat die Aufgabe, Buffy dem Zuschauer vorzustellen, bravourös gemeistert, indem er eine ungeheuer dynamische Szenenfolge kreiert hat, die in knapp 20 Minuten sämtliche Hauptfiguren der Serie und dieser Einzelepisode etabliert. Dazu steht die von John T. Kretchmer inszenierte zweite Hälfte im Widerspruch. Kretchmer geht die Geschichte gemächlicher an, stellt den Mystizismus in den Vordergrund und hat eindeutig mehr Freude daran, die düsteren Momente zu inszenieren als die Actionsequenzen am Ende des Pilotfilms. Beide Teile für sich betrachtet stellen rein inszenatorisch hervorragende Einzelepisoden dar, innerhalb eines Spielfilms aber lassen sich die Stilbrüche nicht kaschieren.

Joss Whedon als Autor ist es jedoch hervorragend gelungen, mit

Statt seine Maniküre zu bewundern, sollte sich der Vampir
lieber umdrehen – denn Buffy kommt sicher nicht
mit einer Nagelfeile auf ihn zu …

Hilfe des Pilotfilms seine neue Buffy zu etablieren. Der TV-Zuschauer, der bereits den Spielfilm gesehen hat, wird sich möglicherweise darüber wundern, daß Buffy in Los Angeles von der Schule geflogen ist, nachdem sie dort eine Turnhalle in Brand gesetzt hat. Im Spielfilm nämlich gibt es eine solche Szene nicht. Joss Whedon hat bewußt eine solche Erklärung gesucht, um Buffy in Sunnydale anzusiedeln. Er wollte eine eigenständige TV-Serie kreieren, die mit dem Spielfilm einerseits nur noch den Titel gemeinsam haben sollte. Die Buffy der Serie ist eine vollkommen andere Buffy als die des Kinofilms. Andererseits wollte er den Spielfilm nicht vollkommen ignorieren. Einen der Haupthandlungsstränge des Spielfilms stellt Buffys Entdeckung ihrer besonderen Fähigkeiten dar. Diese Geschichte wird im Pilotfilm nicht mehr aufgekocht. Die Buffy des Piloten kennt ihre Bestimmung und ihre Kräfte. Indem direkte Referenzen an den Spielfilm vermieden werden, stellt der Pilotfilm jenen Zuschauern, die den Spielfilm nicht kennen, einen problemlosen Einstieg in Buffys Welt dar. Vorkenntnisse sind nicht erforderlich. Andererseits wird mehrfach erwähnt, daß Buffy aus Los Angeles stammt und daß sie erst lernen mußte, mit ihren Fähigkeiten verantwortungsbewußt umzugehen, was wiederum der Geschichte der Buffy des Spielfilms entspricht.

Alles in allem stellt der Pilotfilm einen gelungen Einstand in die Serie dar; indem bereits in einem Nebensatz erklärt wird, daß Sunnydale eine Art mystischer Ort ist, der alle Wesen der Nacht anzieht, wird außerdem mit dem Pilotfilm die Tür geöffnet, auch andere mystische Wesen in BUFFY zu etablieren, wie zum Beispiel Hexen, mit denen Buffy und ihre Freunde bereits in der nächsten Episode konfrontiert werden sollen …

VERHEXT

Originaltitel: THE WITCH

Erstausstrahlung USA: 17. März 1997
Erstausstrahlung Deutschland: 10. Oktober 1998

Regie: Stephen Cragg. Drehbuch: Dana Reston. Gaststars: Kristine Sutherland (Joyce Summers), Elizabeth Anne Allen (Amy), Robin Riker (Catherine, die Große), Jim Doughan (Mr. Pole), Nicole Prescott (Lishanne), Amanda Wilmshurst (Senior Cheerleader), William Monaghan (Dr. Gregory)

Songs: »Twilight Zone« von 2 Unlimited

Inhalt:

Sehr zum Entsetzen von Rupert Giles will Buffy an den Ausscheidungen teilnehmen, die darüber entscheiden, wer in diesem Jahr zu den Cheerleadern des Sunnydale-High-Basketballteams gehört. Er ist davon überzeugt, daß eine solche Nebenbeschäftigung für eine Vampir-Jägerin nicht angemessen ist. Im Gegensatz zu Giles können Willow und Xander Buffys Wunsch verstehen und unterstützen sie. Xander schenkt ihr sogar ein Armband mit der Gravur »Always Yours« (»Für immer Dein«), das ihr während der Ausscheidungswettkämpfe Glück bringen soll. Während Amber Grove, die beste unter den Cheerleadern von Sunnydale, ihre Fähigkeiten unter Beweis stellt, lernt Buffy Amy Madison kennen. Während ihrer Zeit an der Junior High School war sie eine gute Freundin von Willow, doch nun sehen ihre Mitschüler nicht mehr viel von Amy, weil sie – wie sie Buffy selbst erzählt – ständig mit ihrer Mutter Cheerleading trainieren muß. Die Ereignisse nehmen einen unerwarteten Verlauf, als sich plötzlich Ambers Arme entzünden und lichterloh brennen. Buffy reagiert sofort, indem sie das Mädchen zu Boden reißt und mit einem Banner, das sie sich geistesgegenwärtig schnappt, die Flammen löscht.

Dieser Fall von Selbstentzündung stellt Buffy und ihre Helfer vor ein absolutes Rätsel, da er nicht in das Schema dessen paßt, was Giles über ähnliche Ereignisse in Erfahrung bringen kann. In der Zwischenzeit geht die Ausscheidung weiter, und Buffy erfährt von Amy, daß ihre Mutter Catherine, die immer noch als ›Catherine, the Great‹ (»Catherine die Große«) bekannt ist, die beste und erfolgreichste unter Sunnydales Cheeerladern war und nun unbedingt will, daß ihre Tochter in ihre Fußstapfen tritt. Als die Ergebnisse des Wettkampfs ausgehängt werden, erfahren Buffy und Amy, daß sie nur auf der Ersatzliste stehen – Buffy an erster, Amy an dritter Stelle. Sie kommen nur zum Einsatz als Cheerleader, wenn sich eine aus dem Team verletzt.

Als Cordelia Chase, die im Team ist, plötzlich während einer Fahrstunde erblindet und dann fast von einem Auto überfahren wird, beginnen Buffy und Giles zu ahnen, was gerade an der Sunnydale High passiert. Jemand mit den magischen Kräften einer Hexe versucht, die Cheerleader durch einen Zauberbann auszuschalten und so selbst ins Team zu kommen. Der Verdacht fällt natürlich sofort auf Amy. Giles hat in einem seiner Bücher eine Formel für eine Chemikalie entdeckt, mit der man angeblich Hexen überführen kann. Gießt man etwas von dieser Flüssigkeit über die Haut der Verdächtigen, färbt diese sich blau. Während einer Biologiestunde macht Buffy den Test und erhält so den Beweis, daß Amy die anderen Mädchen mit einem Bann belegt hat. Zur gleichen Zeit erwischt es noch Lishanne, eine andere der Cheerleader. Ihr Mund ist mit einemmal von zusammengewachsenen Lippen versiegelt. Nun ist Buffy endgültig im Team, und Amy steht an oberster Stelle auf der Ersatzliste.

Amy hat mitbekommen, daß Buffy ihr auf der Spur ist. Als sie wutentbrannt nach Hause kommt und ahnt, daß ihre Mutter den Tag vor dem Fernseher verbracht hat, staucht sie Catherine zusammen und befiehlt ihr, für sie eine Geschichtshausaufgabe zu schreiben. Dann geht sie in ihr Zimmer und nimmt Buffys Armband, das sie unbemerkt entwendet hat, aus der Tasche. Die Vampir-Jägerin wird ihr nächstes Opfer sein. Denn wenn sie aus dem Weg ist, gibt es niemanden mehr, der Amy gefährlich werden kann, und außerdem ist sie dann am Ziel ihrer Wünsche – im Cheerleader-Team.

Während des Cheerlader-Trainings am nächsten Tag benimmt sich Buffy mehr als seltsam und fliegt aus dem Team. Kurz danach hat sie einen Schwächeanfall und bekommt Fieber. Giles erkennt, daß auch Buffy ein Opfer von Amy ist, die sie mit einem ›Blutstein-Rache-Zauber‹ belegt hat, der sie innerhalb weniger Stunden töten wird. Es gibt nur zwei Wege, diesen und die anderen Zauber aufzuheben. Entweder gelingt es Giles und den anderen, Amys Zauberbuch in ihre Gewalt zu bringen, um mit ihm alle Sprüche aufzuheben, oder sie müssen Amy den Kopf abhacken.

Giles und Buffy gehen zu Amys Haus und finden dort eine verängstigte Catherine. Nun erkennen sie, daß Amys Mutter mit ihrer Tochter den Körper getauscht hat, um noch einmal ihre glorreichen Jugendtage zu erleben. Zusammen mit der verwandelten Amy und dem Zauberbuch ihrer Mutter kehren sie in die Schule zurück. Während Giles ein Ritual durchführt, das alle Zaubersprüche der Hexe aufheben soll, hat Catherine/Amy ihren großen Auftritt als Cheerleader, der in dem Moment zu einem abrupten Ende kommt, als die Bemühungen des Wächters ihre Wirkung zu zeigen beginnen. Die aufgebrachte Hexe stürmt in das Labor, in dem Giles die Zeremonie abhält, und will Buffy töten. Gerade noch rechtzeitig gelingt es ihm, den Zauber aufzuheben. Buffy ist erst einmal gerettet und die Verwandlung rückgängig gemacht. Nun will sich Catherine mit einem besonders mächtigen und grausamen Zauber rächen, doch Buffy gelingt es, ihn mit Hilfe einer spiegelnden Oberfläche auf die Hexe zurückzuwerfen. Catherine wird ihr eigenes Opfer, verschwindet und ist nun in einer im Schaukasten der Schule stehenden goldenen Trophäe gefangen, die sie selbst einmal als Cheerleader errungen hat.

Kommentar:

Von ihrer Grundstruktur her verbindet BUFFY THE VAMPIRE SLAYER sehr viel mit Chris Carters Erfolgsserie X-FILES. Beide haben sie eine durchlaufende Mythologie, ein ganz eigenes Universum erschaffen – eine Welt, die sich in einem entscheidenden Punkt von unserer unterscheidet, ihr aber sonst sehr ähnlich ist. Wenn wir in dieses Universum eintreten, geht es uns so wie Lewis Carrolls Alice, wir landen in einem – wenn auch etwas düsteren – ›Wunder-Land‹, einem Reich, von dem uns vielleicht nur ein Spiegel trennt. Wie schon bei den X-FILES führt dies dazu, daß man bei BUFFY zwei Arten von Folgen unterscheiden kann. Da sind zum einen die, in denen die Mythologie ausgebaut wird, in denen Buffy mächtigen Vampiren – ihren Erzfeinden – gegenübertreten muß, wie im Pilotfilm geschehen, und da sind zum anderen die, in denen wir die anderen Bewohner dieses Universums kennenlernen, die Kreaturen, die zwar Teil dieser Welt sind, aber eigentlich nur an ihrem Rand leben, um dann einen großen Auftritt im Spotlight zu haben. THE WITCH ist die erste dieser sogenannten ›Monster-of-the-Week«-Episoden und zugleich einer der großen Höhe-punkte der Serie.

Mit dem Pilotfilm hat Joss Whedon die Stimmung seiner Serie umrissen, die Figuren eingeführt und BUFFY von dem gleichna-migen Spielfilm abgesetzt. Schon in ihm offenbaren sich die Stärken der Serie, ihre pointierten Dialoge, ihr Gespür für die Stimmungen von Teenagern und die Leichtigkeit, mit der hier Genres ineinanderfließen und dabei eine perfekte Mischung ergeben. Aber trotz allem hat einen nichts auf den Coup vorbe-reitet, der Dana Reston und dem Regisseur Stephen Cragg mit THE WITCH gelungen ist, diesem grandiosen, ungewöhnlich bitteren Stück *americana*. Dabei überrascht es besonders, daß sich Whedon und sein Team gleich in der ersten regulären Episode an eine der amerikanischen Ikonen schlechthin, den Cheerleader, heranwagen und ihren Mythos in das Gegenteil verkehren.

Cheerleader sind schon seit einiger Zeit sehr ambivalente Figu-ren der amerikanischen Popkultur. Auf der einen Seite sind sie und die Stars der American-Football- oder Basketball-High-School-Teams immer noch der Inbegriff der bürgerlichen Versi-on des *American dream*. Sie repräsentieren das heile Amerika der Mittelschicht, ein Land der unbegrenzten Möglichkeiten. Eine strahlende Zukunft, ein glanzvoller Aufstieg steht ihnen bevor, wenn man den Mythen glaubt. Auf der anderen Seite – in den Geschichten von *underdogs* und *freaks*, die gerade diese Mythen zerstören wollen, um in ihren Trümmern die ursprüngliche Essenz des amerikanischen Traums wiederzuentdecken, die Botschaft, daß es jeder, egal wie er aussicht, egal wo er her-kommt, schaffen kann – sind sie der Inbegriff amerikanischer Arroganz, des Terrors der Schönen und Wohlhabenden, die glauben, ihnen und nur ihnen gehöre die Welt. Mit den Augen

143

der Außenseiter betrachtet werden der Cheerleader und der Quarterback zu grausamen Herrenmenschen, die auf alle anderen hinabblicken und ihnen das Leben schwermachen. Diese anarchistische, auf die Zerstörung von Ikonen zielende Sicht auf Cheerleader durchzieht den Nebenstrang der Episode, der sich auf Cordelias Ambitionen konzentriert. In diesem Stadium von BUFFY, in dem Cordelia noch ungebrochen als *bitch*, als unerträglich egozentrische, vollkommen verzogene Tochter reicher Eltern präsentiert wird, was sich im Verlauf der zweiten Staffel ändern soll, ist sie die Verkörperung all dessen, was Cheerleader in bestimmten Kreisen verhaßt gemacht hat.

Aber mit Amy und Catherine geht Dana Restons Drehbuch noch einen ganzen Schritt weiter. Es ist nicht nur Ausdruck einer Umkehrung bestimmter Werte, die das Schöne und Erstrebenswerte als im Kern Häßliches entlarvt. Es zielt direkt auf den Mythos des amerikanischen Traums und entlarvt ihn als einzige große Lüge, die Wahnsinn und Gewalt gebiert. Catherine Madison hatte als Teenager alles, was sich ein Mädchen aus einer dieser typischen mittelständischen Gemeinden nur wünschen kann. Sie war der Star unter den Cheerleadern, die ›Homecoming Queen‹, also die beliebteste Schülerin ihres Jahrgangs, und ihr Freund war ein Sport-As, sie also das ideale Paar. Eigentlich hätten ihr Amerika und die Welt gehören sollen, und ihr Leben konnte gar nichts anderes sein als ein in Erfüllung gegangener rosaroter Traum vom ewigen Glück. Nur kam es nicht so. Die Jugend im Himmel war irgendwann vorbei, und dann folgte der Absturz in der Wirklichkeit, die mit den Mythen des amerikanischen Traums nichts gemein hat und in der die Ikonen von gestern nicht mehr, manchmal sogar weniger sind als ganz normale Menschen.

Catherines Wahn ist ein Produkt amerikanischer Legenden, die sie nun dank ihrer Kraft als Hexe versucht, im zweiten Anlauf wahr werden zu lassen. Der erzwungene Körpertausch ist eine beinahe zwangsläufige Reaktion auf die Enttäuschung ihres Lebens – eine Reaktion, die einen Alptraum gebiert, nicht nur für Amy und ihre Mitschülerinnen, auch für Catherine selbst. Denn in dem Körper ihrer Jugend kann sie ihre eigenen Triumphe nicht wiederholen. Ist die Jugend vorbei, können auch die stärksten Zauberkräfte sie nicht zurückbringen. Die Träume der Jugend sind etwas Gefährliches. Wenn man sie nicht rechtzeitig ablegt, gebären sie die Alpträume des Erwachsenseins. Das ist die bittere, desillusionierende Botschaft von THE WITCH. Daß es Dana Reston und Stephen Cragg gelungen ist, sie in eine typische BUFFY-Episode zu kleiden, die sich trotz ihres düsteren Grundtons noch durch einige ungeheuer witzige und perfekt geschliffene Dialoge auszeichnet, die der Geschichte aber nie etwas von ihrer Härte nehmen, macht diese Folge zu einem kleinen Meisterwerk und einem frühen Meilenstein der Serie.

Wie in beinahe jeder Folge von BUFFY spielen auch hier die Macher mit der Film- und Popkulturgeschichte. So verweisen einige Dialoge zwischen Buffy und ihren Slayerettes (dieser nicht übersetzbare Begriff wird übrigens in THE WITCH zum ersten Mal von Willow geprägt), Willow und Xander, unter anderem auf den aus dem Marvel-Universum stammenden Comic-Superhelden Human Torch und auf die Teenager-Hexe Sabrina, die durch die bei Archie Comics erscheinende Reihe »Sabrina, the Teenage Witch« und die gleichnamige Fernsehserie (dt.: SABRINA – TOTAL VERHEXT!) zu einer der großen Ikonen der Jugendkultur der späten neunziger Jahre geworden ist. Außerdem spielt THE WITCH gleich zweimal indirekt auf Brian DePalmas Horrorklassiker CARRIE (dt.: CARRIE) an. Zum einen erinnert die durch schwarze Magie hervorgerufene Selbstentzündung von

Amber Grove an das telekinetisch ausgelöste Inferno während der Prom Night in CARRIE. Aber noch deutlicher wird die Verbindung zwischen Carrie und Amy durch die in der Umkleidekabine spielende Szene. Die langsame, bedrohlich wirkende Kamerafahrt, die uns ganz deutlich zu Voyeuren macht, von den Duschen zu Amy, die sich gerade umzieht, könnte direkt aus DePalmas Film stammen, dessen Atmosphäre des suggestiven, unterschwelligen Terrors gerade aus solchen Kamerafahrten und voyeuristischen Perspektiven heraus entsteht.

BtVS-104

DIE GOTTESANBETERIN

Originaltitel: TEACHER'S PET

Erstausstrahlung USA: 25. März 1997
Erstausstrahlung Deutschland: 17. Oktober 1998

Regie: Bruce Seth Green. Drehbuch: David Greenwalt. Gaststars: David Boreanaz (Angel), Ken Lerner (Rektor Flutie), Musetta Vander (Natalie French), Jackson Price (Blayne), Jean Speegle Howard (Vampir mit der Stahlklaue), William Monaghan (Dr. Gregory), Jack Knight (Obdachloser), Michael Ross (Biologielehrer), Karim Oliver (1. Freund)

Songs: »Already Met You« und »Stoner Love« von Superfine (Stoner Love 7)

Inhalt:
Nach einer recht typischen Biologiestunde, die Xander damit verbracht hat, davon zu träumen, wie er als Rockstar und

furchtloser Vampirkiller Buffys Herz gewinnt, ruft der Lehrer Dr. Gregory Buffy zu sich. Er sagt ihr, daß er über ihre Vorgeschichte Bescheid weiß, aber sie im Gegensatz zu Schulrektor Flutie für eine außergewöhnliche Schülerin hält, die, wenn sie nur will, es noch allen beweisen wird. Kurz nachdem Buffy gegangen ist, wird Dr. Gregory von einem riesigen Insekt, einer Gottesanbeterin in Menschengröße attackiert.

Am gleichen Abend sehen Willow und Xander zum ersten Mal Angel. Der mysteriöse Schutzengel Buffys ist ins Bronze gekommen, um die Vampir-Jägerin vor einem seltsamen Monster zu warnen, das ihn angegriffen und seinem Arm einige üble Schnittwunden verpaßt hat. Weil Buffy leicht friert, überläßt Angel ihr seine Lederjacke. Xander, der das beobachtet, reagiert extrem eifersüchtig. Allerdings vergißt er dieses Gefühl am nächsten Morgen sehr schnell, als er zum ersten Mal die Aushilfslehrerin Natalie French sieht, die für den plötzlich verschwundenen Dr. Gregory einspringt. Wie Xander sind auch alle anderen Jungen in Buffys Biologiekurs von der neuen Lehrerin wie verzaubert. Sie erzählt der Klasse von dem außergewöhnlichen und extrem bemerkenswerten Leben der Gottesanbeterinnen, die ihre Männchen nach der Befruchtung verspeisen. Am Ende der Stunde sucht sie dann Freiwillige, die ihr dabei helfen, für die Wissenschaftsausstellung ein Modell von einem mit Eiern gefüllten Sack zu basteln, so wie ihn die Gottesanbeterin produziert. Alle Schüler melden sich sofort, und Miss French entscheidet, daß zunächst Blayne Mall, einer der Football-Stars der High School, und dann am nächsten Nachmittag Xander sie bei ihrer Arbeit unterstützen sollen. Etwas später findet Cordelia in einem Schrank in der Cafeteria der Schule die Leiche Dr. Gregorys, deren Kopf fehlt. Sie berichtet es Buffy.

Die erschütterte und ziemlich aufgebrachte Vampir-Jägerin vermutet, daß es einen Zusammenhang gibt zwischen der Warnung Angels und dem Tod von Dr. Gregory. Deshalb will sie in dieser Nacht nach einem Wesen suchen, das ein paar Tage zuvor – in der Nacht, in der Angel angegriffen wurde – in einem Park in der Stadt einen Obdachlosen regelrecht in Stücke zerfetzt hat. Obwohl Giles Buffy von unüberlegten Handlungen abrät, legt sie sich in der Nacht auf die Lauer und begegnet einem Vampir, der anstatt seiner rechten Hand eine Stahlklaue hat. Er entwischt Buffy, die ihn sofort verfolgt und dabei etwas mehr als Merkwürdiges beobachtet. Auf seiner Flucht vor Buffy und der Polizei, die im Park *undercover* ermittelte, trifft der Vampir mit Miss French zusammen. Aber anstatt über sie herzufallen, wendet er sich mit Grausen von ihr ab und flüchtet über den nächsten Zugang in die Kanalisation.

Am nächsten Morgen bemerkt Buffy, daß Miss French in der Lage ist, ihren Kopf um 180 Grad zu drehen. Außerdem erfährt sie durch eine Internet-Suche Willows, daß Blayne, der heute nicht zur Schule erschienen ist, seit dem Vortag von seinen Eltern vermißt wird. All diese Hinweise deuten für Buffy nur auf eines hin: Miss French ist kein normaler Mensch, sondern muß eine Gottesanbeterin sein, die die Fähigkeit besitzt, menschliche Gestalt anzunehmen. Während Giles versucht, mit Dr. Carlyle Ferris, einem englischen Experten für Insekten und sie betreffende Legenden, der nun in einer Irrenanstalt lebt, Kontakt aufzunehmen, erzählt Buffy Xander von ihrem Verdacht. Doch ihr Freund will davon nichts wissen und ist überzeugt, daß sie nur eifersüchtig ist. Wie unrecht er damit hat, muß Xander dann noch am selben Nachmittag erfahren. Miss French hatte ihn gebeten, nach der Schule bei ihr zu Hause vorbeizukommen und dort mit ihr zu arbeiten. Als er eintrifft, erwartet ihn die Lehrerin in einem äußerst verführerischen Kleid und mit einem Martini.

Nachdem Xander ihn getrunken hat, beginnt er, sich merkwürdig zu fühlen. Er hörte zwar Schreie von irgendwoher, kümmert sich aber nicht weiter darum, weil Miss French ihm sagt, alles sei in Ordnung. Plötzlich verwandelt sich einer ihre Arme in das Bein einer Gottesanbeterin, und Xander wird bewußtlos. Er kommt in einem Käfig im Keller des Hauses wieder zu sich. Nebenan, in einem weiteren Käfig, befindet sich Blayne, der ihm erzählt, wie die nun vollkommen verwandelte Miss French bereits mehreren Männern, die zuvor von ihr gelegte Eier befruchtet haben, den Kopf abgebissen hat.

In der Zwischenzeit hat Giles von Dr. Ferris erfahren, daß es tatsächlich Gottesanbeterinnen in Menschengestalt, *She-Mantis* genannte Wesen, gibt. Eine von ihnen hatte er versucht zur Strecke zu bringen – und ist darüber in der Anstalt gelandet. Ausgerüstet mit mehreren Dosen Insektenspray, einer Machete und einem Tonband mit aufgezeichnetem Fledermaus-Sonar, das das Nervensystem von Gottesanbeterinnen vollkommen durcheinanderbringt, machen sich Buffy, Willow und Giles auf die Suche nach Miss French und Xander, der sich, wie sie erfahren haben, an diesem Nachmittag mit ihr treffen wollte. Als sie an dem Haus ankommen, in dem sie wohnen soll, müssen sie feststellen, daß Miss French eine etwa neunzigjährige Dame ist, deren Namen das Monster benutzt hat. Um die Gottesanbeterin schnellstens zu finden, jagt und überwältigt Buffy erst einmal den Vampir mit der Stahlklaue und nutzt seine Instinkte, um das Haus der falschen Miss French zu finden. Nachdem er die Vampir-Jägerin und ihre Freunde dorthin geführt hat, greift er Buffy an, wird aber von ihr ohne große Probleme getötet. Die drei dringen noch gerade rechtzeitig in den Keller ein, um Xander zu retten. Es gelingt Buffy, die Gottesanbeterin, die hauptsächlich auf noch unschuldige Jungen Jagd gemacht hat, mit Hilfe des Sonars zu überwältigen und dann mit der Machete zu zerstückeln.

Kommentar:

Wenn Joss Whedon die High-School-Zeit als realen Horror bezeichnet, dann spielt er damit auch auf die Verwirrung an, die einhergeht mit dem Erwachen der Sexualität. Gefühle von Lust und Begierde verändern die Sicht auf die Welt, und es braucht seine Zeit, bis ein Teenager mit diesen neuen Erfahrungen umgehen kann. Erst einmal schaffen sie nur Probleme, komplizieren das Verhältnis zu Freunden und Mitschülern. Die Hormone spielen verrückt, die Metamorphose des Körpers ist fast abgeschlossen, man fühlt sich erwachsen und ist es doch auch wieder nicht. Noch hat sich kein richtiges Gleichgewicht eingestellt, alles erscheint irgendwie verzerrt, und diese Verzerrung gebiert eine Form von innerem Schrecken, die zur Grundlage für viele Horrorgeschichten geworden ist. Mit der von David Greenwalt geschriebenen und von Bruce Seth Green inszenierten Episode TEACHER'S PET erkundet BUFFY THE VAMPIRE SLAYER zum ersten Mal den Horror der Pubertät, dringt schon ganz tief ein in dieses seltsame, erschreckend-faszinierende Reich, in dem Sex noch ganz Verlockung und Gefahr, Quelle der Sehnsucht und des Schreckens ist.

Die Fallgruben der noch nicht wirklich unter Kontrolle gebrachten Sexualität sind so ungeheuer vielfältig, daß die Folge TEACHER'S PET gerade einmal zwei von ihnen treffen kann – die Angst davor, unter seinen Freunden und Mitschülern als sexuell unerfahren zu gelten, und die Verwirrung, in die ein Teenager stürzt, der sich auf einmal in seinen Lehrer oder seine Lehrerin verliebt. Um auf keinen Fall den Eindruck zu erwecken, daß sie noch ›Jungfrau‹ sein könnten, spielen Xander und

Oh-oh – wenn Xander ahnen würde, wer – oder besser:
was – ihm gerade die Hand auf die Schulter legt,
würde er sicher die Beine in die Hand nehmen …

Blayne den Macho, prahlen mit sexuellen Eroberungen und machen sich dadurch im Prinzip lächerlich. Auch wenn das ein Verhalten ist, das auch unter Erwachsenen vorkommt, spielt es in der Schule – besonders in Amerika, wo noch einmal andere Gruppenzwänge als bei uns zum Tragen kommen – eine enorm große Rolle. Beide, Xander und Blayne, möchten als cool gelten, deshalb versuchen sie, sich verbal immer noch zu überbieten. Der Horror, daß ihre sexuelle Unschuld nach der Episode mit Miss French womöglich bekannt wird, ist in dem Moment ihrer Rettung vor der Gottesanbeterin fast genauso extrem wie der, dem sie vorher in ihrem Käfig ausgesetzt waren. In den Gesichtern von Nicholas Brendon und Jackson Price ist in diesem Augenblick die Erkenntnis, daß Schule und Erwachsenwerden gleichermaßen Horror sind, ganz direkt eingeschrieben.

Während TEACHER'S PET die Zusammenhänge zwischen Sex und dem Image, das sich ein Schüler geben will, quasi schon realistisch beschreibt – die Wortwechsel zwischen Xander und Blayne hat man so oder ähnlich auch schon in der Wirklichkeit gehört –, thematisiert die Episode das Verliebtsein von Schülern in Lehrer auf eine für die Serie typische Art, indem sie sich ganz auf die dunklen Seiten dieser Empfindungen konzentriert. Mit der Offenbarung, daß sich Miss French als Gottesanbeterin entpuppt, betonen Whedon und sein Team den Horror solcher Gefühle. Das Hingezogensein zu einer Lehrerin kann eine erste *fatal attraction* sein. Sie bringt den Schüler in einen extremen Konflikt mit sich selbst, denn noch viel stärker als eine Beziehung mit einem gleichaltrigen Mädchen steht eine solche Leidenschaft für das Verbotene, Gefährliche des Sex. Die Lust, die mit ihr einhergeht, hat ganz eindeutig etwas von einem Schrecken. Dieser Horror wird nun hier ganz real.

Es besteht eine ungeheure Nähe zwischen Horrorfilmen und

Sexfilmen. Die Begierden, die ihr Kern sind, ähneln sich. Nur konnte man lange Zeit über den Horror und seine Monster Geschichten von Sex und Tod, Leidenschaft und Zerstörung erzählen, die ohne Umweg über den Schrecken und das Übernatürliche nie durch die Zensur gekommen wären. Als das auf der Leinwand Gebotene dann freizügiger wurde, mußte das Horrorkino mithalten, es wurde immer härter und expliziter. Für Andeutungen und Sublimation war nicht mehr viel Platz. Das hat sich in den letzten zehn bis fünfzehn Jahren wieder etwas verändert. Nun, in den Zeiten von Aids, in denen zumindest ungeschützter Sex tödlich sein kann und es damit gefährlicher ist als je zuvor, einfach seinen Trieben zu folgen, können Horrorgeschichten wieder zum Ausdruck für alle dunklen, zerstörerischen Leidenschaften werden. Diese Tendenz hat sich auch in BUFFY THE VAMPIRE SLAYER niedergeschlagen, der ersten echten Horror-Fernsehserie für Teenager im Aids-Zeitalter. Daß Sex der Tod sein kann, lernen Xander und Blayne – und damit auch wir – ganz direkt in ihrer Begegnung mit der Gottesanbeterin.

Die Mythologie von BUFFY und die Wesen, die sie bevölkern, schaffen eine äußerst eigenständige Horror-Welt. Wie Joss Whedon selbst immer wieder betont, schöpfen er und sein Team aus der eigenen Phantasie, in die sich natürlich die klassischen Motive und Figuren eingeschrieben haben. Aber sie erzählen diese alten Mythen nicht einfach neu. Sie dienen ihnen vielmehr als ein Ideensteinbruch, aus dem man sich Rohstoffe holt, um sein eigenes Universum aufzubauen. So haben viele der Monster in der Serie etwas Frisches, in dieser Form noch Unbekanntes. Dies zeigt sich auch in der Figur von Miss French, einer riesigen Gottesanbeterin, die die Kraft besitzt, sich in eine menschliche Form zu verwandeln. Sie steht zwar in einer langen

Reihe tödlicher Wesen, die als unwiderstehliche Frauen ihre Opfer in die Falle locken, doch es ist das erste Mal, daß sich eine Frau als ein mörderisches, Männer – im wahrsten Sinne des Wortes – verspeisendes Insekt entpuppt. Giles' Freund Dr. Ferris bringt die *She-Mantis* in Zusammenhang mit den griechischen Sirenen und keltischen Seejungfrauen, die ihre männlichen Opfer zerreißen, lokalisiert den Ursprung der Legenden um die Gottesanbeterin in Menschenform in einer uralten, vergessenen Sprache, aus der sich das Deutsche entwickelt hat, und schafft so einen relativ eigenständigen Mythos.

Am meisten verbindet Miss French dabei mit allen Sagen von Meer- und Seejungfrauen, die Männern, die sich in sie verlieben, den sicheren Tod bringen. Sie zu sich locken, in ein Element, in dem die Menschen nicht leben können. Außerdem erinnert die *She-Mantis* an die Cat People, die Katzenmenschen aus den Filmen von Jacques Tourneur und Paul Schrader. In beiden Filmen verliebt sich ein Mann in eine schöne, exotische Frau, die sich ihm aber verweigert – aus Angst, sich beim Sex in einen schwarzen Panther zu verwandeln. Wenn sie einmal zu einer Raubkatze geworden ist, gibt es nur noch einen Weg, um wieder menschliche Gestalt anzunehmen. Sie müssen einen Menschen töten. Allerdings ist dies wie ein Fluch, dem die Katzenmenschen nicht entkommen können, während der Mord, das Abbeißen und Verspeisen des Kopfes, integraler Bestandteil der Sexualität der *She-Mantis* ist – in ihren Armen gibt es nicht anderes als den Tod und die Angst, die ihr vorausgeht.

Mit dem Biologielehrer Dr. Gregory stirbt zum ersten Mal in der Serie eine Figur, die in einer früheren Folge, in diesem Fall in der Episode THE WITCH, eingeführt worden ist. Sein Tod kommt überraschend und erschreckend, weil er zuvor als eine äußerst sympathische Figur etabliert worden ist. Mit seinem Ausscheiden verlieren wir jede Sicherheit und Gewißheit. Wir können nie wissen, wie lange eine Figur Teil der Serie bleibt, beinahe jeder ist in jeder Episode in Gefahr. Diese Offenheit für überraschende Entwicklungen und die Ungewißheit über das Schicksal einiger wiederkehrender Figuren zeichnen BUFFY THE VAMPIRE SLAYER besonders aus. Sie sind Teil von Joss Whedons Konzept einer verunsichernden Welt der Teenager, in deren Wirklichkeit es auch keine endgültigen Sicherheiten und Gewißheiten gibt.

BtVS-105

OHNE BUFFY LEBT SICH'S LÄNGER

Originaltitel: NEVER KILL A BOY ON THE FIRST DATE

Erstausstrahlung USA: 31. März 1997
Erstausstrahlung Deutschland: 24. Oktober 1998

Regie: David Semel. Drehbuch: Rob Des Hotel & Dean Batali. Gaststars: Mark Metcalf (der Meister), David Boreanaz (Angel), Christopher Wiehl (Owen), Geoff Meed (der Tätowierte), Robert Mont (Busfahrer), Andrew J. Ferchland (Collin), Paul-Felix Montez (Unbekannter)

Songs: »Rotten Apples« von Three Day Wheely (Rubber Halo), »Strong« und »Treason« von Velvet Chain (Groovy), »Junkie Girl« von Rubber, »Let the Sun Fall Down« von Kim Richey (Kim Richey)

Inhalt:
Nachdem Buffy auf dem Sunnydale-Friedhof einen Vampir getötet hat, entdeckt Giles einen alten Ring mit einer seltsamen

Gravur. Etwa zur gleichen Zeit berichtet der Meister dreien seiner Vampire von einer Prophezeiung. Laut ihr soll aus der Asche von fünf Toten der Gesalbte aufsteigen, ein mächtiger Verbündeter in dem Kampf gegen Buffy. Er soll die Jägerin in die Hölle führen und so die Befreiung des Meisters in die Wege leiten.

Am nächsten Morgen entdeckt Giles mit Buffys Hilfe in seinen Büchern einen Hinweis darauf, was die Gravur auf dem Ring bedeutet. Sie führt ihn zu der am Abend zuvor vom Meister zitierten Prophezeiung des Aurelius. Währenddessen ist Buffy überhaupt nicht bei der Sache. Owen, ein introvertierter, Gedichte liebender Junge aus ihrer Stufe, interessiert sich für sie und möchte sich mit ihr am Abend im Bronze treffen. Als der Wächter davon erfährt, ist er entsetzt und versucht, Buffy klarzumachen, daß sich ihre Aufgaben als Jägerin nur sehr schwer mit einem normalen Privatleben verbinden lassen. Es gelingt ihm, sie davon zu überzeugen, daß zur Zeit einige wichtige Veränderungen in Sunnydale vorgehen und sie alles versuchen muß, um zu verhindern, daß die Prophezeiung in Erfüllung geht. So versetzt Buffy Owen und legt sich mit Giles zusammen auf dem Friedhof auf die Lauer. Aber es passiert nichts.

Während die beiden vergeblich warten, wird in der Nähe der Stadt ein Bus, der fünf Menschen, unter ihnen ein tätowierter Mann, welcher unaufhörlich die Offenbarung des Johannes zitiert, vom Flughafen abgeholt hat, von einem Vampir gestoppt. Es kommt dabei zu einem Unfall, bei dem aber niemand ernsthaft verletzt wird. Kurz danach greifen die drei Handlanger des Meister die Buspassagiere an und töten sie.

Obwohl Buffy nicht zu ihrem date gekommen ist, verabredet sich Owen am nächsten Tag noch einmal mit ihr. Gerade als sie sich fertig gemacht hat, um mit ihm auszugehen, kommt Giles bei ihr zu Hause an. Er hat in der Zeitung von dem Busunglück mit den fünf Toten gelesen und nimmt nun an, daß es Teil der Prophezeiung ist. Da Buffy Owen nicht schon wieder enttäuschen will, versichert sie dem Wächter, daß schon nichts passieren wird, wenn sie nur einmal eine Nacht lang einfach Spaß hat. Da Giles sich seiner Sache selbst nicht sicher ist, läßt er die Jägerin mit ihrem Freund gehen. Aber er befürchtet immer noch, daß einer der Toten, aller Wahrscheinlichkeit nach der Tätowierte, der laut Zeitung wegen zweier Morde gesucht wurde, als der Gesalbte zurückkehren könnte. Deshalb bricht er selbst zur Leichenhalle der Stadt auf, wo die Überreste der Unfallopfer aufgebahrt sind. Aus Sorge um Giles folgen Willow und Xander, die Zeugen der Auseinandersetzung zwischen Buffy und dem Wächter waren, ihm auf seinem Weg zur Leichenhalle. Als er dort ankommt, wird er von den drei Vampiren angegriffen, kann aber Zuflucht in einem der Räume finden, in denen die Leichen zurechtgemacht werden.

Da Willow und Xander alleine Giles nicht helfen können, laufen sie zum Bronze, um Buffy zu verständigen. Als sie dort ankommen, hat keiner von ihnen den Mut, der Jägerin, die den Abend mit Owen genießt, zu sagen, was gerade passiert. Deshalb schlagen sie vor, daß sie alle zusammen doch etwas Gefährlich-Verbotenes tun könnten, wie beispielsweise sich in die Leichenhalle einzuschleichen. Owen ist von der Idee ganz begeistert, aber Buffy merkt, daß etwas nicht stimmt, und bittet ihn, im Bronze auf sie zu warten. Danach bricht sie zusammen mit Willow und Xander zur Leichenhalle auf. Kurz nachdem sie dort angekommen sind, erscheint auch Owen, der ihnen heimlich gefolgt ist.

Während Giles und Buffy nach dem Gesalbten suchen, erwacht in einem anderen Raum der Tätowierte als Vampir zum Leben. Er greift Buffys Freunde an, die ihm jedoch erst einmal entkommen können. Im Laufe des Kampfes zwischen der Jägerin und dem Tätowierten wird Owen bewußtlos geschlagen. Doch Buffy glaubt, ihr Freund sei tot. Von Trauer und Wut beflügelt überwindet sie den Vampir und stößt ihn in die lodernden Flammen eines Verbrennungsofens.

Am nächsten Tag erzählt Owen Buffy, wieviel Spaß er in der letzten Nacht hatte und wie sehr er die Gefahr, in der sie waren, geliebt hat. Obwohl es ihr ungeheuer schwerfällt, sagt sie ihm, daß eine Beziehung zwischen ihnen keinen Sinn hätte und ob sie nicht einfach Freunde bleiben könnten. Giles, der mitbekommen hat, wie sich Buffy aus Angst um Owen von ihm getrennt hat, lobt sie für ihr Verantwortungsbewußtsein. Um sie aufzumuntern, erinnert er sie daran, daß sie in der letzten Nacht den Gesalbten getötet und damit Schlimmstes verhindert hat. Zur gleichen Zeit präsentiert der Meister seinen Handlangern Collin, einen kleinen achtjährigen Jungen, der bei dem Angriff auf den Bus getötet worden war, und stellt ihn als den Gesalbten vor.

Kommentar:

Der Kampf Buffys gegen den Meister, den alten, mächtigen Vampir, der seit seinem Versuch, das ›Hellmouth‹ zu öffnen, in einer Höhle gefangen ist, bildet die große Klammer für die erste Staffel von BUFFY THE VAMPIRE SLAYER. Er durchzieht diese zwölf Episoden wie ein roter Faden, der am Ende zu der großen Konfrontation führen muß. Alles, was nach dem ersten Sieg Buffys am Ende des Pilotfilms und vor dem Abstieg der Jägerin in die Höhle des Meisters in PROPHECY GIRL (dt.: DAS ENDE DER WELT, BtVS-112) passiert, ist – darüber läßt NEVER KILL A BOY ON THE FIRST DATE wenig Zweifel – Teil von Buffys Schicksal, ein Schritt auf dem Weg zum entscheidenden Kampf. Insofern liegt über den Ereignissen der gesamten ersten Staffel eine Art von Schatten, eine Ahnung von der Bedeutung, die die unausweichliche Begegnung zwischen der Jägerin und dem Meister nicht nur für die beiden, sondern für das ganze Universum der Serie haben wird.

Dabei entfalten Joss Whedon und sein Team die eigentlichen Zusammenhänge nur sehr langsam und bruchstückhaft in einer Reihe von Episoden, die man als Mythologie-Folgen bezeichnen kann. In ihnen entsteht wie in einem Puzzle das größere Bild, das sich hinter den einzelnen Geschichten der Serie verbirgt. Zugleich gewähren sie aber auch tiefere Einblicke in die einzelnen Figuren. Darüber hinaus treten in ihnen in der ersten Staffel – neben den Plänen des Meisters – Buffys Probleme mit ihrem Doppelleben als Teenager und Superheldin in den Vordergrund, so ist ihre Grundstimmung meist etwas düsterer und elegischer als in den reinen ›Monster-of-the-Week-Episoden‹.

In NEVER KILL A BOY ON THE FIRST DATE, der ersten Mythologie-Folge nach dem Pilotfilm, erfahren wir zum ersten Mal etwas mehr über die Welt der Vampire. Sie entpuppt sich als ein dunkles Gegenbild zu der unseren, deren Lauf von Prophezeiungen und seltsamen Gemeinschaften beeinflußt wird. Der Meister ist nicht nur ein mächtiger Vampir, der eine Gruppe von anderen Untoten um sich geschart hat, deren Hilfe er nun als Gefangener des ›Hellmouth‹ benötigt, er ist auch selbst ein Jünger des Vampir-Propheten Aurelius, dessen Bruderschaft er anführt. Diese ›Brethren of Aurelius‹ genannte Bruderschaft des Aurelius ist der erste größere Clan von Vampiren, der in BUFFY eingeführt wird. In diesen Zusammenschlüssen versuchen die von Dämonen besessenen Vampire, ihr großes Ziel zu erreichen, den Weg für die Rückkehr der Alten, der mächtigen Dämonen, die vor den Menschen die Herrscher der Welt waren, zu ebnen. Dabei haben diese Familien auch ganz deutlich religiöse Züge.

Im Zentrum der Bruderschaft des Aurelius stehen dessen Schriften, die das Schicksal dieses Vampirordens prophezeien.

Für Buffy bedeutet NEVER KILL A BOY ON THE FIRST DATE einen entscheidenden Schritt auf dem Weg des Erwachsenwerdens. Ihre Gefühle für Owen bringen den ständig in ihr schwelenden Konflikt zwischen ihren Verpflichtungen als Jägerin und ihrem Wunsch, ein ganz normales Leben zu führen, offen zum Ausbruch. Sie verweigert sich ihren Aufgaben – etwas, das Giles versteht und zum Teil sogar billigt, weil er selbst sich einmal etwas anderes für sein Leben erträumt hat – und bringt damit sich und andere in Gefahr. Insofern muß Buffy hier einen schmerzlichen Lernprozeß durchmachen, an dessen Ende die Erkenntnis steht, daß sie nie so frei sein wird, wie sie es gerne wäre. Aber – und auch in dieser Hinsicht macht uns diese Folge wenig Illusionen – wer ist das schon? Am Ende weiß sie, daß sie mehr Verantwortung hat als nur für sich selbst. Es ist diese Einsicht, die es ihr dann ermöglicht, etwas, das sie sich mehr als das meiste andere wünscht, die Beziehung zu Owen, zu opfern. Dabei markiert dieses Opfer einen Teil des Verlustes, den Erwachsenwerden und Erwachsensein immer auch bedeutet.

Mit Collin, dem Gesalbten haben Joss Whedon und seine Autoren – unter anderen Rob Des Hotel und Dean Batali, die das Drehbuch zu dieser Episode geschrieben haben – ihre ganz eigene Sicht auf das böse Kind, eine der prominentesten Gestalten des Schreckens in den Horrorgeschichten der letzten fünfzig Jahre, entwickelt. Ein bißchen erinnert der achtjährige Junge mit dem so unschuldig wirkenden Gesicht, den engelsgleichen Zügen und den eiskalten schwarzen Augen an Claudia, das Vampirmädchen aus Anne Rices »Interview with the Vampire« (dt.: »Interview mit einem Vampir«), das wie eine wunderschöne Puppe aussieht und doch einer der kaltblütigsten Vampire der

Horrorliteratur der letzten dreißig Jahre ist. Beide sind, was ihre innere Stärke und Bestimmtheit angeht, das genaue Gegenteil von dem Eindruck, den sie erwecken. In Collin und Claudia nimmt die kleinen Kindern eigene Grausamkeit durch ihre Verwandlung in gewissenlose Vampire monströse Züge an. Als Teil einer großen, die Apokalypse und die darauffolgende Herrschaft des Bösen ankündigenden Prophezeiung läßt Collin uns zugleich an die dämonischen Kinder aus Filmen wie der OMEN-Reihe denken. So wie Damien der Antichrist ist, ist er der Gesalbte, der im Auftrag des Meisters, des großen Widersachers, des Teufels, die Jägerin in die Hölle und die Welt damit in ihr Verderben führen soll.

BtVS-106
DAS LIED DER HYÄNEN
Originaltitel: THE PACK

Erstausstrahlung USA: 7. April 1997
Erstausstrahlung Deutschland: 7. November 1998

Regie: Bruce Seth Green. Drehbuch: Matt Kiene, Joe Reinkemeyer. Gaststars: Ken Lerner (Rektor Flutie), Eion Bailey (Rhonda), Michael McRaine (Kyle), Brian Gross (Tor), Jennifer Sky (Heidi), Jeff Maynard (Lance), James Stephens (Zoowärter), Gregory White, Jeffrey Steven Smith, David Brisbin, Barbara Whinnery, Justin Jon Ross, Patrese Borem.

Songs: »Reluctant Man« von Sprung Monkey, »Dashboard Prophets« von All You Want und »Fat« von Job's Eyes

Inhalt:

Während eines Schul-Wandertages in den städtischen Zoo macht Buffy die Bekanntschaft von Rhonda, Kyle, Tor und Heidi, vier wenig liebenswürdigen Jugendlichen, deren größtes Vergnügen darin besteht, schüchterne Mitschüler zu terrorisieren. So locken sie den etwas naiven, hilflosen Lance ins neue Hyänengehege des Zoos, wo sie ihm eine Heidenangst einjagen, indem sie so tun, als wollten sie ihn in das Gehege werfen. Bevor sie ihren Schabernack zu weit treiben können, kommt Xander dem Jungen zu Hilfe. Während dieser Aktion kreuzt sich Xanders Blick mit dem einer Hyäne, deren Augen grün aufblitzen. Dies bleibt auch den vier Jugendlichen nicht verborgen. Auch ihre Blicke treffen mit denen der Hyänen zusammen, und auch deren Augen leuchten grün auf.

Der Vorfall im Gehege hat Xander verändert. Dies müssen Buffy und Willow am Abend im Bronze feststellen. Als Rhonda, Kyle, Tor und Heidi im Club auftauchen und einen äußerst dicken Jugendlichen anpöbeln, muß Xander über ihr Verhalten lachen. Buffys und Willows verstörte Blicke ignoriert er. Mehr noch: Er schnauzt Willow, als diese sich für den dicken Jungen einsetzt, an. Sie soll sich nicht immer um das Wohlergehen anderer Leute kümmern. Und auch Buffy gibt er zu verstehen, daß ihm ihr ständiger Kampf für das Gute fürchterlich auf die Nerven geht.

Sein Verhalten im Bronze entpuppt sich keineswegs als einmaliger Ausrutscher. Während er am folgenden Tag mit Willow im Schulpark sitzt und mit ihr Mathe büffelt, schnappt er sich, plötzlich und ohne Vorwarnung, die Bücher und wirft sie in einen Mülleimer. Er habe, gibt er Willow unmißverständlich zu verstehen, vom Lernen genug. Den Höhepunkt ihrer Streitereien leistet er sich schließlich im Anschluß an den Sportunterricht,

162

nachdem er Willow, die er zuvor während eines Völkerballspiels brutal mit dem Ball abgeschossen hat, endgültig zu verstehen gibt, daß ihn ihr Gesicht verrückt macht und sie sich in Zukunft um ihren eigenen Dreck kümmern soll.

Buffy, die bislang glaubte, Xander habe einfach einen schlechten Tag gehabt, sucht Giles auf. Sie ist davon überzeugt, daß Xander besessen ist. Giles aber nimmt Buffys Verdacht erst ernst, als Willow die Bibliothek betritt und den beiden erzählt, das Schweinchen Herbert, das Maskottchen der American-Football-Mannschaft der Schule, sei getötet und aufgefressen worden. Dies erinnert Buffy an einen Vorfall vom Vormittag. Herbert war dem Käfig entkommen, und Rektor Flutie hatte versucht, es einzufangen. Es war schließlich Buffy, die die kleine Sau fangen konnte und in den Käfig zurückbrachte. Auf diesem Weg begegnete sie Xander, bei dessen Anblick das Schweinchen von einem Moment zum anderen in Panik verfiel. Verändert habe sich Xander nach dem Besuch des Hyänengeheges, gibt Buffy Giles zu bedenken. Als sie und Willow versuchten, Xander ins Gehege zu folgen, seien sie von einem Zoowärter zurückgehalten worden, der ihnen eine äußerst interessante Geschichte erzählte: Die Hyänen, die zu diesem Zeitpunkt noch unter Quarantäne standen, besäßen, einer alten Massai-Sage zufolge, die Fähigkeiten, menschliche Stimmen zu imitieren. Tagsüber schlichen sie um die Dörfer und lauschten den Stimmen der Menschen, des Nachts riefen sie dann deren Namen. Wer seinen Namen hörte und dem Ruf folgte, wurde angegriffen und getötet.

Giles ist noch immer nicht wirklich davon überzeugt, daß Xander besessen ist. Er beginnt jedoch in seinen Büchern nach einer Erklärung für Xanders Verhalten zu suchen.

Währenddessen bestellt Rektor Flutie die vier Jugendlichen – nicht so Xander, der zu diesem Zeitpunkt Buffy auflauert – in sein Büro. Man habe sie aus Herberts Zimmer kommen sehen, erklärt er ihnen. Und nun will er wissen, was sie dazu getrieben hat, das kleine Schweinchen zu töten. Eine Antwort bekommt er auf diese Frage nicht mehr. Wie auf Kommando stürzen sich die vier gleichzeitig auf ihn. Fluties Schreie dringen nicht mehr nach draußen; kurze Zeit später ist er tot.

Buffy erfährt von diesem Vorfall erst, als sie Xander in die Bibliothek schleift. Sie erklärt Willow, er habe ihr aufgelauert und versucht, sie zu küssen. Daraufhin habe sie ihm kurzerhand ein paar Tritte verpaßt und ihn, im wahrsten Sinne des Wortes, bewußtlos geprügelt. Giles kehrt indessen in die Bibliothek zurück und erzählt den beiden Mädchen von Rektor Fluties Tod. Da niemand sich erklären kann, wie er zu Tode gekommen ist, wird als vorläufige Todesursache erklärt, Flutie sei von einem Rudel wilder Hunde angefallen, getötet und größtenteils aufgefressen worden. Ihr einziger Trost stellt die Tatsache dar, daß Xander an seiner Ermordung unbeteiligt gewesen ist, befand er sich doch zur Tatzeit im Kampf mit Buffy.

Während Buffy und Willow Xander in einem Nebenraum der Bibliothek einsperren, erklärt ihnen Giles seine Theorie für Xanders Verhalten. Es gab eine Sekte, die Ursprünglichen, die im Instinkt des Tieres die Reinheit des Daseins sahen, während sie glaubten, Menschen hätten, da sie keinen natürlichen Instinkt mehr besitzen, diese Reinheit verloren. Um dieses Schicksal zu überwinden, gingen sie Geistverschmelzungen mit Tieren ein, vor allem mit solchen, die über einen ausgeprägten Jagdsinn verfügen. Offenbar hat eine solche Geistverschmelzung im Gehege stattgefunden. Während die Ursprünglichen nach einiger Zeit den Geist des Tieres wieder losließen, sind die Menschen, die ihn in sich behalten, dazu verdammt, reißende Bestien zu werden. Die Frage, die noch zu klären ist, besteht darin,

Eine Abwechslung für alle Buffy-Fans – in dieser Episode geht es endlich mal nicht Buffy, sondern ihrem nörgeligen Schuldirektor an den Kragen!

wie die Jugendlichen mit den Hyänen Kontakt aufgenommen haben.

Der Weg führt Buffy und Giles in den Zoo, wo sie dem Zoowärter von ihrer Theorie erzählen. Dieser glaubt ihnen, denn er kennt diese Geschichten, außerdem kamen ihm die Hyänen von Anfang an nicht geheuer vor. Doch wo sind die Jugendlichen? Giles hat einen fürchterlichen Verdacht: Hyänen sind Rudeltiere, folglich sind dies nun auch die Jugendlichen. Sie werden versuchen, ihr gefangenes Rudelmitglied, Xander, zu befreien.

Genau dies ist der Fall. Die vier brechen in die Schule ein, und Willow, die Xander bewacht, rennt durch die Schulgänge um ihr Leben; in letzter Sekunde kann ihr Buffy zu Hilfe kommen und die besessenen Jugendlichen auf ihre Fährte locken. Zurück im Gehege aber erschrickt sie. Giles ist verschwunden, der Wärter hat das Aussehen eines Massai-Kriegers angenommen. Er ist ein Ursprünglicher. Er hatte diese Geistübertragung vorbereitet – durch einen dummen Zufall waren die Jugendlichen in sein Ritual geplatzt und hatten statt seiner die Geister der Hyänen empfangen. Kaum sind diese im Gehege angelangt, verlieren sie ihre tierischen Geister, die augenblicklich in den Wärter übergehen. Kaum ist die Geistübertragung abgeschlossen, stürzt sich der Wärter auf Willow. Nur hat er die Rechnung ohne Xander gemacht. Wieder bei Sinnen, packt sich Xander den Wärter und wirft ihn kurzerhand über den Zaun in das Gehege, wo sich die Hyänen, offenbar wenig erfreut, zur Geistverschmelzung mißbraucht worden zu sein, sogleich über ihn hermachen und ihn zerfleischen.

Zurück in der Schule, gaukelt Xander Willow und Buffy vor, sich an nichts erinnern zu können. Kaum haben sich ihre Wege getrennt, nimmt Giles Xander beiseite. Er habe noch nie gehört, daß sich ein Besessener nach einem gelungenen Exorzismus an nichts erinnern könne. Xander senkt den Blick. Giles verspricht ihm, sein kleines Geheimnis für sich zu behalten.

Kommentar:
THE PACK (dt.: DAS LIED DER HYÄNEN) ist weniger eine Geschichte über Besessenheit als über Kannibalismus. Die Geschichte der Hyänen selbst basiert auf afrikanischen Erzählungen, die davon berichten, wie Hyänen hinterrücks Menschen ins Verderben stürzten. Die Hyäne, als Aasfresser verschmäht, besitzt bei den Bewohnern der Steppe den Ruf, dumm und verschlagen zu sein. Das Jaulen der Hyäne klingt für das menschliche Ohr außerdem wie ein hysterisches, bösartiges Lachen, was dem Ruf der Hyäne keinesfalls genutzt hat. Dabei haben zoologische Untersuchungen inzwischen gezeigt, daß die Hyäne ein äußerst soziales Lebewesen ist, in dem die schwachen Mitglieder des Rudels von den starken beschützt werden. Auch sind sie keine reinen Aasfresser, sondern sogar äußerst geschickte Jäger, die selbst dem Kampf mit einem Löwen nicht aus dem Weg gehen. Dies sei nur als Randnotiz erwähnt, denn im Grunde ist es unwichtig, warum die Jugendlichen zu Kannibalen werden. Ob sie nun mit Hyänen verbunden sind, von einem Dämon besessen oder ob sie unter dem Einfluß von Drogen stehen: es ist egal. Der Spannungsbogen ist einzig und allein auf den Kannibalismus ausgerichtet. Das Töten des Schweinchens stellt in diesem Fall kaum mehr als eine Fingerübung dar, während der sie ihre Kräfte testen. Ab diesem Moment steht für den Zuschauer fest, daß sie sämtliche ethischen Barrieren niedergerissen haben und in Wahrheit auf ein ganz anderes Opfer aus sind. Interessant ist in diesem Zusammenhang das enge Beieinandersein der Gruppe. Die Aufteilung der ursprünglichen Gruppe von zwei Jungen und zwei Mädchen zeigt von Anfang

an eine sexuelle Komponente auf. Die vier finden in der Gruppe ihr Glück, sie fühlen sich in der Gruppe geborgen, die Gruppe ist es auch, die sie sexuell stimuliert. Wenn sie sich auf der Suche nach Fleisch befinden, befriedigen sie nicht nur ihren physisch bedingten Hunger. Es ist ebenso eine Befriedigung sexuellen Verlangens.

Kannibalismus und Sexualität mögen auf den ersten Blick keine Verbindung aufweisen. Dies hat aber vor allem damit zu tun, daß Kannibalismus sowohl innerhalb der Religion als Fundament der meisten Gesellschaftsformen wie auch in der Literatur ein totales Tabuthema darstellt. Beschäftigt man sich mit dem Thema Kannibalismus, werden die Verbindungen zur Sexualität schnell offenbar: »Mein Kannibalismus steht mit rein sexuellen Bedürfnissen in Verbindung. Die meisten Menschen glauben, jemanden zu verzehren sei eine Zeremonie oder eine Delikatesse. Bei mir war dem nicht so. Was ich tat, war einfach etwas, das ich anstelle von Sex wollte.« Dies erklärt Issei Sagawa, ein Japaner, der 1981 – fünfundzwanzigjährig, als Student in Paris – eine niederländische Kommilitonin ermordete und in den folgenden Wochen Stück für Stück verspeiste. Während der Mord für ihn eine scheußliche Pflicht darstellte, wurde das Verspeisen der jungen Frau für ihn zu einem sexuellen Genuß. Nach seiner Verhaftung wurde Sagawa in eine geschlossene Anstalt gesteckt, wo man sehr schnell feststellte, daß Sagawa, abgesehen von seiner abnormalen Sexualität, eigentlich vollkommen normal war.

Die Kannibalismus-Geschichte von THE PACK wird durch den Aspekt der Besessenheit deutlich abgeschwächt. Aber auch die Tatsache, daß die Jugendlichen, wenn sie von ihrer Besessenheit nicht geheilt werden, sich in reißende Bestien verwandeln, hat etwas fast schon Beruhigendes an sich. Warum? Es ist einfacher, einen kannibalistischen Akt einer Bestie anzuhängen als einer vollkommen normalen Person. Dies zeigt der Fall des chilenischen Viejos-Cristianos-Rugbyteams, das auf dem Weg von einem Freundschaftsspiel in Bolivien am 12. Oktober 1972 in den Anden mit dem Flugzeug abstürzte. Der größte Teil der Mannschaftsangehörigen überlebte den Absturz, die meisten von ihnen glaubten, schon bald gerettet zu werden. Doch dies geschah nicht. Und ihre Lebensmittelvorräte waren schnell verzehrt. In ihrer Verzweiflung begannen sie, ihre toten Freunde aufzuessen. Als sie nach 72 Tagen schließlich gefunden wurden, war die Welt schockiert. Ganz normale junge Männer hatten nicht davor zurückgeschreckt, ihre eigenen Freunde zu verzehren. Nach ihrer Rückkehr in die Heimat wurden sie beschimpft. Es wäre den Menschen, ja selbst ihren eigenen Verwandten, lieber gewesen, sie wären gestorben, statt ihre Freunde verspeist zu haben. Ihre Umgebung reagierte mit Verachtung, eine Wiedereingliederung in ein normales Leben schien unmöglich. Erst als die katholische Kirche den jungen Männern öffentlich Absolution erteilte und das Überleben in einer solchen Situation als das ethisch höchste Ziel deklarierte, das auch den Respekt vor den Toten überwiege, legte sich der Zorn auf die jungen Männer. Wohlgemerkt, hätten sie sich ethisch einwandfrei verhalten, wären sie alle gestorben!

Dieses Beispiel aus der Realität, das 1993 in dem Film SURVIVE! (dt.: ÜBERLEBEN!) verarbeitet wurde, zeigt auf, wie schwierig der Umgang mit dem Thema Kannibalismus ist. Um so erstaunlicher, wie leicht die Autoren Matt Kiene und Joe Reinkemeyer das Thema verarbeitet haben. Daß das Drehbuch perfekt funktioniert, ist vor allem Nicholas Brendon zu verdanken, der seine bislang stärkste schauspielerische Leistung liefert. War sein Part bislang auf Clownereien beschränkt, ja wurde es ihm bislang regelrecht verwehrt, einen echten Charakter darzustellen, steigt er in der vorliegenden Episode in die dunkelsten Abgründe von Xanders Seele hinab. Obwohl gemein und hinterhältig, versprüht er während der gesamten Episode einen kaum zu erklärenden Charme, der das Böse in ihm schon fast wieder anziehend macht.

BtVS-107

ANGEL – BLUTIGE KÜSSE

Originaltitel: ANGEL

Erstausstrahlung USA: 14. April 1997
Erstausstrahlung Deutschland: 14. November 1998

Regie: Scott Brazil. Drehbuch: David Greenwalt. Gaststars: Mark Metcalf (der Meister), David Boreanaz (Angel/Angelus), Kristine Sutherland (Joyce Summers), Julie Benz (Darla), Andrew J. Ferchland (Collin/der Gesalbte), Charles Wesley (Anführer der ›Drei‹)

Song: »I'll Remember You« von Sophie Zelmani (Sophie Zelmani)

Inhalt:
Der Meister hat drei besonders starke Vampire, Krieger, zu sich beordert. Sie sollen Buffy töten und damit die Vernichtung seiner Gefolgsleute rächen. Doch als die drei Buffy auf dem Weg vom Bronze nach Hause angreifen, bekommt die Vampir-Jägerin Unterstützung von dem mysteriösen Angel. Gemeinsam können sie die Attacke abwehren und schaffen es, vor den wie Samurai gekleideten Vampiren in Buffys Haus anzukommen.

170

Während des Kampfes ist Angel verwundet worden. Buffy versorgt nun seine Wunden und läßt ihn bei sich im Zimmer übernachten.

Am nächsten Morgen berichtet Buffy Giles von den Ereignissen der letzten Nacht. Der Wächter identifiziert die Angreifer als ›die Drei‹, Krieger, die nun als Wiedergutmachung für ihr Versagen dem Meister ihr Leben anbieten müssen. Etwa zur gleichen Zeit legen ›die Drei‹ ihr Leben tatsächlich in die Hand des Meisters, der sie als Teil der Ausbildung des Gesalbten von Darla töten läßt, nachdem er ihnen Hoffnung gemacht hat, daß er ihnen verzeihen würde.

Am Abend kehrt Buffy zu Angel in ihr Zimmer zurück. Beide können nicht mehr verheimlichen, was sie füreinander empfinden. Sie lassen ihren Gefühlen freien Lauf und küssen sich leidenschaftlich. Doch in diesem Moment verändern sich Angels Gesichtszüge und offenbaren seine wahre Natur – Angel ist ein Vampir. Er verschwindet sofort durch das Fenster, und die Jägerin bleibt entsetzt und schreiend zurück. Selbst ihrer durch die Schreie alarmierten Mutter kann sie nichts von dem erzählen, was ihr gerade passiert ist.

Als Angel in seine Wohnung kommt, erwartet ihn dort schon Darla. Jahrzehntelang waren sie ein Paar, haben gemeinsam die Menschheit in Angst und Schrecken versetzt. Nun versucht sie, Angel davon zu überzeugen, daß seine Gefühle für die Jägerin unnatürlich sind und er irgendwann wieder so werden wird, wie er einmal war, weil kein Vampir für immer mit kalten, im Prinzip toten Blutkonserven auskommen kann.

Am nächsten Morgen bespricht Buffy mit Giles und den Slayerettes die Ereignisse der letzten Tage. Xander und der Wächter weisen sie darauf hin, daß es ihre Pflicht als Jägerin ist, Angel zu töten. Demgegenüber klammern sich Buffy und Willow an die

171

Hoffnung, daß es vielleicht doch so etwas wie einen guten Vampir gibt. Auch wenn Giles nicht daran glaubt, macht er sich doch auf die Suche nach Informationen über Angel. Dabei stößt er auf einen Vampir Angelus, »*the one with the angelic face*« (der mit dem engelsgleichen Gesicht), der vor etwa zweihundertvierzig Jahre zum ersten Mal in Irland in Erscheinung getreten ist. Von diesem Zeitpunkt an hat er eine grausige Blutspur durch ganz Europa gezogen, um dann, vor etwa achtzig Jahren, nach Amerika zu kommen. Seitdem er in der neuen Welt ist, hat er sich von anderen Vampiren ferngehalten und anscheinend keinen Menschen mehr getötet.

In der Zwischenzeit plant Darla ihre Rache an Buffy, die Angel wieder zurück in ihre Arme treiben soll. Sie geht zu Buffys Haus und erzählt Joyce Summers, daß sie eine Mitschülerin von Buffy sei und mit ihr Geschichte üben wolle. Als Buffys Mutter sie ins Haus bittet, folgt sie ihr und fällt in der Küche über sie her. Nachdem Darla etwas von Joyces Blut getrunken hat, kommt Angel hinzu, der sich mit Buffy aussprechen wollte. Darla versucht ihn mit der bewußtlosen Frau, läßt sie in seine Arme fallen und verschwindet dann. Angel kämpft mit sich. Auf der einen Seite treibt ihn seine Natur dazu, Joyce auszusaugen, auf der anderen Seite will er diesem Impuls auf keinen Fall nachgeben. Genau in diesem Moment kommt Buffy nach Hause und sieht ihre aus einer Wunde am Hals blutende Mutter in Angels Armen. Maßlos vor Zorn stürzt sie sich auf den Vampir, schmeißt ihn durch ein Fenster und warnt ihn davor, jemals wieder in ihre Nähe zu kommen.

Giles, Willow und Xander treffen Buffy im Krankenhaus, wohin sie ihre Mutter hat bringen lassen. Im Gespräch mit ihnen faßt sie endgültig den Entschluß, daß sie ihre Gefühle vergessen und Angel töten muß. Sie läßt die drei im Krankenhaus zurück, geht in die Bibliothek, holt sich dort aus einem geheimen Waffen-schrank eine Armbrust und macht sich auf die Suche nach Angel. Im geschlossenen Bronze findet sie ihn. Nachdem sie beide erst einmal vergeblich versucht haben, den anderen zu töten, begin-nen sie, sich auszusprechen. Angel erzählt ihr von seinen grau-samen Taten. Nach einem Mord an einem Zigeunermädchen hat dessen Familie ihn mit einem Fluch belegt, der ihm seine Seele zurückgegeben hat. Nun besitzt er seit gut achtzig Jahren wieder ein Gewissen und wird gequält von den Erinnerungen an all die Jahre, in denen er wahllos und vollkommen kaltblütig gemordet hat. In diesem Moment kommt Darla hinzu und versucht, Buffy mit Pistolen zu erschießen. Angel entscheidet sich nun für Buffy und gegen seine vampirische Existenz. Er tötet seine frühere Geliebte von hinten. Daraufhin beginnt der Mei-ster in seiner Hölle, seinem Gefängnis, vor Wut und Trauer über den Verlust seiner liebsten Gefährtin zu rasen. Aber der kleine Collin, der Gesalbte, beruhigt ihn und verspricht, Buffy in den Untergang zu führen.

Am nächsten Abend treffen Buffy und Angel wieder im nun geöffneten Bronze zusammen. Sie küssen sich leidenschaftlich, aber entscheiden auch, daß eine engere Beziehung zwischen ihnen keinen Sinn hätte. Während ihrer Umarmung hat sich Buffys Kreuz, das sie an einer Kette um den Hals trägt, in Angels Brust eingebrannt.

Kommentar:
Mit dem Beginn der zweiten Hälfte der ersten Staffel fängt auch ein neuer Abschnitt innerhalb der ganzen Serie an. Aus Angel, der mysteriösen Nebenfigur, die gleich einem zweiten Wächter immer da war, um Buffy vor besonders großen Gefahren zu warnen, wird nun einer der zentralen Charaktere. Dabei erwei-

sen sich unsere Hoffnungen genauso wie unsere Befürchtungen in bezug auf ihn als vollkommen richtig. Schon bei seinen vorherigen Auftritten war leicht zu erahnen, daß er sich zu Buffy hingezogen fühlt, mehr für sie empfindet, als ihm vielleicht selbst lieb ist. Insofern offenbart sich in der Nacht, in der er im Zimmer der Jägerin übernachtet, und am folgenden Abend, wenn er sie küßt, das, was schon seine Handlungen im Pilotfilm angedeutet hatten – er liebt Buffy und fürchtet sich zugleich vor dieser Liebe.

Aber auch die andere Offenbarung, daß er ein Vampir ist, kommt nicht völlig überraschend. Denn von Anfang an hatte das Enigmatische seiner Figur auch einen leicht bedrohlichen Unterton. Eine Ahnung von Gefahr umgab seinen ersten Auftritt, als er Buffy verfolgte und sie ihn in einer dunklen Gasse überwältigte. So wie sie im ersten Moment gedacht hat, er sei ein Vampir, haben auch wir geglaubt, daß ein Monster die Jägerin verfolgt. Auch wenn er sich dann als Helfer und potentieller Freund zu erkennen gibt, ist in dieser Szene ein ganz leichter Zweifel zurückgeblieben – ein Zweifel, der seine Wurzeln in der Inszenierung dieses so zentralen Momentes hat. Denn sie legt nahe, daß dieser Fremde, der so ungewöhnlich viel über Buffy weiß, doch mehr als nur ein normaler Mensch ist, der Vampire haßt. Im Rückblick, von »Angel« aus betrachtet, erweist sich damit die besondere Qualität der Serie und ihrer Inszenierung. Von nun an wissen wir, daß selbst das kleinste Detail, eine noch so vage Ahnung Bedeutung haben können, daß sie vielleicht erst Folgen später sich in ihrer ganzen Tragweite offenbaren. Hierin zeigt sich der Überblick Joss Whedons, der sein Universum sehr planvoll und geschickt aufgebaut hat und mit jeder Folge weiter ausbaut, ohne dabei jemals über den Einzelheiten das große Ganze aus den Augen zu verlieren.

174

Als waschechter Vampir sollte Angel sich eigentlich ausschließlich
für Buffys Halsschlagader interessieren – verliebt, wie er ist, lautet
sein Motto allerdings eher »Ich bin so wild nach deinem Erdbeermund«!

Mit der Liebe zwischen Buffy und Angel, der Jägerin und dem Vampir, variiert die Serie das Romeo-und-Julia-Motiv der im Prinzip von Anfang an dem Untergang geweihten ersten großen Liebe. Vom ersten Kuß an, der Angels wahre Natur zum Vorschein bringt, umgibt eine gewisse Tragik diese Beziehung. Er ist das Eingeständnis ihrer Gefühle und gleichzeitig ein Zeichen der Unmöglichkeit ihres Zusammenseins. Am Ende der Folge, wenn sie sich wieder küssen und dabei beteuern, daß eine engere Bindung keine Zukunft hätte, haben sie eine Entscheidung getroffen, die im Prinzip an die erinnert, zu der sich Buffy in NEVER KILL A BOY ON THE FIRST DATE durchringt. Wieder siegt die Vernunft über die Leidenschaft, der Verstand über die Gefühle. Doch anders als bei Owen ist hier schon klar, daß dieses Opfern der Liebe nicht endgültig bleiben wird. Das, was die beiden verbindet, ist einfach zu stark. In dieser Hinsicht ergänzen sich NEVER KILL A BOY ON THE FIRST DATE und ANGEL. Beide erzählen von dem Prozeß des Erwachsenwerdens als einer Folge von Opfern. Doch die nun von David Greenwalt, Joss Whedons engstem Mitarbeiter und Ausführenden Co-Produzenten, geschriebene Episode erweitert diese Sicht. So notwendig manchmal ein Opfer sein kann, wenn die Umstände danach sind, werden sich im Laufe der Zeit doch immer die Gefühle über den das Opfer diktierenden Verstand hinwegsetzen. Darin liegt die Wurzel der Tragik, aber auch die eines Glücks, das über alle Widrigkeiten triumphiert. Wohin sich nun die Beziehung zwischen Buffy und Angel entwickelt, ob zum Tragischen oder zum Glücklichen, wird eines der zentralen Themen der zweiten Staffel sein.

BUFFY THE VAMPIRE SLAYER geht relativ frei mit der bestehenden Vampir-Mythologie um. Joss Whedon bedient sich bei den Legenden und Klassikern, gibt aber dem Ganzen dann seinen

176

eigenen Stempel. Dieses Wechselspiel aus Zitiertem und Eigenem offenbart sich am deutlichsten in der Figur Angel/Angelus. Auch wenn der mit einer Seele gestrafte Angel, der ein Vampir mit menschlichen Regungen ist, schon sehr deutlich an Louis, den Vampir aus Anne Rices »Interview with the Vampire‹, erinnert, der lieber Ratten und andere Tiere aussaugt, weil er das Töten von Menschen nicht mit seinem Gewissen vereinbaren kann, ist er doch im Reich der Blutsauger eine im Prinzip einzigartige Figur. Allein schon die Grundidee, daß es ein Fluch ist, der ihm seine Seele zurückgibt, unterscheidet ihn von anderen Vampiren. Auch Anne Rices Untote sind wie die in Joss Whedons Serie tote, von Dämonen besessene Menschen, nur werden sie dadurch nicht zwangsläufig böse. Der Dämon wird Teil ihrer Existenz, übernimmt sie aber nicht vollständig. So bleibt ihnen die Seele erhalten, und ihr Verhalten als Vampir wird von den Eigenschaften bestimmt, die sie schon als Mensch ausgezeichnet haben. Sie sind komplexe, teilweise innerlich vollkommen zerrissene Charaktere, aber anders als Angel eben keine Jekyll-und-Hyde-Figuren, die in zwei Hälften gespalten sind.

Die dunkle Seite Angels, Angelus, repräsentiert dagegen noch einmal eine ganz andere Form des Vampirs. Sie ist – wenn man nach den Informationen, die Giles aus seinen Büchern zusammenträgt, und dem Geständnis, das Angel Buffy macht, geht – in einem vielleicht noch stärkeren Maße als alle anderen Blutsauger der Serie eine Inkarnation des reinen, durch nichts eingeschränkten Bösen. In ihm lebt die Tradition fort, die von Polidoris »The Vampyre‹ über Stokers »Dracula‹ zu Romanen wie Stephen Kings »Salem's Lot‹ (dt.: »Brennen muß Salem«) und zu Figuren wie Deacon Frost aus den »Blade«-Comics führt. Dabei treiben Whedon und seine Autoren diese Entwicklung mit Angelus auf die Spitze, er ist der Vampir als das ultimative Monster.

In der Beziehung zwischen Darla und Angel/Angelus ist dagegen wieder der Einfluß von Anne Rices erstem Roman zu spüren. Angel und Darla, das sind Louis und Lestat der Serie. So wie Louis von Lestat zum Vampir gemacht wurde, sich dann aufgrund seines Gewissens gegen ihn auflehnt und schließlich bereit ist, ihn sterben zu lassen, so entwickelt sich auch die Beziehung zwischen Angel und Darla. Die Gespräche, die sie in dieser Episode führen, könnten zum Teil fast direkt aus ›Interview with the Vampire‹ stammen. Allerdings geht David Greenwalt in dem Moment, in dem Angel Darla tötet, einen Schritt weiter als Anne Rice. Anders als Louis, der noch zuviel Mitleid hat, selbst für den, den er eigentlich haßt, kann Angel sich von seiner Schöpferin endgültig lösen, indem er sie tötet und sich damit für Buffy entscheidet. Damit wird er eigentlich unwiderruflich zum *Outcast* der Vampirgesellschaft, was er bis dahin nur bedingt war. Wie Louis in den Anne-Rice-Romanen hat er sich einfach von den anderen Vampiren distanziert, Einsamkeit ihrer Gemeinschaft vorgezogen.

David Greenwalt zitiert mit seinem Drehbuch nicht nur andere Vampirgeschichten, sondern spielt auch noch mit weiteren im Moment sehr verbreiteten Motiven der Popkultur. Die Szene, in der Darla Buffy mit zwei Pistolen angreift und beidhändig auf sie schießt, ist ganz deutlich von den atemberaubenden Action-Sequenzen des Hongkong-Kinos und seiner amerikanischen Verwandten, besonders von den Filmen John Woos, inspiriert. Der Killer mit den zwei Pistolen ist in den letzten Jahren quasi zu einer Ikone des Genres geworden, die nun hier dadurch noch etwas erweitert wird, daß eine Frau eine andere auf diese Weise attackiert.

COMPUTERDÄMON

Originaltitel: I ROBOT YOU JANE

Erstausstrahlung USA: 28. April 1997
Erstausstrahlung Deutschland: 21. November 1998

Regie: Stephen Posey. Drehbuch: Ashley Gable, Tom Swyden. Gaststars: Robia LaMorte (Jenny Calendar), Chad Lindberg (Dave), Jamison Ryan (Fritz).

Inhalt:

Wir schreiben das Jahr 1418. Ort der Handlung: Cortona, Italien. In einem Kreis aus Kerzen, dem Kreis des Kayless, beschwört ein alter Mönch den Dämon Moloch. Moloch ist auferstanden, er nährt seine Stärke durch die Ermordung seiner Jünger, wie etwa des jungen Carlo, dem er, nachdem ihm dieser seine Liebe offenbart hat, kurzerhand das Genick bricht. Komme in unseren Kreis, befiehlt der Mönch dem Dämon, der sich dem Zauber nicht entziehen kann. Er verliert sein körperliches Antlitz und verwandelt sich in Materie, die im Kreis des Kayless von dem alten Mönch in ein Buch eingeschlossen wird. Die Materie geht über in die Schrift des Buches, eine Schrift, die niemals wieder laut gelesen werden darf. Der Mönch schließt das Buch. Nie wieder, beschwört er seine Untergebenen, darf dieses Buch geöffnet werden.

579 Jahre später ist es Willow, die das Buch aus einer Kiste holt und auf den Tresen der Bibliothek in der Sunnydale High School legt.

Giles ist über das Projekt, an dem er sich beteiligt, nicht gerade glücklich. Es handelt sich um das Einscannen von alten Buchtexten, um diese am Computer bearbeiten zu können. Giles macht keinen Hehl daraus, daß er Computer verabscheut. Dies trifft vor allem den jungen Schüler Fritz, der Bücher als ein Relikt der Vergangenheit betrachtet. Die heutige Realität, raunzt er Giles an, sei virtuell. Und wer dies nicht einsehe, sei rückständig und habe keine Zukunft. Verärgert darüber, daß Giles für diese Bemerkungen kaum mehr als ein süffisantes Lächeln übrighat, verläßt Fritz den Raum. Ganz anders, nämlich charmant, reagiert er auf die spitzen Bemerkungen von Miss Calendar, der Computerlehrerin. Diese entsprechen seinem Intellekt, und Giles kann nicht umhin zuzugeben, daß ihm die kleinen Streitereien mit der jungen, attraktiven Lehrerin durchaus Spaß machen. Während die beiden die Bibliothek verlassen, bleibt Willow allein in der Bücherei zurück. In Gedanken, vollkommen motorisch, ohne sich über ihr Tun Gedanken zu machen, nimmt sie das Buch des Moloch, öffnet es und scannt die einzelnen Seiten in den Computer ein. Sie bemerkt nicht, daß die Schrift aus dem Buch verschwindet, während sie sich im Computer von neuem zusammensetzt. Statt der unbekannten Schriftzeichen steht am Ende dieses Vorgangs nur noch eine Frage auf dem Bildschirm: Wo bin ich?

Einige Tage später: Willow wirkt verändert. Dies fällt auch Buffy auf. Der Grund für ihr abwesendes Verhalten, erklärt sie ihrer Freundin, heißt Malcolm, ist 18 Jahre alt und unglaublich süß. Das Problem ist, daß sie ihn noch nie gesehen hat. Sie chatten miteinander, und das, was er ihr schreibt, berührt sie, wie sie noch nichts berührt hat. Buffys Einwand, man könne sich in niemanden verlieben, den man noch nie gesehen hat, wehrt Willow ab. Äußerlichkeiten interessieren sie nicht. Wenngleich sie zugibt, Malcolm schon einmal persönlich kennenlernen zu wollen. Da er angeblich in der Nähe von L. A. lebt, ist dies nicht ausgeschlossen. Die beiden bemerken nicht, wie sie während ihres Gespräches im Computerraum von einer Kamera gefilmt werden. Kurze Zeit später erscheint auf dem Bildschirm von Willows Projektpartner Fritz eine Nachricht: Behalte Buffy im Auge!

Buffy macht sich Sorgen und bittet den jungen Computerfreak Dave um Hilfe. Er soll herausfinden, wer sich hinter Willows Verehrer verbirgt. Dave aber reagiert gereizt. Buffy, überrascht von dessen Reaktion, verfolgt ihn den ganzen Nachmittag über bis zu einer Computerfirma namens CRD, die, wie Xander ihr erklärt, laufend an ziemlich eigenartigen, zumeist geheimen Projekten arbeitet.

Währenddessen reden Giles und Miss Calendar über die Vor- und Nachteile von Computern. Giles lehnt Computer nicht von Grund auf ab, erklärt er Miss Calendar. Aber er mag sie einfach nicht. Es ist, das mag eigenartig klingen, der Geruch, der ihn abstößt. Computer riechen nicht – im Gegensatz zu Büchern. Ein Buch riecht nach Geschichte. Und jedes Buch riecht anders. Das mag ja sein, gibt Miss Calendar ihm recht, doch was ist der schönste Geruch ohne Inhalt? Zufällig hat sie das Buch des Moloch aufgeschlagen, dessen Seiten unbeschrieben sind. Giles wird stutzig. Er ahnt nicht, daß Fritz in genau diesem Moment einen Mordanschlag auf Buffy verübt. Von Dave mit der Nachricht, Willow wolle sie sprechen, in die Mädchenumkleidekabine gelockt, merkt Buffy, daß offenbar jemand vergessen hat, die Duschen abzustellen. Sie betritt den Duschraum, ohne die Stromkabel zu sehen, die offen auf den Fliesen liegen. Das Wasser nähert sich den Kabeln, während Buffy im Wasser steht. Dave, vom Gewissen getrieben, warnt Buffy jedoch in letzter Sekunde vor dem bevorstehenden Stromschlag. Dann rennt er in Panik davon. Als Buffy ihn kurze Zeit später zur Rede stellen will, findet sie ihn erhängt im Computerraum. An einen Selbstmord glaubt sie nicht.

Giles teilt Buffy mit, er gehe davon aus, daß ein Dämon im Internet sein Unwesen treibe. Ein Dämon namens Malcolm? fragt Buffy. Sie setzt sich an den Computer, um Willows Mails zu lesen, doch kann sie sich diese Arbeit sparen. Moloch alias Malcolm meldet sich bei ihr persönlich. Sie soll ihre Hände von Willow lassen, warnt er Buffy. Buffy möchte Willow warnen, doch diese ist verschwunden. Zusammen mit Xander fährt sie zu CRD. Sie hat im Gefühl, Willow hier zu finden.

Währenddessen bittet Giles Miss Calendar um Hilfe. Sie dürfe nicht glauben, er sei verrückt, aber im Internet lebe ein gefährlicher Dämon, sagt er ihr. Dies, so Miss Calendar, habe sie bereits befürchtet!

Giles ist verblüfft. Sind Sie eine Hexe? fragt er Miss Calendar. Nein, über diese Kräfte verfüge sie nicht. Sie sei vielmehr ein Technopagan, und als solcher halte sie einen Blick aufs Internet. Sie läßt sich von Giles über die Art des Dämons aufklären und kommt zu dem Entschluß, daß sie den Computer, von dem aus Moloch ins Netz gelangt ist, in einen Kreis des Kayless stellen sollten, um ihn auf der Festplatte dieses Computers zu fangen. Ihr Plan gelingt jedoch nur zur Hälfte. Nach der von Miss Calendar durchgeführten Beschwörung ist Moloch aus dem Netz verschwunden, doch sein Geist befindet sich nicht auf der Festplatte.

Statt dessen lebt er in einem gewaltigen Roboter weiter, der seinem Aussehen nachempfunden wurde. Über ihn hoffte Moloch, Körperlichkeit empfinden und Willow, die er zuvor von Fritz hatte entführen lassen, Liebe geben zu können. Willow aber wendet sich erschrocken von ihm ab. Buffy, mit Xander inzwischen im Gebäude, lockt den Dämon schließlich in eine

Falle: Vor einem Sicherungskasten stehend, verleitet sie Moloch dazu, auf sie einzuschlagen. Moloch holt aus, schlägt zu, Buffy geht in Deckung – und Molochs Arm verfängt sich in den Starkstromkabeln im Inneren des Kastens. Ein letztes Mal schreit er auf, dann explodiert sein künstlicher Körper, und Moloch ist vernichtet.

Kommentar:

Der Duden schreibt, ein Moloch sei eine Macht, die alles verschlingt. Es ist ein Ort oder ein gesellschaftliches System, an dem Menschen zugrunde gehen. Gängig sind auch Begriffe wie »ein Moloch von Korruption«. Diese Begriffsbestimmung ist durch das Christentum geprägt. Der Begriff des Moloch wird im Christentum benutzt, um gegen bestimmte Gesellschaftssysteme zu polemisieren. So ist Sodom und Gomorrah ein Moloch der Sünde. Ob in der englischen oder der deutschen Sprache: Moloch ist ein Begriff der Umgangssprache geworden, dessen wahre Herkunft kaum jemand kennt. Schon ein Blick in den Duden reicht aus, um festzustellen, daß Moloch durchaus eine weitere Bedeutung hat. Dort steht nämlich als zweite Begriffserklärung: sunnitische Gottheit. In seinem Ursprung ist Moloch ein altorientalischer Kriegsgott, dem man als Opfergaben seine eigenen Kinder gab. Im Zweiten Buch der Könige steht im Kapitel 23, Vers 9 und 10: »Doch durften die Priester der Höhen [also jene, die keine Juden waren, sondern orientalischen Götterglauben angehörten] nicht opfern auf dem Altar des Herrn in Jerusalem, sondern aßen ungesäuertes Brot unter ihren Brüdern. Er [König Josia] machte auch unrein das Topeth im Tal Ben-Hinnom, damit niemand seinen Sohn oder seine Tochter dem Moloch durchs Feuer gehen ließ«, das heißt, König Josia verbot die rituellen Opferungen von Kindern, um das Leben der Kinder in seinem Königreich zu schützen. Man vermutet, daß diverse heidnische Religionen die Konflikte der einzelnen jüdischen Stämme untereinander, von denen in den Büchern der Könige in der Bibel berichtet wird, nutzten, um ihre Macht zeitweise auszudehnen, wofür die Textstelle, in der der Altar der Stadt Jerusalem genannt wird, als Beleg betrachtet wird.

Der Hintergrund des Kriegsgottes wird in BUFFY beibehalten, da Moloch als neuen Körper einen martialisch aussehenden Roboter aussucht. Nun ist Moloch im Ursprung ein Gott, in der vorliegenden Episode wird er jedoch Dämon genannt. Haben die Autoren an dieser Stelle möglicherweise schlecht recherchiert oder den Hintergrund ihren Bedürfnissen angepaßt? Mitnichten. Im archaischen Griechenland bedeutete der Begriff Dämon Gottheit (als Schicksalsmacht). Und auch in späteren Zeiten war mit dem Begriff Dämon ein göttliches Wesen gemeint, was sowohl gute wie böse Exemplare einschloß. Die Umwandlung des Begriffs fand im frühen Christentum statt, als man begann, heidnische Götter generell mit bösen Dämonen zu identifizieren.

Interessant ist an der Geschichte I ROBOT YOU JANE, wie klassische Mythologie und die Moderne einander die Hand reichen. Indem der Geist von Moloch ins Internet Einzug hält, ist er de facto global omnipräsent. Nun verspricht er seinen Jüngern uneingeschränktes Wissen; damit wird er, unbewußt, zur Personifizierung des Internets. Warum? Der SciFi-Autor und Cyberpunk-Pionier Gareth Branwyn erklärt, daß das Schlachtfeld der Zukunft das Internet sein wird, da es das Wissen der gesamten Welt verwaltet. Wer dieses Wissen kontrolliert, kontrolliert die Welt. In dem Moment, in dem Moloch Einzug ins Internet hält, entwickelt er sich automatisch zum Herrscher unseres Planeten. Was ihn am Ende vernichtet, ist weniger die

Macht eines Gegenzaubers. Dieser kann ihn im Endeffekt nur Einhalt gebieten, nicht aber töten. Es ist eine fast schon menschliche Sehnsucht nach Liebe, wegen der er das Internet verläßt und eine neue Körperlichkeit annimmt, die ihn schließlich tödlich verwundbar werden läßt.

Mit der Figur der Miss Calendar wird ein Technopagan in die Serie eingeführt. Die wortwörtliche Übersetzung des Begriffes Pagan lautet Heide. Ein Technoheide? Ein Technopagan ist am ehesten so etwas wie ein Beschützer der Technologie, eine Art Techno-Zauberer. Während der orthodoxe Techniker die Existenz von allem bestreitet, was sich physikalisch und chemisch nicht in irgendeiner Form bestimmen oder nachweisen läßt, sind Magie und Zauberei für den Technopagan vollkommen natürliche Daseinsformen. Der Technopagan ist ein Freund des Fortschritts und ein Benutzer der neuesten Technologien, sein geistigen Väter sind jedoch nicht nur die Pioniere der Mathematik und der Naturwissenschaften, zu seinen geistigen Vätern gehören auch die Druiden, Hexen und anderen Vertreter althergebrachter Lehren.

BtVS-109
BUFFY LÄSST DIE PUPPEN TANZEN
Originaltitel: THE PUPPET SHOW

Erstausstrahlung USA: 5. Mai 1997
Erstausstrahlung Deutschland: 28. November 1998

Regie: Ellen Pressman. Drehbuch: Rob Des Hotel, Dean Batali. Gaststars: Kristin Sutherland (Joyce Summers), Richard Werner (Morgan), Burke Roberts (Marc), Lenora May (Mrs. Jackson),

Chasen Hampton (Elliot), Natasha Pearce (Lisa), Krissy Carlson (Emily), Michelle Miracle

»Ich hasse diese Schule.«

Xander nach dem Auffinden der ersten Leiche.

Inhalt:

Auf Anordnung von Mr. Snyder, dem neuen Rektor der Sunnydale High School, findet ein Talentwettbewerb statt. Es ist Giles, der die ehrenwerte Aufgabe hat, aus der Fülle der Darbietungen jene auszuwählen, die am Ende der Woche dem Publikum präsentiert werden sollen. Egal ob Cordelias Gesang oder das Tubaspiel einer anderen Schülerin: Das, was Giles geboten bekommt, ist in der Regel ganz einfach fürchterlich. Den Tiefpunkt der Veranstaltung scheint Malcolm zu bieten. Malcolm, ein hyperintelligenter, gesellschaftlich als Außenseiter geltender Schüler, tritt mit einem Dummy, einer Bauchrednerpuppe, auf. Spricht die Puppe, spricht auch Malcolm für alle Zuschauer gut sichtbar. Bis zu jenem Moment, in dem seine Puppe ein erstaunliches Eigenleben an den Tag lebt und beginnt, zotige Bemerkung über Malcolms offenbar fehlendes Talent zu machen. Giles ist begeistert, und die Talentshow hat ihren Star.

Kaum hat Malcolm die Bühne verlassen, wird hinter der Bühne die Tänzerin Emily erstochen und ihr Herz vom Mörder aus dem Brustkorb herausgeschnitten.

Als Giles von dem Mord erfährt, fällt sein Verdacht auf einen Dämon. Vermutlich, so erklärt Giles Buffy, Xander und Willow, handelt es sich um einen Dämon der sogenannten Bruderschaft der Sieben. Dies sind sieben Dämonen, die mit menschlichem Antlitz leben und gezwungen sind, alle sieben Jahre mehrere Morde zu begehen, um dieses Antlitz behalten zu können. Tun

186

sie es nicht, verwandeln sie sich in abstoßende Monster und können erst nach einem Zyklus von weiteren sieben Jahren wieder eine menschliche Form annehmen.

Die vier beginnen sich unter den Schülern, die am Talentwettbewerb teilnehmen, umzuhören. Wer war der letzte, der mit Emily gesprochen hat? Alle vier bekommen die gleiche Antwort: Malcolm.

Buffy sucht Malcolm auf, um mit ihm zu reden. Die Antworten aber gibt sein Dummy. Ist der Dummy besessen? Hat der Dämon die Äußerlichkeit einer Puppe angenommen? Xander lacht darüber, auch Giles und Willow nehmen Buffy nicht wirklich ernst. Zu verwegen erscheint diese Theorie. Bis Buffy eines Nachts von der Puppe attackiert wird.

Für Buffy besteht kein Zweifel an der Besessenheit der Puppe. Nur Xander glaubt ihr kein Wort. Um ihr zu beweisen, daß sie falsch liegt, stiehlt er die Puppe kurzerhand. Während er mit ihr spielt, wirkt sie leblos. Buffy bittet ihn dennoch, auf sie aufzupassen. Während Xander, Giles und Willow in der Bibliothek zum Literaturstudium verbleiben, sucht Buffy Malcolm, um auf diesem Weg Rektor Snyder in die Arme zu laufen, der keinen Zweifel daran läßt, ein Auge auf sie zu haben. Sie sei eine Unruhestifterin, gibt er ihr zu verstehen. Und Sunnydale ist ein unruhiger Ort. Wo sonst verbrennen Cheerleader um ein Haar auf der Bühne, verschwinden Jugendliche spurlos oder geschehen rituelle Morde? Er hat sich vorgenommen, aus Sunnydale wieder einen ruhigen Ort zu machen. Und wenn er Buffy dafür von der Schule werfen muß, dann wird er dies tun.

Kaum ist Rektor Snyder verschwunden, findet Buffy endlich Malcolm. Doch dieser ist tot, sein Schädel gespalten, sein Gehirn verschwunden. Zu diesem Zeitpunkt ahnt Buffy noch nicht, daß der Dummy aus der Bibliothek verschwunden ist. Um so überraschter ist sie, als dieser plötzlich vor ihr steht und versucht, sie zu töten. Buffy überwältigt ihn. Das ist dein Ende, zischt sie ihn an. Na und, antwortet ihr der Dummy, wenn dies der Preis dafür ist, daß sie keine Seele erhält, ist er bereit, sein eigenes Leben zu opfern. Wie bitte?

Zurück in der Bibliothek, präsentiert Buffy Sid, den Dummy. Sid erklärt Xander, Willow und Giles, er sei einst ein Dämonenjäger gewesen. Sein Ziel bestand darin, die Bruderschaft der Sieben zu zerstören. Sechs von ihnen tötete er, der siebte aber entkam ihm nicht nur, er sprach auch einen Fluch aus, der Sid dazu verdammt hat, sein Leben in einer Holzpuppe verbringen zu müssen. Auf der Suche nach dem siebten Dämon war ihm Malcolm behilflich, und bis zu dem Kampf mit Buffy ging er fest davon aus, daß sie der siebte Dämon sei. Dafür entschuldigt er sich. Der siebte Dämon lebt also noch. Er hat ein neues Herz und ein neues Gehirn. Mehr benötigt er zur Regeneration seines Körpers nicht. Eines weiß Sid allerdings auch mit Sicherheit: Er wird in der Talentshow auftreten, um keinen Verdacht auf sich zu lenken. Um ihn zu überführen, bedarf es eines einfachen Tricks: Alle Beteiligten sollen sich zu einem Kreis zusammenstellen und einander an den Händen nehmen. Er, Sid, wird in diesem Kreis den Dämon automatisch erkennen.

Während Buffy und Sid auf einer Balustrade über der Aufführungsbühne beobachten, wie Giles die Teilnehmer zusammenruft, um ihnen Glück zu wünschen, und sie bittet, sich in einem Kreis aufzustellen und an den Händen zu halten, vertraut Sid Buffy ein Geheimnis an. In den dreißiger Jahren war er in eine Vampirkillerin, eine Koreanerin, verliebt. Und auch Buffy findet er sehr sympathisch. Er weiß aber, daß es für ihn unmöglich sein wird, ihr den Hof zu machen, denn er ist fest entschlossen, den

Dämon selbst zu töten. Dann wird er von seinem Fluch befreit sein – und endlich sterben können.

Giles ruft den Kreis zusammen, der Dämon aber ist nicht dabei. Sid ist enttäuscht, ebenso Buffy und die anderen. Während Giles auf der Bühne bleibt und einem jungen Magier, dessen Freundin erkrankt ist, als Assistent zur Hand geht, entdeckt Buffy aus purem Zufall hinter der Bühne das Gehirn Malcolms. Warum hat der Dämon es nicht verspeist, so wie es Sid erklärt hat? Er braucht doch ein neues Herz und ein Gehirn.

Willow findet die Antwort rasch im Schulcomputer: Malcolm litt an einem inoperablen Gehirntumor; sein Gehirn ist für den Dämon demnach wertlos. Mit anderen Worten: Der Dämon befindet sich doch unter den Teilnehmern der Show. Unverzüglich eilen die drei in die Aula, wo sie Giles hinter der Bühne auf eine Guillotine gefesselt vorfinden. Bevor die Klingen herabsausen und sein Gehirn mitsamt Kopf vom Rest des Körpers trennen können, überwältigt Buffy den jungen Magier. Xander hält die Klinge fest, während Willow Giles befreit. Mit einem Tritt befördert Buffy den Magier, der längst das Aussehen eines Dämons angenommen hat, unter die Guillotine, Xander läßt die Klinge los, und der Kopf des Dämons wird vom Körper getrennt. Tot aber wird er erst sein, wenn sein Herz zerstört wird, sagt Sid und nimmt von Buffy Abschied. Dann sticht er ein Messer in das Herz des Dämons. Leise sackt Sid in sich zusammen. Der Fluch ist von ihm genommen.

Kommentar:

Die Spannung der vorliegenden Episode wird vor allem dadurch erzeugt, daß man als Zuschauer lange Zeit in eine vollkommen falsche Richtung geführt wird. Die Geschichte einer besessenen Puppe ist nämlich keinesfalls neu, und so greift man als Zuschauer auf seine Erfahrungswerte zurück, denn egal ob in der aus den späten fünfziger Jahren stammenden TWILIGHT-ZONE-Episode TALKING TINA, ob in den inzwischen vier CHILD'S-PLAY-Filmen, die in Deutschland als CHUCKY, DIE MÖRDERPUPPE bekannt sind und davon erzählen, wie der Geist eines Serienkillers in eine harmlose Puppe fährt und dieser Killer mit Hilfe dieses Körpers weiterhin sein Unwesen treibt, oder die von Stephen King geschriebene THE-X-FILES-Episode CHINGA (dt.: EIN SPIEL), in der ein Dämon in einer Porzellanpuppe lebt, all diese Beispiele haben eines gemeinsam: die Puppe ist böse. Auch die Inszenierung von THE PUPPET SHOW bewegt sich in genau diese Richtung. Die Puppe ist ein böser Dämon. Ihr Angriff auf Buffy ist für diese These Beweis genug. Wenn sich die Puppe Sid dann jedoch als Dämonenjäger entpuppt, der ganz einfach dem Irrtum erlegen ist, Buffy sei der siebte Dämon, wird die gesamte Geschichte auf den Kopf gestellt. Der Spannungsbogen wird von diesem Moment an vollkommen neu gestrickt, leider aber wirkt der Showdown unbefriedigend. Mehrfach wird Rektor Snyder als potentieller Dämon in den Mittelpunkt der Geschichte gestellt, da dieser am Ende aber ebensowenig ein Dämon ist wie Sid, wird der wahre Dämon *de facto* aus dem Ärmel geschüttelt. Die Figur des jungen Magiers nämlich spielt in der Geschichte bis zum Showdown überhaupt keine Rolle. Und so bricht der gesamte Spannungsbogen ausgerechnet während des Showdowns in sich zusammen. Daß der positive Eindruck dennoch überwiegt, ist den stillen Momenten zwischen Buffy und Sid zu verdanken, in denen dieser Buffy mit ruhigen Worten seinen bevorstehenden Tod ankündigt, den er sehnsüchtig erwartet.

Die Geschichte einer Puppe, in der ein guter Geist steckt, ist übrigens ebenfalls nicht wirklich neu: 1986 inszenierte Stuart

Gordon in Italien den stilistisch brillanten Horrorfilm DOLLS (dt.: DOLLS: KILLERPUPPEN SPIELEN NACHTS – ABSOLUT TÖDLICH), der im Sinne eines klassischen Märchens die Geschichte eines guten Zaubererehepaars erzählt, das böse Menschen in Puppen verwandelt, in deren Gestalt sie für ihre bösen Taten Buße tun können, indem sie jene, die im Haus der Zauberer Zuflucht gesucht haben, vor bösen Menschen, wie sie es einst waren, beschützen.

Trotz des eher enttäuschenden Finales der vorliegenden Episode ist sie für die Mythologie der Serie ungemein wichtig, wird mit Sid doch eine vollkommen neue Figur in die Serie eingeführt: die eines Dämonenjägers. Daß Sid am Ende der Episode stirbt, ist nicht wichtig, denn auch die Vampir-Jägerinnen sind bekanntlich nicht unsterblich. Es ist demnach davon auszugehen, daß eines Tages ein neuer Dämonenjäger in Buffys Welt Einzug halten wird. So kennt die Serie BUFFY auf der Seite der Guten inzwischen nicht nur die Vampirkillerin und ihren Watcher, mit Miss Calendar wurde darüber hinaus unlängst ein Technopagan eingeführt, und Sid bereichert die Mythologie nun mit der Figur des Dämonenjägers.

P.S.: In der Rolle des Rektor Snyder ist ab dieser Folge übrigens der deutschstämmige Armin Shimmerman zu sehen, vielen sicherlich bekannt u. a. als Barkeeper Quark in der TV-Serie STAR TREK: DEEP SPACE NINE.

DIE MACHT DER TRÄUME

Originaltitel: NIGHTMARES

Erstausstrahlung USA: 12. Mai 1997

Erstausstrahlung Deutschland: 31. Oktober 1998 (Halloween auf Pro 7)

Regie: Bruce Seth Green. Drehbuch: David Greenwalt nach einer Story von Joss Whedon. Gaststars: Mark Metcalf (der Meister), Kristine Sutherland (Joyce Summers), Jeremy Foley (Billy Palmer), Andrew J. Ferchland (Collin/der Gesalbte), Dean Butler (Hank Summers), Justin Urich (Wendell), J. Robin Miller (Laura), Terry Cain (Ms. Tishler), Scott Harlan (Aldo Gianfranco), Brian Pietro (Trainer), Johnny Green (cooler Typ), Patty Ross (Mutter des coolen Typen), Dom Magwili (Arzt), Sean Moran (Bühnendirektor)

Inhalt:

Buffy irrt durch die Höhle des Meisters. Als er ihr gegenübersteht, will sie ihm einen Holzpfahl durchs Herz stoßen, doch er umschließt ohne jede Anstrengung mit seiner Hand ihr Handgelenk, und Buffy läßt die Waffe fallen. Der Blick des Meister hat sie gelähmt, nun wartet sie nur noch auf den tödlichen Biß. In diesem Moment wird Buffy von ihrer Mutter geweckt. Die Begegnung mit dem Meister war vorerst nur ein Alptraum.

Etwas später in der Schule. Buffy, die gerade einen heruntergefallenen Stift aufhebt, bemerkt vor der Klassentür einen kleineren, etwa zwölf Jahre alten Jungen mit traurigem, von Machtlosigkeit gezeichnetem Gesicht. In diesem Augenblick öffnet einer ihrer Mitschüler sein Buch, aus dem plötzlich mehrere große

Spinnen kriechen, und in der Klasse bricht Panik aus. Zur gleichen Zeit unterrichtet der Meister den Gesalbten. Er erklärt ihm, daß Furcht das mächtigste Gefühl von allen ist, daß sie einen ganz beherrscht, wenn man nicht wiederum versucht, sie zu beherrschen. Außerdem teilt er seinem kleinen Schüler mit, daß zur Zeit entscheidende Veränderungen in Sunnydale vor sich gehen.

Am nächsten Tagen finden Buffy, Willow und Xander einen vollkommen verwirrten Giles in der Bibliothek, der scheinbar überfordert ist und ihnen nur rät, sich einmal mit dem Schüler zu unterhalten, aus dessen Buch die Spinnen kamen. Als sie diesen gemeinsam auf den Vorfall ansprechen, erzählt er, daß ihm dies schon unzählige Male in einem Alptraum passiert ist, den er seit Jahren immer wieder hat. Während die drei sich mit ihm unterhalten, kommt Cordelia vorbei und sagt Buffy, daß sie jetzt eine Geschichtsklausur schreiben. Völlig überrascht und ohne jede Vorbereitung folgt die Jägerin Cordelia. Im Klassenraum sitzt sie über der Arbeit und weiß auf keine Frage eine Antwort. Plötzlich ist es so, als ob die Zeit einen Sprung gemacht hätte, die Stunde ist vorbei, alle müssen ihre Arbeit abgeben, und Buffy hat nicht ein einziges Wort geschrieben. Wieder steht der kleine Junge auf dem Flur der Schule. Er beobachtet, wie eine Mitschülerin von Buffy in den Heizungskeller der Schule hinuntergeht, um dort zu rauchen. Gerade als sie sich die Zigarette angezündet hat, wird sie von einem riesenhaften, ungeheuer häßlichen Mann angegriffen, der anstatt seines rechten Armes eine Keule hat. Als Buffy und Giles das Mädchen später im Krankenhaus befragen, kann sie sich nur noch erinnern, daß der Mann vor seinem Angriff ›Lucky Nineteen‹ (»Glückliche Neunzehn«) zu ihr gesagt hat. Beim Verlassen des Krankenhauses sehen die beiden einen Jungen, Billy Palmer, der nach einem Baseballspiel in der Kinderliga von einem Unbekannten brutal zusammengeschlagen worden ist und nun im Koma liegt. Buffy erkennt in ihm den Jungen wieder, den sie in der Schule gesehen hat.

Während der Wächter und die Jägerin nach weiteren Informationen suchen – so entdeckt Buffy ein Foto von Billy in der Zeitung, auf dem man seine Trikotnummer, »19«, erkennen kann – erscheint Hank Summers, Buffys Vater, in der Bibliothek und sagt ihr, daß er ihr etwas Wichtiges mitzuteilen habe. Auf dem Schulhof erklärt er ihr dann, daß er sie und ihre Mutter wegen der Schwierigkeiten verlassen hat, die sie, Buffy, der Familie bereite. Sie habe ihn immer nur enttäuscht, deswegen wolle er sich auch nicht an den Wochenenden mit ihr treffen. Als ihr Vater geht, bleibt Buffy am Boden zerstört zurück und sieht plötzlich wieder Billy. Daraufhin folgt sie ihm und stellt ihn dann in der Turnhalle der Sunnydale High zur Rede. Dort erklärt ihr Billy, daß er nichts dafür könne, der ›häßliche Mann‹ verfolge ihn und wolle ihn töten, er könne sich nur verstecken. In diesem Moment erscheint der ›häßliche Mann‹ und greift Buffy an, die ihm hoffnungslos unterlegen ist.

Nachdem ein Alptraum Xanders wahr geworden ist – er stand plötzlich nur noch mit Boxershorts bekleidet vor der versammelten Klasse – erfahren Willow und er von Giles, was im Moment in Sunnydale passiert. Der im Koma liegende Billy habe aufgrund der Mächte des ›Hellmouth‹ die Alptraumwelt, in der er gefangen ist, verlassen und bewege sich nun in der Wirklichkeit, in die er aber die Alpträume mitbringt. Deswegen übernehmen in seiner Gegenwart die Alpträume die Realität. Wenn sie ihn und Buffy nicht rechtzeitig finden, könnte das schlimmste Folgen für die Welt haben. Deshalb trennen sich die drei, um nach Buffy zu suchen. Dabei werden Xander und Willow noch einmal mit ihren eigenen Alpträumen konfrontiert. Willow muß vor einem großen Publikum als Sopranistin auftreten und bringt keinen richtigen Ton heraus. Xander wird von einem Clown gejagt, von dem er seit seinem sechsten Geburtstag träumt – nur hat dieser jetzt auch noch ein Messer. Er ist in diesem Moment auch der erste, der den Mut aufbringt, sich seinem Alptraum zu stellen und ihn zu überwinden, indem er den Clown einfach niederschlägt.

In der Zwischenzeit ist es Buffy und Billy erst einmal geglückt, dem ›häßlichen Mann‹ zu entfliehen. Sie zwängen sich durch eine Hecke auf dem Schulgelände und befinden sich plötzlich auf dem Friedhof, dort ist bereits die Nacht hereingebrochen. Vor einem offenen Grab tritt ihnen der Meister, der dank Billy seine Freiheit erlangt hat, entgegen. Er stößt Buffy hinunter und beerdigt sie lebendig. Etwas später sehen Giles, Willow und Xander, als sie aus dem Schulgebäude kommen, den nun direkt auf der anderen Straßenseite liegenden Friedhof. Verwundert gehen sie hinüber und finden – Giles' schlimmster Alptraum – das Grab von Buffy. Doch in diesem Moment befreit sich die Jägerin aus ihrem Grab und hat sich, so wie sie es schon einmal geträumt hat, in einen Vampir verwandelt. Ohne Zeit zu verlieren, brechen alle vier zum Krankenhaus auf, um Billy aus dem Koma aufzuwecken. Als sie in seinem Zimmer sind, erscheint auch der ›häßliche Mann‹, den Buffy diesmal bewußtlos schlagen kann. Daraufhin zwingt sie Billys Alptraum-Ich, sich seiner Angst zu stellen. Der Junge tritt an den ›häßlichen Mann‹ heran und beginnt, an seinem Gesicht zu ziehen, aus dem dann ein seltsames Licht erstrahlt. In diesem Moment verwandelt sich die Welt wieder zurück. Die Trennung zwischen Realität und dem Reich der Alpträume besteht wieder. Billy erwacht aus dem Koma und identifiziert den gerade hinzukommenden Trainer seiner Baseballmannschaft als den, der ihn so brutal zusammen-geschlagen hat. Als der daraufhin versucht zu fliehen, hält Xander ihn auf.

Kommentar:

NIGHTMARES ist die einzige Folge der ersten Staffel von BUFFY THE VAMPIRE SLAYER, die bei uns aus der Produktions- und Ausstrahlungsreihenfolge, in der die Serie in den Vereinigten Staaten zu sehen war, herausgenommen worden ist. Pro 7 hat sie um vier Wochen vorgezogen und so anstelle von THE PACK (dt.: DAS LIED DER HYÄNEN, BtVS-106) an Halloween ausge-strahlt – eine besondere Betonung dieser Episode, die auf ge-wisse Weise auch Sinn macht. Von allen Folgen der ersten Staffel ist NIGHTMARES die, die sich tatsächlich am besten als Hallo-ween-*special-event* eignet. Denn durch die Art, in der sie die Grenze zwischen Realität und Traumwelt auflöst und wirklich lebensbedrohliche Alpträume mit banalen, aber die Persönlich-keit um so stärker erschütternden mischt, ist sie reiner Surrealis-mus, für sich genommen ein einziger Fernsehen gewordener Alptraum, aus dem wir erst ganz am Ende erlöst werden – nur um dann mit einem Einblick in einen der tiefsten Abgründe der menschlichen Seele, der Bereitschaft, aus Wut und Enttäu-schung Kinder zu mißhandeln und zu töten, konfrontiert zu werden. Keine andere Folge der ersten Staffel hält so viele verstörende und erschütternde Momente bereit wie diese, und in keiner anderen wirkt der Horror so direkt, weil er direkt aus unserem kollektiven Unterbewußten kommt.

Insofern ist die Änderung in der Reihenfolge nachvollziehbar, und auf den ersten Blick scheint sie auch nicht einmal etwas durcheinanderzubringen, da NIGHTMARES, nach der Einfüh-rung des Gesalbten (BtVS-105) ausgestrahlt, die Kontinuität innerhalb der Gesamtentwicklung nicht zerstört. Trotz allem bleibt diese Verschiebung gerade mit Blick auf den größeren Zusammenhang der Serie, besonders den der ersten Staffel, äußerst fragwürdig. Zum einen bereiten die beiden Begegnungen zwischen Buffy und dem Meister ganz bewußt auf die große Konfrontation der beiden im *season finale* vor, das bei richtiger Reihenfolge zwei Wochen nach NIGHTMARES ausgestrahlt würde. Nun liegen sechs Wochen zwischen dieser kleinen Vorwegnahme, die man auch als Probe verstehen kann, und der eigentlichen Auseinandersetzung – sechs Wochen, in denen die Erinnerungen verblassen und so viel passiert, daß die kurzen Szenen nicht wie eine mißglückte, vielleicht aber auch notwendige Probe wirken. Zum anderen wirkt sich die Verschiebung wenn nicht auf den inhaltlichen Zusammenhang, so doch auf den atmosphärischen aus.

Man kann die erste Staffel durchaus als Symphonie der Emotionen betrachten. In ihr sind alle Episoden perfekt aufeinander abgestimmt, so daß sie durch ihre Reihenfolge Emotionen wiederaufnehmen und variieren oder auch kontrapunktisch gegeneinander setzen. Als gelungenes Beispiel für diese Art der Komposition läßt sich gerade die Trias NEVER KILL A BOY ON THE FIRST DATE (BtVS-105), THE PACK und ANGEL (BtVS-107) anführen. Auf die ruhige Elegie, die auch eine Hymne auf die Opferbereitschaft ist, folgt eine *tour de force* des reinen Terrors, des Schreckens angesichts des Verlusts der Unschuld. Auf die wiederum mit ANGEL ein eher romantisch-dramatischer Part folgt, mehr den Schmerz als den Schrecken des Lebens als Jägerin orchestrierend.

Demgegenüber sind die letzten vier Episoden der ersten Staffel, THE PUPPET SHOW (BtVS-109), NIGHTMARES und OUT OF MIND, OUT OF SIGHT (BtVS-111), eher Variationen in Moll. Der

Schatten des Todes liegt über ihnen, und immer wieder kreisen sie in ihren Dialogen und Einstellungen um ein Gefühl unendlicher Einsamkeit. Die Ungewißheit der Zukunft der Serie – denn als dieses letzte Drittel der *season* entstand, wußte noch niemand, ob es jemals eine zweite geben werde – ist in diesen Folgen zu spüren. Wie vier Studien in Melancholie kommen sie daher, in denen Buffy ihren größten Ängsten gegenübertreten muß und zugleich mit der Realität und der Endgültigkeit des Todes konfrontiert wird.

Kein Moment dieser Staffel wirkt auch nur annähernd so vernichtend, so niederschlagend für Buffy und auch für uns wie der, in dem Hank Summers seiner Tochter sagt, daß sie ihn maßlos enttäuscht hat und er nun kein Interesse mehr daran hätte, so zu tun, als ob sie für ihn etwas anderes als Ärger und den ständigen Schmerz der enttäuschten Hoffnungen bedeutet. Das Verhalten des Hank Summers weist dabei erschreckende Parallelen zu dem von Billys Trainer auf. Nur gebiert seine Enttäuschung und maßlose Verärgerung psychische anstatt physische Gewalt. Seine kaltblütig geäußerte, grausame Offenbarung wirkt viel stärker nach als jede noch so gefährliche Konfrontation mit irgendeinem Monster. Denn in ihr ist nichts Übernatürliches oder Phantastisches mehr. Sie ist der wahr gewordene Alptraum jedes Kindes und Jugendlichen, daß sich seine Eltern von ihm abwenden, weil er die in ihn gesetzten Erwartungen aus irgendeinem Grund nicht erfüllt hat. Mit einem solchen Gespräch bricht die ganze Welt zusammen. Ob sie am Ende von NIGHTMARES, wenn die Alpträume wieder zurück in ihr Reich gekehrt sind und Hank seine Tochter wie immer abholt, wirklich wieder restlos aufgebaut ist, müssen wir selbst entscheiden. Aber selbst wenn … die Erinnerung an diesen Moment absoluter Verzweiflung und an den von ihm verursachten Schmerz bleibt zurück. Näher als in diesem einen Moment, der auch die ganze Bitterkeit der im letzten Drittel der *season* vorherrschenden, mehr als melancholischen Stimmung enthält, wird Joss Whedon den Schrecken der Jugend, dem Horror des Erwachsenwerdens nur noch sehr schwer kommen können.

Schon der Originaltitel dieser Folge deutet an, daß sich Joss Whedon und David Greenwalt mit ihr vor einem der Klassiker des Horrorfilms der achtziger Jahre, Wes Cravens A NIGHTMARE ON ELM STREET (dt.: NIGHTMARE – MÖRDERISCHE TRÄUME), verbeugen. Der Einfluß, den diese ganz besondere Symphonie des Grauens hat, in der die Grenzen zwischen Realität und Traum, Bewußtem und Unterbewußtem sich vollkommen auflösen, ist nicht zu übersehen. Schon die Art, in der hier Realität in Traum, Traum in Realität übergeht, orientiert sich an Wes Cravens Drehbuch und Inszenierung. Dabei haben Whedon und Greenwalt die Episode auch ganz deutlich als Hommage angelegt. Der ›häßliche Mann‹ ist eine Variation der Freddy-Krueger-Figur, die sogar mit den ursprünglichen Besetzungsideen der Produzenten von A NIGHTMARE ON ELM STREET spielt. Bevor Robert Englund die Rolle des Freddy bekam, war eigentlich geplant, daß ein großer, sehr kräftiger Schauspieler, der fast nichts sagt, dieses Monster der Träume spielen sollte. Die beiden Autoren betonen die Nähe zwischen Cravens Film und ihrer Folge auch noch dadurch, daß der ›häßliche Mann‹, der statt der Stahlklauen eine Keule als tödliche Waffe hat, die Teil seines Körpers ist, seinen ersten Auftritt im Heizungskeller der Schule hat – Freddys persönliche Hölle, sein Reich, ist ein Heizungskeller in der Elm Street, in dem er von den Selbstjustiz übenden Eltern der Straße verbrannt wurde.

AUS DEN AUGEN, AUS DEM SINN

Originaltitel: OUT OF MIND, OUT OF SIGHT

Erstausstrahlung USA: 19. Mai 1997
Erstausstrahlung Deutschland: 5. Dezember 1998

Regie: Reza Badiyi. Story: Joss Whedon. Drehbuch: Ashley Gable, Tom Swyden. Gaststars: Clea DuVall (Marcie Ross), Ryan Bittle (Mitch), Ms. Miller (Denise Dowse), Mercedes McNab (Harmony), Mark Phelan (Agent Doyle), Skip Stellrecht (Agent Manetti), Julie Fulton (FBI-Lehrerin), John Knight

Inhalt:

Ein Überfall gibt Buffy Rätsel auf. Mitch, ein Freund von Cordelia, wurde im Duschraum der Sporthalle mit einem Baseballschläger halbtot geprügelt. Er behauptet jedoch, der Schläger sei von allein auf ihn zugekommen. Während Giles einen Poltergeist hinter der Aktion vermutet, hat Buffy schon sehr bald einen ganz anderen Verdacht: Ein unsichtbares Mädchen steht ihrer Ansicht nach hinter dem Anschlag. Dieser Verdacht erhärtet sich, als Harmony, eine Freundin von Cordelia, just in dem Moment, in dem Buffy Cordelia anspricht, eine Treppe hinunterfällt. Buffy ist sich sicher, daß Harmony gestoßen wurde. Noch während sie Harmony wieder auf die Beine hilft, sieht sie, wie von Geisterhand eine Tür geöffnet wird. Sie schaut nach, was die Tür geöffnet haben könnte, und stößt mit dem unsichtbaren Wesen zusammen. Und sie ist sich sicher, bestätigt sie gegenüber Giles, daß es sich um ein unsichtbares Mädchen gehandelt hat. Doch wer ist sie?

Es ist Nachmittag, die Schule fast menschenleer. Da hört Buffy das Spiel einer Flöte aus den Belüftungsschächten dröhnen. Sie begibt sich in das Belüftungssystem und findet schließlich einen Abstellraum, in dem es sich das noch unbekannte Mädchen bequem gemacht hat. Persönliche Utensilien findet Buffy keine, mit einer Ausnahme: dem letzten Jahrbuch. Mit diesem als Hilfe und einer Liste verschwundener Kinder ist es kein Problem mehr, die Identität des Mädchens herauszufinden. Marcie Ross ist ihr Name. Marcie Ross? fragt Willow. Diesen Namen hat sie noch nie gehört. Wenn dem so ist, fragt Buffy sowohl Willow wie auch Xander, müssen die beiden ihr erklären, warum sie einen Sommergruß in ihr Jahrbuch geschrieben haben? Giles beginnt zu verstehen, was mit Marcie geschehen ist. Bislang suchte er für ihren Zustand eine Erklärung im Mystizismus, die Antwort liegt jedoch in der Psychologie und in der Physik. Realität ist eine physische Größe, die jedoch von unserem Bewußtsein maßgeblich gestaltet wird, erklärt er Buffy, Xander und Willow. Was aber geschieht, wenn man einen Menschen nicht mehr bewußt wahrnimmt und dieser Mensch sich eines Tages selbst nicht mehr wahrnehmen kann? Marcie war für ihre Mitschüler bereits unsichtbar, lange bevor dieser Zustand Realität wurde.

Während Giles seinen Vortrag hält, stürzt Cordelia in die Bibliothek; sie wirkt verstört. Auf Miss Miller, ihre Lieblingslehrerin, wurde ein Mordanschlag verübt, indem ihr jemand eine Plastiktüte über den Kopf gezogen hat. Cordelia fand Miss Miller und konnte sie retten. Während sie ihr die Tüte vom Kopf zog, sah sie, wie ein unsichtbares Wesen an die Tafel das Wort »Listen« (dt.: Höre) schrieb. Den vieren bleibt keine andere Wahl, als Cordelia in das, was sie wissen, einzuweihen. Giles fordert Cordelia auf, ihre Krönungsfeier zur Schulkönigin (!) abzusagen, sie verweigert sich jedoch dieser Bitte. Sie will nicht, daß Marcie triumphiert. Während Giles dies vollkommen anders sieht, erhält Cordelia ausgerechnet von Buffy Rückendeckung. Wenn Marcie heute gewinnt und die Fete zur Krönungsfeier abgesetzt wird, wird Marcie erst recht beginnen, die Schüler wegen des Unrechts, das ihr angetan wurde, zu terrorisieren. Sie verspricht Cordelia, ein Auge auf sie zu werfen.

Während sie sie in einen Umkleideraum begleitet, wo sich Cordelia für den Abend vorbereiten soll, zeigt sich diese von einer bislang unbekannten Seite. Wirkt sie für gewöhnlich hochnäsig und eingebildet, redet sie sonst nur über ihren Erfolg und ihre Popularität, klingen ihre Worte Buffy gegenüber plötzlich ganz anders. Ja, populär ist sie. Und ja, sie findet sich schön. Doch das sind äußere Werte. Sie sagen nichts darüber aus, wie sie sich oft fühlt. Sie steht inmitten all ihrer Freunde − und fühlt sich doch einsam. Denn sind ihre Freunde wirklich ihre Freunde? Oder umgeben sie sich nur mit ihr, weil sie beliebt ist? Obwohl sie weiß, daß sie in einer allein auf den äußeren Schein ausgerichteten Gesellschaft lebt, ist sie nicht in der Lage, dieses Leben zu ändern. Cordelia zieht sich in den Umkleideraum zurück, Buffy beobachtet indes den Flur. Den Lüftungsschacht vergißt sie. Und so gelingt es Marcie, Cordelia aus dem Umkleideraum zu entführen. Bei dem Versuch, Cordelia zu retten, überwältigt sie auch Buffy. Mit Hilfe eines Betäubungsmittels setzt sie sie außer Gefecht.

Als Buffy wieder zu sich kommt, sitzen sie und Cordelia gefesselt auf zwei Stühlen im noch menschenleeren Bronze. Marcie will die beiden nicht töten, Buffy ist ihr sogar vollkommen egal. Alles, was sie möchte, ist, Cordelia mit Hilfe einer Reihe von unterschiedlichsten Skalpellen ein Gesicht zu verpassen, das niemand, der es je gesehen hat, vergessen wird. Cordelia hat all das, was man ihr, Marcie, mißgönnt hat: Popularität und Schönheit. Dafür muß sie nun bestraft werden. Buffy, die bis zu diesem Moment noch Mitleid mit Marcie hatte, gelingt es, sich zu befreien. Dennoch steckt sie gewaltig Prügel ein, bevor sie Marcie anhand der Geräusche, die sie macht, aufspüren und überwältigen kann. Kaum, daß sie Marcie gefesselt hat, stürmen zwei FBI-Agenten ins Bronze und nehmen sich der Person Marcies an. Buffy hat die beiden Agenten bereits auf dem Schulhof gesehen. Und ihr ist klar, daß sie nur in den Kampf eingegriffen haben, weil es ihr überraschend gelang, Marcie zu überwältigen. Indirekt bestätigen das die beiden Beamten. Buffy und Cordelia haben nichts gesehen. Es gibt keine Marcie Ross, sagen die beiden unisono. Und es gibt erst recht keine unsichtbaren Menschen.

Zurück in der Schule, treffen sich Buffy, Willow, Xander und Giles vor der Bibliothek. Zu ihrer Überraschung gesellt sich Cordelia zu ihnen, um ihnen für ihre Hilfe zu danken. Das Gespräch wird abrupt durch das Auftauchen Martys unterbrochen. Sie werde doch nicht mit diesen *Losern* reden, raunzt er Cordelia an. Für einen Moment wirkt Cordelia unsicher. Immerhin hat Buffy sie gerettet. Doch es gelingt ihr nicht, die Person zu überwinden, die sie ist. Natürlich redet sie mit diesen *Losern* nicht, sagt sie und folgt Marty, ohne Buffy auch nur noch eines Blickes zu würdigen. Doch damit ist die Geschichte nicht beendet. Irgendwo, an einem Ort ohne Namen, befindet sich nämlich eine Schule. In dieser Schule gibt es nur eine Klasse. Und in dieser Klasse werden eine ganze Reihe von unsichtbaren Kindern unterrichtet. Heute ist Marcies erster Schultag. Niemand stört sich hier daran, daß sie unsichtbar ist. Schon gar nicht die Lehrerin, die sie bittet, in ihrem Buch Seite 54 zu lesen. Marcie schlägt die Seite auf: Kapitel elf, Attentate und Infiltration. »Cool«, sagt Marcie …

PS: In einer in der Inhaltsangabe nicht beschriebenen Sequenz sucht Angel Giles auf. Es ist ihr erstes Zusammentreffen. Giles fühlt sich in der Gegenwart des Vampirs unwohl, obwohl ihm dieser erklärt, er stehe auf seiner Seite. Dafür spricht, daß Angel Giles davon in Kenntnis setzt, daß der Meister etwas Großes plant, er aber noch nicht hat in Erfahrung bringen können, was das ist. Eine Antwort, erwidert Giles, könne ihm der Pergamum Codex liefern, das Weissagungsbuch der Slayer. Aber dieses ist seit dem 15. Jahrhundert verschollen. Angel beweist Giles nun seine Aufrichtigkeit, indem er ihm verspricht, den Codex aufzutreiben. Zu einem späteren Zeitpunkt der Episode überreicht er ihm dieses Buch schließlich.

Kommentar:

FBI-Beamte, die unsichtbare Kinder jagen, um diese schließlich in Schulklassen zu verstecken, in denen sie zu professionellen Attentätern ausgebildet werden sollen – dies ist das Ende einer durchschnittlichen X-FILES-Episode. Enden normale BUFFY-Episoden für gewöhnlich mit einem Gespräch der Hauptfiguren untereinander, in dem die Ereignisse der Episode meist noch einmal ironisiert zusammengefaßt werden, stellt der Bruch mit dieser Tradition zugunsten eines X-FILES-Endes die vermutlich größtmögliche Verbeugung vor dem großen Mystery-Epos dar. Gleichzeitig übt Joss Whedon, der die Story zur Episode lieferte, seine Verbeugung vor dem großen amerikanischen Filmklassiker THE INVISIBLE MAN (dt.: DER UNSICHTBARE bzw. DER UNSICHTBARE MANN), der 1933 von dem britischen Regisseur James Whale in Szene gesetzt wurde, der zwei Jahre zuvor bereits FRANKENSTEIN ein übergroßes Denkmal gesetzt hatte. Die große Sensation dieses Filmes bestand darin, daß der unsichtbare Mann, gespielt von Claude Rains, tatsächlich den ganzen Film über unsichtbar ist. Mit ganz einfachen Überblendungen gelang es Whale, Rains stückweise unsichtbar werden zu lassen. So ist Rains oft im Morgenmantel zu sehen, nur der Kopf ist weg. Heute beherrscht diesen Trick jeder Filmstudent im zweiten Semester, 1933 stellte Whales Arbeit einen Meilenstein der Tricktechnik dar. Basierend auf H. G. Wells' Bestseller »The Invisible Man« schuf Whale einen Film, an dem sich alle anderen Filme, in denen unsichtbare Personen auftreten, messen müssen. Eine sehr schön herausgearbeitete Parallele stellt Marcies Wahnsinn dar. In Rückblenden erfährt der Zuschauer, daß Marcie, bevor sie unsichtbar wurde, ein ganz normales Mädchen war. Erst ihr jetziger Zustand hat sie in den Wahnsinn getrieben. Ähnlich ergeht es Whales Hauptfigur, einem Wissenschaftler, der mit Hilfe eines Serums unsichtbar geworden ist. Auch er ist verrückt, doch in seinem Fall war es ebenfalls das Unsichtbarsein, das ihn in den Wahnsinn getrieben und aus ihm ein Monster gemacht hat. Im Gegensatz zu Marcie erfährt der unsichtbare Mann am Ende eine Erlösung: Er stirbt – doch im Moment seines Todes wird er wieder sichtbar, und sein Verstand kehrt zurück. So darf er als der Mann sterben, der er einst gewesen ist.

DAS ENDE DER WELT

PROPHECY GIRL

Erstausstrahlung USA: 2. Juni 1997
Erstausstrahlung Deutschland: 12. Dezember 1998

Regie und Drehbuch: Joss Whedon. Gaststars: Mark Metcalf (der Meister), David Boreanaz (Angel), Kristine Sutherland (Joyce Summers), Robia La Morte (Ms. Calendar), Andrew J. Ferchland (Collin/der Gesalbte), Scott Gurney (Kevin)

Songs: »I Fall to Pieces« von Patsy Cline (The Patsy Cline Story), »Inconsolable« von Jonathan Brooke (Plumb)

Inhalt:
Während Buffy in der Nähe der Sunnydale High gleich auf mehrere Vampire trifft, von denen zumindest der letzte ein wirklich ernstzunehmender Gegner ist, übt Xander im Bronze die Rede, mit der er Buffy bitten will, ihn zur *Prom*-Feier zu begleiten. Die in ihn verliebte Willow muß bei dieser Probe Buffy spielen. Zur gleichen Zeit liest Giles im ›Pergamum Codex‹, einem alten, lange Zeit als verschwunden gegoltenen Buch, das Angel ihm vor kurzer Zeit besorgt hat (vergl. OUT OF MIND, OUT OF SIGHT, BtVS-111), eine Prophezeiung, die eine Begegnung zwischen dem Meister und der Jägerin und deren daraus resultierenden Tod vorhersagt. Plötzlich erschüttert ein Erdbeben Sunnydale, und der Meister verkündet seinem Schüler, dem Gesalbten, daß die Zeit sehr nahe ist und er sein Gefängnis bald verlassen wird, um auf der Erde zu wandeln.
Am nächsten Morgen erzählt Buffy Giles von ihren Erlebnissen

der letzten Nacht und bekennt, daß ihr das vermehrte und immer dreistere Auftreten der Vampire angst macht. Aber der Wächter ist überhaupt nicht bei der Sache, seine Gedanken kreisen unaufhörlich um die Prophezeiung, die er in der Nacht gelesen hat. In der nächsten Unterrichtspause nimmt Xander Buffy beiseite, gesteht ihr seine Gefühle für sie und bittet sie, mit ihm zur großen Party anläßlich der *Prom Night* zu gehen. Sie lehnt sein Angebot ab, weil sie ihm nicht diese Art von Gefühlen entgegenbringt und ein solches *date* nur ihre Freundschaft verkomplizieren würde. Als Xander daraufhin Willow einlädt, weist auch sie ihn zurück, weil sie nicht die zweite Wahl sein möchte.

Giles, der immer noch über der Prophezeiung brütet, bekommt in seiner Bibliothek Besuch von Jenny Calendar, die mit ihm über die merkwürdigen Ereignisse der letzten Tage und einiges, was sie aus dem Internet erfahren hat, sprechen will. Sie beide sind fest überzeugt, daß die Apokalypse kurz bevorsteht und Buffy eine entscheidende, wenn auch sehr traurige Rolle in ihr spielen wird. Auf der Suche nach Hilfe zieht Giles auch Angel hinzu. Als er die Weissagung mit ihm diskutiert, wird Buffy zufällig Zeugin ihres Gesprächs und hört, daß sie am nächsten Tag dem Meister gegenübertreten und sterben wird. Schockiert und verzweifelt sagt sie den beiden, daß sie zurücktritt, ihre Aufgabe als Jägerin niederlegt, weil sie noch nicht sterben will, und reißt sich die Kette mit dem Kreuz, das Angel ihr geschenkt hat, vom Hals.

Am nächsten Tag hört Buffy in den Fernsehnachrichten, daß Willow im Medienraum der Schule die Leichen von mehreren Schülern, zu denen auch Cordelias neuer Freund gehört, entdeckt hat; sie alle wurden von Vampiren getötet. Diese Neuigkeit bewirkt, daß die Jägerin ihre Entscheidung revidiert. Sie geht in die Bibliothek, schlägt Giles, der an ihrer Stelle dem Meister gegenübertreten will, k.o., nimmt sich die Armbrust und macht sich auf die Suche nach dem Gesalbten. Denn nun wissen sie, Giles, Jenny und die Slayerettes, daß der von Buffy in der Leichenhalle getötete Vampir nicht der Gesalbte war. Collin erwartet Buffy schon vor der Schule und führt sie in die Höhle des Meisters. Währenddessen sucht Xander Angel auf und bittet ihn, ihm den Weg zum Meister zu zeigen und gemeinsam mit ihm Buffy zu helfen.

Der Meister bezwingt Buffy, trinkt etwas von ihrem Blut und läßt sie in einen kleinen Teich in seiner Höhle fallen. Nun besitzt er die Macht, um sein Gefängnis zu verlassen – und das ›Hellmouth‹ ist geöffnet. Als Angel und Xander ankommen, sieht es so aus, als wäre die Jägerin ertrunken. Aber Xander gelingt es, Buffy durch Mund-zu-Mund-Beatmung wiederzubeleben. Gemeinsam mit ihren Rettern bricht sie auf, um – nun wundersamerweise gestärkt – dem Meister ein zweites Mal gegenüberzutreten und ihn zu töten. In der Zwischenzeit sind Jenny, Willow und Cordelia vor der Schule von einer wahren Armee von Vampiren umzingelt worden. Ihnen gelingt gerade noch die Flucht zurück in die Bibliothek. Während sie zusammen mit Giles versuchen, den Angriff der Vampire aufzuhalten, bricht der Boden der Bibliothek auf, und ein dreiköpfiges Tentakel-Monster, einer der ›Alten‹, der bisher jenseits des ›Hellmouth‹ lebenden Dämonen, erscheint.

Auf dem Dach der Schule kommt es zu dem erneuten Kampf zwischen Buffy und dem Meister, der diesmal keine Macht über die Jägerin besitzt – sie fürchtet ihn nicht mehr. So gelingt es ihr, ihn durch ein Dachfenster in die Bibliothek zu stürzen. Bei seinem Aufprall wird er von einem Teil des zerbrochenen Mobiliars gepfählt. Das ›Hellmouth‹ schließt sich wieder, das Monster und die Vampire verschwinden. Allerdings löst sich der

Frisch zurück aus dem Reich der Toten
ist Buffy zwar noch etwas wackelig
auf den Beinen, aber voller Tatendrang,
es dem Meister heimzuzahlen –
schließlich hat er nicht nur ihr Kleid,
sondern auch ihre Frisur ruiniert!

Meister in seinem Tod nicht wie die anderen Vampire völlig auf, sein Skelett bleibt auf dem Boden der Bibliothek zurück. Zusammen mit all den anderen bricht Buffy zur *Prom-Night*-Party auf.

Kommentar:

Ein Erdbeben erschüttert Sunnydale. Aus einem Wasserhahn in der Schule läuft Blut anstatt Wasser. Im High-School-Medienraum stapeln sich die Leichen. Im Internet sorgen Ereignisse wie die Geburt eines Babys, dessen Augen nach innen gerichtet sind, für Aufregung. Die Zeichen häufen sich, und sie sind unmißverständlich. Alles deutet auf das Ende, die Apokalypse hin. Und daß die für die Rechtschaffenen nicht wie in der Offenbarung des Johannes versprochen das neue Jerusalem, das wiedergewonnene Paradies, bringt, sondern nur Tod und die Hölle auf Erden, darüber gibt es in der Mythologie von BUFFY THE VAMPIRE SLAYER nicht den geringsten Zweifel. Diese Gewißheit bestimmt den Blick auf die Ereignisse in dieser Folge. Auch wenn wir wissen, daß die Apokalypse nicht kommt – schließlich gibt es eine zweite Staffel –, bleibt das Wissen der Figuren, denen wir so nahe sind wie nur in wenigen Momenten der anderen Folgen. Joss Whedon ist bei seinem Regiedebüt das Kunststück geglückt, jegliche Distanz, die eigentlich zwischen uns und der fiktiven Welt von Buffy besteht, vollständig aufzuheben. Für 45 Minuten leben wir in Sunnydale, daran ändern auch die Werbeunterbrechungen nichts.

Jedes Staffelende einer Fernsehserie hat immer auch ein bißchen von einem Ende der Welt, denn jede Serie ist über die Wochen, in denen sie gelaufen ist, zu einer eigenen kleinen Welt mit ihren Bewohnern, den Figuren, und ihren Beobachtern, den Zuschauern, geworden. Wenn nun eine *season* zu Ende geht, bleibt immer eine Ungewißheit. Zum einen könnte es sein, daß die Serie aufgrund mangelnden Erfolgs im nächsten Herbst nicht zurück auf den Bildschirm kommt. Zum anderen kann man sich nie ganz sicher darüber sein, wer von den Figuren im Fall einer Fortsetzung noch dabei ist. Im Fall von BUFFY war zur Zeit der Planung und Entstehung von PROPHECY GIRL die Entscheidung noch nicht endgültig gefallen, ob Warner Bros. an einer weiteren Staffel interessiert war. Die Serie befand sich in einer Art Schwebezustand, und dies fängt die letzte Episode auf geradezu geniale Weise ein.

Die Gedanken an das Ende spiegeln sich in den apokalyptischen Zeichen und in der Stimmung von PROPHECY GIRL. Das endgültige Aus ist hier mehr als nur ein Gedankenspiel, es ist eine nicht einmal ganz unwahrscheinliche Möglichkeit, darin ähnelt diese Folge der letzten der zweiten Staffel von MILLENNIUM, in der das Ende der Welt allerdings, dem Ton der Serie entsprechend, scheinbar Realität wird. Die Ungewißheit des Schicksals verdichtet sich zu apokalyptischen Bildern, die eben mehr als nur eine Geschichte erzählen. Hamagedon bleibt zwar in dieser Episode aus, muß aber auch ausbleiben, damit es weitergehen kann. Aber Joss Whedon hat diese Folge ganz so geschrieben und inszeniert, als sei sie die letzte der Serie. Alle entscheidenden Handlungsstränge der ersten Staffel kommen hier an einen Punkt, der auch ein Schlußpunkt sein könnte. Zugleich läßt er einiges offen, meist Kleinigkeiten, die man nur nebenbei wahrnimmt, die aber genügend Anknüpfungspunkte für eine zweite Staffel liefern. So ist PROPHECY GIRL End- und Wendepunkt in einem, ein kleines Meisterwerk unter all den *season finales*, die jedes Jahr ausgestrahlt werden.

Mit Buffys Tod, der Befreiung des Meisters, der Wiederbelebung der Jägerin und der darauffolgenden Zerstörung des Meisters schließt sich die Klammer um die Staffel, die Joss Whedon mit dem Drehbuch zum Pilotfilm geöffnet hat. Im Prinzip war die erste *season* ein großer, meist indirekt geführter Zweikampf zwischen einem der mächtigsten Vampire und einer ungewöhnlich starken und unkonventionellen Jägerin, der nun ein doppeltes Ende hat. Der vermeintliche Sieg des Meisters – und die damit einhergehende Erfüllung der Prophezeiung – bildet einen entscheidenden Punkt in Buffys Entwicklung. Sie ist für kurze Zeit tot und kommt zurück. Damit hat sie über ihre Ängste, die sie die ganze Staffel verfolgt haben (vergl. besonders NIGHTMARES, BtVS-110), triumphiert. Nun muß sie, wie die erste Folge der zweiten Staffel zeigt, mit der Tatsache zurechtkommen, daß sie den Tod selbst bezwungen hat.

Aber nicht nur Buffy erreicht hier eine neue Stufe in ihrem Leben, auch für die Slayerettes, Willow und Xander, verändert sich einiges. Für Willow, die sich selbst als Außenseiterin sieht und außer Xander nie wirkliche Freunde hatte, war der Kampf mit Buffy zusammen gegen Dämonen, den sie meist vom Computer aus geführt hat, eine Art von Spiel. Erst als sie zusammen mit Cordelia die von Vampiren ermordeten Schüler entdeckt, wird ihr die Bedeutung der Ereignisse in Sunnydale wirklich bewußt. Das Leben über dem ›Hellmouth‹ ist mehr als nur ein Abenteuer für Jugendliche, es ist eine ständige Konfrontation mit dem Tod oder zumindest seiner Möglichkeit. Das muß Willow hier erkennen, und diese Erkenntnis ist wiederum ein entscheidender Schritt im Prozeß ihres Erwachsenwerdens.

Auch Xander wird in dieser Folge erwachsen. Obwohl ihn Buffy abweist und ihm klarmacht, daß sie seine Gefühle nicht erwidert, ist er es, der Angel, seinen Rivalen um die Liebe der Jägerin, hinzuzieht und dann mit dessen Unterstützung Buffy in der Höhle findet und rettet. Xander liebt Buffy weiterhin, aber er stellt diese Gefühle für sie zurück, weil er erkennt, daß die

Freundschaft mit ihr besser ist als gar nichts. Insofern lernt er hier, mit seinen Gefühlen und seiner Sehnsucht zu leben, ohne sich ganz zu ihrer Marionette machen zu lassen. Damit beweist er in dieser Folge eine Reife, die er bisher in keiner anderen Episode hatte.

Außerdem erhalten die Slayerettes hier Zuwachs durch Jenny Calendar und Cordelia, die nicht nur Zeugen des Angriffs der Vampire werden, sondern auch entscheidend an dessen Abwehr beteiligt sind. Die beiden werden in der nächsten Staffel dann zum engen Kreis um Buffy gehören. Mit Cordelias Einsatz für die *Loser* gewinnen auch die Veränderungen, die sich schon in der vorhergehenden Epsiode andeuteten, an Konturen. Aus dem Miststück, dem Inbild des arroganten, unerträglichen Cheerleaders, wird langsam eine komplexere, sehr ambivalent angelegte Figur.

Der Angriff der Vampire ist übrigens im Bereich des Vampirfilms eine eher ungewöhnliche Sequenz. Denn anders als sonst üblich, nähern sich die Blutsauger ihren Opfern äußerst langsam, ungelenk und schwerfällig. So wirken sie mehr wie Zombies und nicht wie die Vampire, die wir sonst auch aus dieser Serie kennen. Sowohl die Szene, in der sich die Blutsauger langsam der Schule und damit Jenny, Willow und Cordelia nähern, als auch die, in der die Vampire versuchen, in die Bibliothek einzudringen, erinnern ganz deutlich an die Angriffe der Zombies in George A. Romeros THE NIGHT OF THE LIVING DEAD (dt.: DIE NACHT DER LEBENDEN TOTEN). Damit unterstreicht Joss Whedon noch einmal den apokalyptischen Aspekt der Ereignisse.

Trotz all der wichtigen und entscheidenden Entwicklungen innerhalb der Episode bleibt ihr emotionaler Kern, der alles andere überschattet und mit der Trauer des Abschieds überzieht, Buffys Wissen um die Ankündigung ihres Todes. Wie wir Menschen und besonders Teenager mit dem Tod, der eigenen Sterblichkeit umgehen und fertig werden – darum geht es in PROPHECY GIRL noch viel mehr als um die drohende Apokalypse und das Spiel mit den Gegebenheiten eines *season finales*. Dabei hat Joss Whedon die Reaktionen Buffys auf die Prophezeiung ganz stark an die Theorien der Ärztin und Autorin Elisabeth Kübler-Ross angelehnt, die sich eingehend mit dem Verhältnis der Menschen zum Tod und zum Prozeß des Sterbens beschäftigt hat. In ihrer Abhandlung »Interviews mit Sterbenden« beschreibt sie fünf Phasen, die die Haltung eines Menschen zum Tod durchläuft, nachdem er erfahren hat, daß er bald sterben wird. Zunächst reagiert der Betroffene meist mit einer Verneinung des Todes und seiner eigenen Sterblichkeit, dann folgt eine Auflehnung gegen das Schicksal, eine Zeit der Wut und Verzweiflung. Dann wird er versuchen, mit dem Schicksal zu verhandeln, indem er noch den letzten Strohhalm ergreift, der ihm Rettung verspricht. Nachdem auch diese Strategie gescheitert ist, fällt er in eine Depression. Erst wenn er die überwunden hat, kann er den Tod als Tatsache des Lebens akzeptieren und sich auf ihn einstellen. Buffy macht nun innerhalb von so kurzer Zeit (nicht einmal 24 Stunden) diese fünf Phasen durch, daß die Unterscheidung zwischen den ersten dreien hier etwas schwerfällt. Ihre direkten Reaktionen auf das mitgehörte Gespräch zwischen Giles und Angel, das Entsetzen, die Weigerung, dem Meister gegenüberzutreten, und die Entscheidung, einfach nicht mehr die Jägerin zu sein, entsprechen in etwa den ersten drei von Elisabeth Kübler-Ross beschriebenen Phasen, wobei sie hier eindeutig ineinander übergehen, eine genaue Trennung zwischen ihnen unmöglich wird. Die Szene, in der Buffy sich das alte Fotoalbum ansieht, ihr Leben Revue passieren läßt und sich dann mit ihrer Mutter über die Party am Abend und eine andere (vor etwa zwanzig Jahren) unterhält, repräsentiert die Phase der Depression, des Versinkens in Trauer, aus der sie hier nun durch die Meldung über das Massaker in der Schule herausgerissen wird. Nun akzeptiert sie den Tod und ist bereit, ihm entgegenzutreten. So wird der Abstieg in die Höhle des Meisters zu einem der Mythologie der Serie entspringenden Symbol für eine Konfrontation, die jedem von uns einmal bevorsteht.

DIE ZWEITE STAFFEL

BtVS-201
IM BANNE DES BÖSEN
Originaltitel: WHEN SHE WAS BAD

Erstausstrahlung USA: 15. September 1997
Erstausstrahlung Deutschland: 19. Dezember 1998

Regie und Drehbuch: Joss Whedon. Gaststars: Kristine Suther-
land (Joyce Summers), Robia La Morte (Ms. Calendar), Andrew J.
Ferchland (der Gesalbte), Dean Butler (Hank Summers), Brent
Jennings (Absalom), Armin Shimerman (Rektor Snyder), Tamara
Braun (Tara)

Songs: »It Doesn't Matter« von Alison Krauss und Union Station
(So Long So Wrong), »Spoon« von Cibo Matto (Super Relax),
»Sugar Water« von Cibo Matto (Viva! La Woman)

Inhalt:
Der Sommer und die Ferien waren für Willow und Xander
äußerst langweilig. Davon, daß sie über einem ›Hellmouth‹
leben, war seit dem Tod des Meisters nicht mehr viel zu spüren.
Das ändert sich erst, als sie an einem der letzten Ferienabende
auf ihrem Heimweg von einem Vampir attackiert werden. Plötzlich taucht auch Buffy auf, von der die beiden dachten, sie sei
noch bei ihrem Vater in Los Angeles, und beseitigt den Blutsauger mit einer selbst für sie ungewohnten Lässigkeit.
Auch sonst benimmt sie sich jetzt, nach ihrer Heimkehr, alles
andere als gewohnt. Schon am ersten Schultag macht sie alles,
um ihre alten Freunde von sich wegzustoßen. Giles gegenüber
tritt sie ungewöhnlich arrogant und herablassend auf. Willow
und Xander behandelt sie kalt und überhaupt nicht wie die

Vertrauten, die sie in ihrem ersten Jahr in Sunnydale waren. Die Bemerkungen, die sie Cordelia gegenüber macht, sind selbst, wenn man deren typisches Verhalten berücksichtigt, mehr als unfair und gemein. Auch Angel, der sie warnen will, weil der Gesalbte eine neue Schar von Vampiren um sich versammelt hat und zusammen mit ihnen etwas plant, stößt sie vor den Kopf. Zur gleichen Zeit quält die Jägerin ein seltsamer, quasi prophetischer Traum. Bei hellem Tageslicht trifft sie sich in der Schule mit Willow und Xander. Giles kommt hinzu und stürzt sich plötzlich mit den Worten »Ich habe dich schon einmal getötet« auf Buffy, während Willow und Xander nur unbeteiligt zusehen. Während des Kampfes entpuppen sich Giles' Züge als Maske, hinter der sich der Meister verbirgt.

Seinen Höhepunkt erreicht Buffys unerträgliches Benehmen an einem Abend im Bronze. Um Angel eifersüchtig zu machen, fordert sie Xander zum Tanz auf und zieht dann auf der Tanzfläche eine verführerische Show ab, die neben Angel auch Willow mitten ins Herz trifft. Nur Xander bekommt nicht richtig mit, was da mit einemmal läuft, und glaubt tatsächlich, daß Buffy plötzlich etwas für ihn empfindet. Als sie den Club verläßt, spricht Cordelia sie an und sagt ihr, daß – sollte sie so weitermachen – sie bald niemanden mehr haben wird. Buffy reagiert auf diese gutgemeinte Warnung mit ausgesuchter Grausamkeit und läßt Cordelia einfach in der dunklen Gasse stehen. Ohne sich umzudrehen, verschwindet sie in Richtung Friedhof und bekommt so nicht mit, daß ihre Mitschülerin von Vampiren überwältigt und entführt wird, die sie in ein Versteck bringen, in dem auch schon Jenny Calendar gefangengehalten wird. Auf dem Friedhof entdeckt Buffy, daß das Skelett des Meisters, das von Giles im Rahmen eines aufwendigen Rituals in geweihter Erde bestattet worden ist, ausgegraben wurde.

Am nächsten Tag versuchen Giles, Willow, Xander und Buffy, Licht in die Vorgänge, die Vampir-Aktivitäten der letzten Zeit, zu bringen. Der Wächter entdeckt in einem seiner Bücher einen Text, in dem ein Ritual beschrieben wird, mit dem man den Meister wieder zum Leben erwecken kann. Dafür benötigen die Vampire dessen Knochen und das Blut des Menschen, der ihm am nächsten stand. So kommen sie zu dem Schluß, daß die Blutsauger Buffy in ihre Gewalt bekommen wollen, der sich zu bestätigen scheint, als sie eine Nachricht von ihnen erhalten. Die Jägerin soll sofort in das noch geschlossene Bronze kommen, sonst würde Cordelia sterben.

In ihrer Überheblichkeit lehnt Buffy jegliche Hilfe von Giles und den beiden Slayerettes ab und bricht allein zu dem Club auf. Auf dem Weg dorthin trifft sie Angel, dessen Angebot, sie zu begleiten, sie ebenfalls ausschlägt. Im Bronze findet sie einen weiblichen Vampir, den sie sehr schnell überwältigt, während Angel, der ihr doch gefolgt ist, überlegt, worin der Sinn dieses Manövers der Vampire bestehen könnte. In der Zwischenzeit ist Giles auf einen Übersetzungsfehler in dem Text gestoßen und erkennt, daß mit den Menschen, die dem Meister am nächsten standen, die gemeint sind, die während seines Todes ihm räumlich am nächsten waren – in diesem Fall also Jenny Calendar, Cordelia, Willow und er selbst. In diesem Moment erscheinen mehrere Vampire in der Bibliothek.

Als Buffy zurückkommt, findet sie nur den zusammengeschlagen Xander vor, der nicht entführt wurde, weil man ihn für das Ritual nicht benötigt. Nachdem Xander ihr erst einmal klarmachen konnte, was sie in den letzten Tagen angerichtet hat, brechen sie zusammen zum Bronze auf, um von dem gefangenen Vampir Informationen zu erhalten. Buffy foltert sie und erfährt so, wo der Meister wieder zum Leben erweckt werden soll. Buffy, Angel und Xander kommen gerade noch rechtzeitig. Sie retten die vier, und Buffy tötet den größten Teil der versammelten Vampire, nur der Gesalbte kann ihr entkommen. Danach zerschlägt sie die Knochen des Meisters mit einem Vorschlaghammer. Erst jetzt hat sie sich wirklich aus dessen Griff befreit und fängt an zu weinen, während Angel sie hält.

Am nächsten Morgen entschuldigt sie sich in der Schule bei Giles für ihr Verhalten seit ihrer Rückkehr. Sie kann es sich selbst nicht wirklich verzeihen, daß sie ihre Freunde so behandelt und damit sogar in Lebensgefahr gebracht hat. Deshalb hat sie auch etwas Angst davor, Willow und Xander in der Klasse zu begegnen. Aber als sie sich an ihren Platz setzt, merkt sie, daß die beiden ihr längst verziehen haben.

Kommentar:

Selten glückt ein Übergang von einer Staffel zur nächsten so spielend wie mit den beiden Folgen PROPHECY GIRL und WHEN SHE WAS BAD. Wie schon bei dem *season finale* hat Joss Whedon auch bei der ersten Episode des zweiten BUFFY-Jahres das Drehbuch geschrieben und selbst Regie geführt. Er wahrt die Kontinuität gerade dadurch, daß er die Sommerpause in das Skript mit einbezieht und Figuren aufeinandertreffen läßt, die sich in diesem Sommer verändert haben. Dabei geht er nicht einfach über die Ereignisse in der vorherigen Folge, die schließlich nicht mit einem *cliffhanger* endete, hinweg. Vielmehr geht nun die Saat, die er damals beinahe unbemerkt gesät hatte, auf. So wirkt BUFFY hier zugleich vertraut und neu.

Ein Gleichgewicht zwischen Kontinuität und Veränderung entsteht, das auch Joss Whedons Inszenierung auszeichnet. So schließt die grandiose Alptraumsequenz nahtlos an NIGHTMARES an, und auch der Einsatz der Musik wirkt hier quasi schon traditionell in seiner Mischung von ›live‹ gespielten, uns aus dem *off* über die Bilder gelegten Songs. Aber genauso gibt es Momente, die gerade von ihrer Inszenierung her überraschend und in dieser Serie völlig neu wirken. Der finale Kampf zwischen Buffy und den für das Ritual versammelten Vampiren beginnt mit einer virtuosen und dabei ungeheuer doppeldeutigen Einstellung, wie man sie bisher aus BUFFY nicht kannte. Wir sehen die versammelten Vampire, als plötzlich einer von ihnen, weil er von der Jägerin von hinten gepfählt wurde, zerfällt und so die Sicht auf Buffy freimacht, die vorher ganz von ihm verdeckt wurde. Dies ist zum einen gerade in einer Fernsehserie ein Moment enormer filmischer Virtuosität. Zum anderen besitzt diese eine Einstellung, in der Buffy den Platz eines Vampirs einnimmt, eine verstörende symbolische Kraft wie bisher noch keine andere in dieser Serie.

In der ersten Staffel bedeutete Inszenierung meist atmosphärische Ausgestaltung, die Bilder verliehen den Drehbüchern emotionale Tiefe, gingen aber nicht über sie hinaus. Im Gegensatz dazu sagt diese eine Einstellung mehr über die Veränderungen, die Buffy durchgemacht hat, als jede andere über ihre Dialoge funktionierende Szene dieser Episode. Der Vampir löst sich auf, und die Jägerin steht nun an seiner Stelle zwischen den Geschöpfen der Nacht. Nie war uns die Nähe zwischen den Vampiren und der, die sie jagt, so bewußt wie in diesem Bild. Wie die Blutsauger ist auch Buffy, die ihre Unschuld als Jägerin verloren hat, ein Killer, jemand, dessen Leben das Töten ist. Und auch wenn Buffy am Ende der Episode wieder zu sich gefunden hat, ihr Verhalten gegenüber ihren Freunden bereut, dieses Bild und eine Szene, die ihm fast genau vorausgeht, werden in unserer Erinnerung bleiben. In ihr hat Buffy Tara, einen von ihr gefangenen weiblichen Vampir, gefoltert, und es hat ihr sichtlich Spaß gemacht. Von nun an werden wir die Jägerin mit etwas anderen Augen betrachten, denn nun wissen wir, daß sie durchaus auch eine sadistische Seite hat, für die der Kampf gegen die Kräfte des Bösen nicht nur eine Pflicht ist.

Mußte Buffy in PROPHECY GIRL mit der Erkenntnis ihrer Sterblichkeit zurechtkommen, um dann ihr Schicksal und die Möglichkeit ihres Todes zu akzeptieren, muß sie in WHEN SHE WAS BAD mit den Auswirkungen ihres Sieges über den Tod fertigwerden. Joss Whedon gibt in seinem Drehbuch keine direkten Erklärungen für Buffys unmögliches Verhalten gegenüber allen, die ihr eigentlich etwas bedeuten. Dies ist von einem Kritiker der amerikanischen Zeitschrift *Cinefantastique* auch negativ angemerkt worden. Allerdings verfehlt diese Kritik den Kern der Episode. Denn Whedon bietet uns zumindest zwei Erklärungen indirekt an, wobei die eine eher auf der Ebene der Mythologie der Serie funktioniert und die andere eher einen psychologischen Hintergrund hat.

Buffys Alptraum und die erlösende und befreiende Wirkung, die die Zerstörung des Skeletts des Meisters für sie haben, legen nahe, daß die Jägerin in PROPHECY GIRL zwar den Meister, aber dadurch noch nicht den Einfluß abgeschüttelt hat, den er über sie besaß. Sie stand den ganzen Sommer über noch in seinem Bann. In dieser Hinsicht ist es auch nicht unbedeutend, daß sie nicht dabei war, als Giles dessen Überreste beerdigt hat. Nicht der Sieg über ihn, erst die beinahe vollkommene Zerstörung des übermächtigen Gegners bedeutet eine Befreiung von ihm.

Auf der anderen, rein psychologischen Ebene erklärt sich Buffys Verhalten aus ihrer Todeserfahrung. Sie war für eine kurze Zeit tot und ist dann zurückgekommen. Mit solch einem Erlebnis kommt oft die Idee, daß man nun unsterblich ist, daß einem nichts mehr etwas anhaben kann. Die Überzeugung von der eigenen Unsterblichkeit bringt auch eine andere Sicht auf die ›normalen‹, sterblichen Menschen mit, die man nicht mehr als seinesgleichen betrachtet. Dies Gefühl des Losgelöstseins, das mit einer gewissen Überheblichkeit einhergeht, kann dabei auch ein Verhalten wie das von Buffy auslösen. Und zumindest in einer Szene deutet Joss Whedon an, daß darin tatsächlich die Ursache für ihre Gemeinheit liegt. Als sie losgeht, um Cordelia zu befreien, lehnt sie die Hilfe der anderen ab, weil sie dem Kampf mit Vampiren nicht gewachsen, also anders als sie selbst sterblich seien. Erst die folgenden Ereignisse, die Buffy wirklich fast das Leben ihrer Freunde kosten, lassen sie über den Wahn der Unsterblichkeit hinwegkommen. Nun weiß sie, daß sie immer noch – und vielleicht sogar mehr noch als früher – verletzlich ist.

BtVS-202

OPERATION CORDELIA

Originaltitel: SOME ASSEMBLY REQUIRED

Erstausstrahlung USA: 22. September 1997
Ab dieser Episode lagen bei Redaktionsschluß noch keine deutschen Ausstrahlungsdaten vor.

Regie: Bruce Seth Green. Drehbuch: Ty King. Gaststars: Robia LaMorte (Jenny Calendar), Angelo Spizzirri (Chris Epps), Michael Bacall (Eric), Ingo Neuhaus (Dary Epps), Melanie McQueen (Misses Epps), Amanda Wilmhurst (Cheerleaderin).

Inhalt:

Im Anschluß an einen erfolgreichen Kampf gegen einen Vampir auf dem Friedhof von Sunnydale hat Buffy einen bizarren Unfall. Vertieft in ein Gespräch mit Angel, in dem sie diesem erklären will, warum es für die beiden keine gemeinsame Zukunft geben kann, stürzt sie in ein offenes Grab – direkt in einen leeren Sarg! Sie bleibt unverletzt, die Frage aber, die sie sich stellt, ist einfach: Wo ist die Leiche?

Eine Computerrecherche von Willow ergibt, daß die verschwundene Tote Meredith hieß, achtzehn Jahre alt war und vor einigen Tagen bei einem Autounfall zusammen mit zwei Freundinnen ums Leben kam. Um festzustellen, was mit den anderen Mädchen geschehen ist, schleichen sich Giles, Buffy, Xander und Willow in der folgenden Nacht auf den Friedhof, um die Gräber der Mädchen zu öffnen. Während Giles und Xander graben, unterhält sich Buffy mit Willow über Cordelia, mit der sie kurz zuvor wieder einmal einen Zusammenstoß gehabt hat. Buffy ärgert sich über Cordelias Arroganz und fragt Willow, ob sie schon einmal eine andere Seite an ihr erlebt habe? Allerdings, erzählt ihr Willow. Der Grund dafür hieß Daryl und war der große Star des High-School-Football-Teams. Cordelia war in ihn verliebt, Daryl aber hatte kaum Zeit für sie. Vor etwa zwei Jahren hatte er einen Unfall und starb. Dies hat Cordelia schwer getroffen, und für einige Zeit war sie ein anderer Mensch.

Kaum haben sie ihr Gespräch beendet, stoßen Xander und Giles auf den Sarg. Er ist leer.

Währenddessen fühlt Cordelia sich verfolgt. Sie kommt vom Cheerleader-Training. Allein auf dem dunklen Parkplatz, hört sie plötzlich Schritte. In Panik rennt sie davon und versteckt sich in einem Müllcontainer, um feststellen zu müssen, daß es Angel ist, der sie verfolgt hat. Er wolle mit ihr sprechen, sagt er und hilft ihr aus dem Container. Dabei tritt Cordelia auf einen Sack, aus dem eine abgeschnittene Mädchenhand fällt.

Buffy ist erstaunt, Angel und Cordelia Arm in Arm in der Bibliothek zu sehen, vor allem, da sie nicht weiß, wie sie Angel entgegentreten soll. Sie empfindet noch immer etwas für ihn, gleichzeitig aber glaubt sie, es kann für sie keine Zukunft geben. Ihn nun mit Cordelia zu sehen, schmerzt sie selbst in dem Moment, in dem sie erfährt, warum sich Cordelia an Angel klammert. Eine Hand? fragt Giles. Und versteht. Jemand spielt Frankenstein. Da die Hand in einem Container hinter der Schule lag, könnte es sich bei dem Leichendieb um einen Schüler handeln. Mit Hilfe der Zahlencodes aller Schüler-Spinde, die Willow aus dem Computer holt, öffnen sie Schrank für Schrank, bis sie gleich doppelt fündig werden. Im Schrank des Schülers Eric finden sie ein Playmateposter, das in seinen Einzelheiten jedoch aus den Bildern verschiedener Mädchen zusammengesetzt ist, im Spind von Chris Epps, dem Bruder jenes verunglückten Daryl, entdecken sie einige Bücher zum Thema plastische Chirurgie.

Zu diesem Zeitpunkt ahnen sie noch nicht, daß Chris und Eric keineswegs versuchen, das perfekte Mädchen für ihre kranken sexuellen Gelüste zu erschaffen. Chris ist vielmehr ein Genie, dem es gelungen ist, seinen toten Bruder Daryl ins Leben zurückzuholen. So versuchen Eric und Chris nichts anderes, als für Daryl eine Gefährtin zu erschaffen. Nun aber stehen sie vor einem Problem: Der bereits fertiggestellte Körper verfällt, wenn sie keinen geeigneten Kopf finden. Daryl will Cordelias Kopf, Chris aber weigert sich, für sein Geschöpf einen Menschen zu töten. Dennoch kann er nicht verhindern, daß Daryl und Eric Cordelia entführen. In seiner Verzweiflung erzählt er Buffy, die ihm zu verstehen gibt, zu wissen, was er getan hat, von Daryls

Mordplan. Gemeinsam dringen sie in das Schullaboratorium ein, in dem die Transplantation stattfinden soll. Warum Daryl sich nicht mit der lebendigen Cordelia zufriedengeben kann, ist schnell erklärt: Er sucht eine Partnerin, die wie er ein Monster ist. Er sucht eine Partnerin, mit der er sich verstecken kann. Das Auftauchen von Buffy vereitelt seinen Traum. Zwischen den beiden entbrennt ein Kampf, in dessen Verlauf das Labor Feuer fängt. Cordelia, an eine Bahre gefesselt, liegt inmitten der Feuersbrunst. Xander, der Buffy ins Labor gefolgt ist, stürzt sich in die Flammen und rollt die Bahre aus der Feuerhölle hinaus, wobei er sein eigenes Leben riskiert.

Daryl erkennt indes, daß sein Traum von einer Partnerin niemals in Erfüllung gehen wird. Verzweifelt stürzt er sich auf den Korpus jener Frau, die Cordelias Kopf erhalten sollte, um sie mit seinem Körper vor dem Feuer zu beschützen. Die Flammen aber verschlingen ihn.

Postskriptum: In einem Nebenplot kommen sich Giles und Miss Calendar näher, indem sie miteinander ausgehen. Für die in dieser Einzelepisode erzählte Geschichte ist dieser Plot unwichtig, im Rahmen des episodenübergreifenden Handlungsfadens aber darf sie nicht unterschlagen werden.

Kommentar:

Die Geschichte des Doktor Frankenstein, auf die sich SOME ASSEMBLY REQUIRED bezieht, ist nicht nur die Geschichte eines Mannes und eines Monsters (wobei die Frage erlaubt sein muß, wer der Mann und wer das Monster ist). Mary Shelleys »Frankenstein oder Der moderne Prometheus« ist auch eine Geschichte über enttäuschte Liebe. Die Geschichte Frankensteins wird in der Regel auf den Konflikt des Wissenschaftlers und seiner Kreatur beschränkt, die Geschichte seiner geliebten Elisabeth aber tritt dabei immer wieder in den Hintergrund. Elisabeth ist die große Liebe Viktor Frankenstein. Als Frankenstein den Schlüssel zur Erschaffung neuen Lebens entdeckt, wendet er sich von Elisabeth ab, um sein Werk, das Erschaffen eines neuen Menschen, durchführen zu können. Nach dem Schöpfungsakt wendet er sich Elisabeth wieder zu und glaubt mit ihr die Unendlichkeit teilen zu können, hat er doch nach eigenem Dafürhalten den Tod besiegt.

Das Monster aber, das sich einsam fühlt und aufgrund seiner abstoßenden Äußerlichkeit von niemandem Liebe geschenkt bekommt, tötet Elisabeth schließlich, um sich einerseits an Frankenstein dafür, daß er ihn erschaffen hat, zu rächen. Andererseits aber zwingt er Viktor Frankenstein, auch Elisabeth neu zu erschaffen. Dieses Wesen mag vielleicht wie Elisabeth aussehen, ist jedoch ein Monster, wie Frankensteins namenlose Kreatur. In seiner Verzweiflung über Elisabeths Tod erschafft Frankenstein aus Teilen ihres Körpers tatsächlich ein neues Wesen, das nun, da es wieder zum Leben erwacht, spürt, daß seine Existenz wider die Regeln des Lebens ist. In ihrer Verzweiflung begeht Elisabeth Selbstmord und zerstört ihren Körper derart, daß eine erneute Wiederbelebung unmöglich ist. Alles, was dem Monster und Frankenstein emotional bleibt, ist ein purer gegenseitiger Haß, der beide am Leben erhält – und gemeinsam in den Tod treibt.

Unter dem Aspekt Liebe und Verlust dieser Liebe betrachtet, ist SOME ASSEMBLY REQUIRED eine der liebevollsten Frankenstein-Interpretationen, widmet sich die Geschichte doch fast ausschließlich dem Thema der Liebe. Da ist die Liebe Chris Epps' zu seinem Bruder, den er im Glauben, ihm etwas Gutes zu tun, ins Leben zurückholt. Dieser aber ist mit seinem sogenannten Leben wenig glücklich. Jung gestorben, hat er niemals die Liebe eines Mädchens erfahren. Als Monster wiedergeboren, wird er von niemandem Liebe erhoffen dürfen. In dem Moment, in dem Chris diesen Fehler entdeckt, hofft er durch das Erschaffen eines zweiten, weiblichen Lebewesens, Daryl aus seiner Einsamkeit zu befreien. Dies aber ist ein Trugschluß; bevor er sich dessen jedoch bewußt wird, hat er jede moralische und ethische Grenze überschritten. Die Katastrophe läßt sich nicht mehr verhindern. Endet die Geschichte der Bruderliebe tragisch, stellt der Showdown in der Beziehung zwischen Angel und Buffy einen Wendepunkt dar. Im Kampf gegen Daryl wird Buffy bewußt, daß es in ihrem Leben Liebe geben wird. Daryl ist verzweifelt. Er wurde aus dem Leben gerissen, bevor er eine Frau lieben durfte. Buffys Liebe zu einem Mann aber steht nur eine Person im Wege: Buffy selbst. Sie liebt Angel, dennoch stößt sie ihn fort. Da er ein Vampir ist, darf sie ihn als Vampirkillerin nicht lieben. Doch wer sagt das? Ist dies nicht nur eine Ausrede für sie, ihre wahren Gefühle gegenüber Angel zu unterdrücken? Die Verzweiflungstat Daryls öffnet ihr die Augen.

Der Showdown hat auch für Xander emotional Auswirkungen, von denen er zu diesem Zeitpunkt noch nichts ahnen kann. Auf der Bahre liegend wird Cordelia bewußt, daß Daryl in seiner Verzweiflung ein Frauenbild kreiert hat, das äußerlich seinen Vorstellungen von Perfektion entsprechen mag, das jedoch ausschließlich von Äußerlichkeiten geprägt ist. Während des Feuers ist es nun ausgerechnet Xander, der ohne zu zögern ihr Leben rettet. Obwohl ihr Verhältnis vor allem durch die Mißachtung des jeweils anderen gekennzeichnet ist, ist es für Xander eine Selbstverständlichkeit, Cordelia zu Hilfe zu kommen. Ob Cordelia genauso gehandelt hätte? Wohl kaum, denn auch ihr Leben ist von Äußerlichkeiten geprägt. Doch wie sieht es in ihrer Seele aus? Leer! Dies wird Cordelia im Moment der Rettung schmerzhaft bewußt. Und dies soll ihr Verhältnis zu Xander verändern.

Daß die Episode so wunderbar funktioniert, ist vor allem dem Schauspieler Ingo Neuhaus zu verdanken, der die Rolle des Monsters spielt. Sein Monster ist kein blutrünstiges Ungeheuer, sondern ein verzweifeltes Wesen, das sich der Ausweglosigkeit seiner Situation bewußt ist und verzweifelt einen Weg sucht, dieser Aussichtslosigkeit zu entkommen – wohl wissend, daß dies unmöglich ist. Auch was seine Figur betrifft, muß man dem Autor Ty King und Regisseur Bruce Seth Green das große Kompliment machen, daß sie die Geschichte von Doktor Frankenstein und seinem Monster in seiner gesamten Komplexität verstanden haben. In der Figur des Daryl werden vor allem Parallelen zu der Figur des Monsters aus James Whales großer Verfilmung des Buches FRANKENSTEIN aus dem Jahre 1931 sichtbar, denn »die große Qualität, die Whale in Frankenstein einbrachte, war Würde. Eine Würde der Behandlung; Respekt nicht nur für normale Menschen, nicht nur für das Ungeheuer, sondern auch für die ganze Bedeutung seines Wesens«, wie die Autoren Georg Seeßlen und Bernt Kling in ihrem Buch »Unterhaltung – Lexikon zur populären Kultur – Western, Science Fiction, Horror, Crime, Abenteuer« bemerken. Vor allem die Darstellung des Monsters durch den englischen Schauspieler Boris Karloff wissen sie zu würdigen. »Karloffs Darstellung des Ungeheuers weckte sowohl Furcht wie auch Mitgefühl, und seine Verkörperung wurde zum Modell für alle folgenden.« Wer Ingo Neuhaus in der Rolle des Monsters sieht, wird diesem Zitat nur zustimmen können.

ELTERNABEND MIT HINDERNISSEN

Originaltitel: SCHOOL HARD

Erstausstrahlung USA: 29. September 1997

Regie: John Kretchmer. Drehbuch: David Greenwalt nach einer Story von Joss Whedon & David Greenwalt. Gaststars: Kristine Sutherland (Joyce Summers), Robia La Morte (Jenny Calendar), Andrew J. Ferchland (der Gesalbte), James Marsters (Spike), Alexandra Johnes (Sheila), Brian Reddy (Sheriff), Juliet Landau (Drusilla), Armin Shimerman (Rektor Snyder), Keith Mackechnie (Vater), Alan Abelew (Brian Kirch), Joanie Pleasant (hilfloses Mädchen)

Songs: »1000 Nights« und »Stupid Things« von Nickel

Inhalt:

Buffy ist in Schwierigkeiten. Rektor Snyder stellt ihr und Sheila, einer anderen Schülerin, die seit Jahren als notorische Unruhestifterin bekannt ist, ein Ultimatum. Sie müssen den in drei Tagen stattfindenden Elternsprechtag organisieren, den Aufenthaltsraum dafür herrichten und an dem Abend für das Wohl der Eltern sorgen, oder sie fliegen von der Schule. Als wäre das noch nicht schlimm genug, muß auch noch ein neuer, besonders gefährlicher und brutaler Vampir in Sunnydale auftauchen – Spike, ein zweihundert Jahre alter Untoter, der in den Annalen der Vampire auch als William the Bloody (William der Blutige) bekannt ist.

Unter den Anhängern des Gesalbten herrschen Machtkämpfe, jeder von ihnen will der neue Meister werden. Sie alle hoffen, das Schicksal in der bald kommenden Nacht des St. Vigeous, dem höchsten Festtag der Vampire, an dem ihre Kraft am größten ist, für sich entscheiden zu können, indem sie die Jägerin töten. In diesen Streit um die Macht gerät der gerade aus Europa angekommene Spike hinein, der hofft, daß hier, durch die Kräfte des ›Hellmouth‹, seine schwache und scheinbar geisteskranke Gefährtin Drusilla wieder gesund wird. Er verspricht dem Gesalbten, daß er die Jägerin wie zuvor schon zwei andere töten wird.

Inzwischen hat auch Giles von der Nacht des St. Vigeous erfahren und befürchtet nun für Sunnydale einen Großangriff der Vampire. Er versucht, Buffy davon zu überzeugen, daß sie sich besonders gut auf die zu erwartenden Schwierigkeiten vorbereiten muß. Doch die Jägerin ist voll und ganz damit beschäftigt, alles für den Elternsprechtag vorzubereiten, eine Aufgabe, die ihre ganze Zeit in Anspruch nimmt, weil Sheila so gut wie nie in der Schule auftaucht und sie nun bemüht ist, ihre Mitschülerin zu decken. Außerdem will Buffy vor dem Elternsprechtag noch einen guten Eindruck bei ihren Lehrern machen, damit die ihrer Mutter nur das Beste über sie sagen.

Als Buffy trotz aller ihrer Verpflichtungen einen Abend mit Willow und Xander ins Bronze geht, begegnet sie zum ersten Mal Spike. Der hochintelligente, unkonventionelle Vampir benutzt einen der Anhänger des Gesalbten, um einen ersten Einblick in die Kampfkünste der Jägerin zu bekommen. Er inszeniert vor dem Bronze einen Zwischenfall, bei dem Buffy den Vampir erledigt, während er selbst aus einiger Distanz die Szene beobachtet. Nachdem die Jägerin ihre Arbeit erledigt hat, tritt er aus den Schatten hervor und kündigt an, daß sie sich in der Nacht des St. Vigeous wiedersehen werden. Noch am gleichen Abend entführt Spike die aus einer Biker-Bar kommende

Sheila. Er nimmt sie mit in sein Versteck, damit die kranke Drusilla von ihrem Blut trinkt.

Am Abend des Elternsprechtags versucht Buffy alles, um zu verhindern, daß ihre Mutter und Rektor Snyder einander über den Weg laufen. Doch ihr Bemühen scheitert, und Snyder bittet die besorgte Joyce Summers in sein Büro. Nach dem Gespräch ist sie ziemlich wütend auf ihre Tochter und will gerade mit ihr zum Auto gehen, als plötzlich eine Gruppe von Vampiren unter der Leitung von Spike in die Schule eindringt. Sofort bricht Chaos aus. Eltern und Lehrer flüchten kopflos vor den Vampiren, die sie für unter Drogen stehende Jugendliche halten. Nur Buffy und ihre Helfer bewahren einen einigermaßen klaren Kopf. So gelingt es der Jägerin, ihre Mutter, Rektor Snyder und einige andere Erwachsene erst einmal in einem der Naturwissen-schaftsräume in Sicherheit zu bringen, bevor sie loszieht, um die Angreifer einen nach dem anderen zu töten. Gleichzeitig ist Xander aufgebrochen, um Angel zu Hilfe zu holen, der Buffy, Giles und die Slayerettes schon einen Tag zuvor vor Spike gewarnt hatte.

Als Angel in der Schule ankommt, tut er so, als ob er Xander gefangen hätte, und bietet Spike an, daß sie dessen Blut zur Feier ihres Wiedersehens gemeinsam trinken sollten. Doch William the Bloody traut Angel, den er seinen ›Sire‹ nennt, nicht. Er stößt ihn und Xander verärgert zurück und begibt sich auf die Suche nach Buffy, die in der Zwischenzeit einige der Vampire, unter anderem auch die kurz zuvor verwandelte Sheila, vernichtet und so für ihre Mutter und die anderen Erwachsenen einen Weg aus der Schule hinaus geschaffen hat. Das Zusammentreffen zwi-schen Spike und der Jägerin wird zu einem erbitterten Kampf, bei dem der Vampir die Oberhand zu behalten scheint. Doch dann greift Joyce Summers ein und schlägt Spike mit einer Axt auf den Kopf. Benommen und außer sich vor Wut zieht sich der Vampir mit seinen noch lebenden Gefährten zurück.

Von dem mutigen und überlegten Handeln ihrer Tochter begeistert, entscheidet sich Buffys Mutter dafür, nichts auf das Gerede Snyders zu geben. Sie ist stolz auf Buffy und verspricht ihr, sie in der nächsten Zeit auch nicht mehr so wie bisher zu bedrängen. Vor der Schule bespricht Rektor Snyder die Ereignisse des Abends mit dem gerade eingetroffenen Sheriff. Sie wissen beide, was wirklich in dieser Nacht passiert ist, vertuschen es aber. Und so wird am nächsten Tag wie immer bei solchen Vorfällen in den Zeitungen stehen, daß eine Bande auf PCP (oder einer sonstigen Droge) über die Schule hergefallen ist und zwei Menschen getötet hat.

Als Spike und Drusilla in dem Lagerhaus ankommen, in dem sich der Gesalbte und seine Anhänger niedergelassen haben, werden sie von dem Vampirjungen äußerst zornig empfangen. Spike, der Collin von Anfang an verabscheut hat, zögert nicht lange. Er sperrt den Gesalbten in einen Käfig, den er mit einem Flaschenzug in die Höhe zieht, wo der Junge durch das einfallende Sonnenlicht getötet wird.

Kommentar:

Mit SCHOOL HARD, der dritten Episode der zweiten Staffel, beginnt der große die Folgen dieses Jahres zusammenhaltende *story arc*, der Bogen, der die einzelnen Ereignisse zum Teil miteinander verbindet und zum Teil auch nur einrahmt. Mit Spike und Drusilla sind zwei neue Vampire, das erste richtige Liebespaar unter den Untoten der Serie, in der Stadt angekommen, die der Mythologie von BUFFY THE VAMPIRE SLAYER eine neue Richtung geben.

Der Meister und auch der Gesalbte mit seinen Anhängern waren

CINEFANTASTIQUE®

March

$5.99
CAN $8.50
UK £4.20

Scream queen
Sarah Michelle
Gellar on her
horror stardom.

Buffy,
Vampire
Slayer

MICHAEL CRICHTON'S "SPHERE"

H.R. GIGER'S "SPECIES 2"

REINVENTING "LOST IN SPACE"

STAR TREK: DEEP SPACE NINE
"FAR BEYOND THE STARS"

me 29 Number 11

03>

332058 7

Hier irrt die Cinefantastique – nicht der Meister, sondern
der neue Schuldirektor stellt die wohl größte Bedrohung
für Buffy (beziehungsweise ihre Nerven) dar.

Teil einer größeren Gemeinschaft der Vampire – einer Gemeinschaft, die wie eine Sekte oder ein Geheimbund von bestimmten Ideen und Überlieferungen zusammengehalten wird. Sie repräsentierten so etwas wie eine traditionelle, über die Jahrhunderte gewachsene Kultur. Sie waren die Bruderschaft des Aurelius, ein alter Clan, der auch nach den alten Vorgehensweisen operierte. Deshalb spielten bei den Aktionen des Meister alte Rituale eine so große Rolle, waren die Basis seiner Strategien. Durch sie wollte er seine Ziele erreichen, die zurückreichten bis in die Anfänge der Menschheit, als ›die Alten‹ aus unserer Welt verschwunden waren.

Mit Spike und Drusilla kommen die Vampire aus BUFFY nun in den letzten Jahren des ausgehenden 20. Jahrhunderts an. Spike ist dabei in Artikeln und Büchern über die Serie mit verschiedensten Strömungen und Gestalten der Popkultur verglichen worden. So hat man David Bowie und Sid Vicious als Vorbilder angeführt und dabei ganz den Billy Idol der achtziger Jahre vergessen, an dessen Frisur und Auftreten man relativ schnell denken muß, wenn man Spike sieht. Aber im Prinzip spielen die Vorbilder für ihn keine große Rolle. Der entscheidende Unterschied zwischen ihm und dem Meister als dauerhaftem Gegner Buffys ist, daß er eine andere Seite der Pop-Ikone Vampir verkörpert. Die Wurzeln der Figur des Meisters waren in Murnaus Nosferatu und Stephen Kings Vampirfürsten zu suchen. Wie sie verkörperte er das Böse als etwas Häßliches, Abschreckendes. Mit Spike, der wahrscheinlich sogar noch böser und brutaler ist als er, bekommt das Böse nun seinen Reiz, wird verführerisch – nicht weil er wie Angel eigentlich gut sein möchte oder wie die Vampire der Romane von Anne Rice eine gequälte, zerrissene Seele hat, sondern weil er das Böse als ewige Party zelebriert.

Nachdem er den Gesalbten vernichtet hat, verkündet Spike den anderen Vampiren: »Von nun an haben wir weniger Rituelles und dafür ein bißchen mehr Spaß.« Spaß – das ist sein Programm. Wenn man schon unsterblich ist und kein Gewissen hat, warum soll man sich dann von irgendwelchen Regeln einengen lassen. Mit diesen Überzeugungen ähnelt er den Punk- und Goth-Vampiren aus Poppy Z. Brites Debütroman »Lost Souls‹ (dt.: »Verlorene Seelen«) und den durch den amerikanischen Westen ziehenden Untoten aus Kathryn Bigelows NEAR DARK (dt.: NEAR DARK – DIE NACHT HAT IHREN PREIS). Hinter seinen Aktionen stehen keine höheren Ziele mehr, er ist die Inkarnation des Bösen, nicht als Diener alter Götter oder Dämonen, er ist das Böse, das sich selbst völlig genügt. Die einzige, die ihm etwas bedeutet und für die er alles macht, ist Drusilla, die enigmatischste all der Vampire, denen wir in der Serie bisher begegnet sind. So wie Joss Whedon und David Greenwalt sie hier in SCHOOL HARD einführen, ist sie erst einmal nur ein Rätsel, ein scheinbar wahnsinniges, dabei aber um so faszinierenderes Geschöpf. Der Wahn, der aus ihren Worten und Handlungen spricht, trennt sie von all den anderen Vampiren. Zumindest in dieser Folge scheint sie anders als die übrigen Untoten keine Personifizierung des Bösen zu sein. Ihr Irrsinn ist – vergleichbar mit Angels Seele – etwas, das ihr Züge des Menschlichen verleiht.

Aber nicht nur in bezug auf die Vampire markiert SCHOOL HARD einen Einschnitt in die Mythologie der Serie. Das Gespräch zwischen Rektor Snyder und dem Sheriff offenbart, daß es in Sunnydale so etwas wie eine große Verschwörung gibt. Die Autoritäten der Stadt wissen offensichtlich über das ›Hellmouth‹ und die damit verbundenen Ereignisse Bescheid, vertuschen aber alles. Damit stellt sich die Frage nach ihren Zielen und

Motiven, über die wir hier noch nichts erfahren. Wollen sie nur verhindern, daß die Bürger der Stadt etwas erfahren, was höchstwahrscheinlich zu einem wahren Exodus führen würde, oder stehen die Verantwortlichen von Sunnydale im Dienste einer anderen, ›höheren‹ Macht, für die das ›Hellmouth‹ eine entscheidende Bedeutung hat?

Außerdem bestätigt dieses Gespräch einen Verdacht, den man seit dem ersten Auftritt von Rektor Snyder hatte. Von Anfang an war er nicht nur ein unsympathischer, misanthropischer Tyrann, ihn umgab immer zugleich etwas Geheimnisvolles. Schon bei seiner ersten Begegnung mit Buffy entstand der Eindruck, daß er mehr über sie und ihre geheimen Pflichten weiß, als er eigentlich wissen dürfte. Das war zwar nur eine Ahnung, die sich nun aber verdichtet. Denn Snyders Wissen und die Selbstverständlichkeit, mit der er auf Buffys Aktionen gegen die Vampire reagiert, lassen keinen anderen Schluß zu als den, daß er über ihre geheime Existenz als Jägerin informiert ist, womit sich wiederum eine Frage ergibt: Warum hat er es gerade auf sie so abgesehen?

BtVS-204

DAS GEHEIMNIS DER MUMIE

Originaltitel: INCA MUMMY GIRL

Erstausstrahlung USA: 6. Oktober 1997

Regie: Ellen Pressman. Drehbuch: Matt Kiene & Joe Reinkemeyer. Gaststars: Kristine Sutherland (Joyce Summers), Ara Celi (Mumie/Ampata), Seth Green (Oz), Jason Hall (Devon), Henrik Rosvall (Sven), Joey Crawford (Rodney), Danny Strong (Jonathan), Kristen Winnicki (Gwen), Gil Birmingham (Peruaner), Samuel Jacobs (Peruaner/echter Ampata)

Songs: »Shadows« und »Fate« von Four Star Mary

Inhalt:
Sunnydale High hat ein neues Austauschprogramm. Schüler und ihre Eltern nehmen für zwei Wochen einen Jugendlichen aus einer fremden Kultur auf, der so Amerika kennenlernen soll. Buffys Mutter war ganz begeistert von diesem Programm, und so erwarten sie und Buffy nun den peruanischen Schüler Ampata Gutierrez. Anders als Buffy, die gar nicht glücklich ist, daß sie ihre geheime Identität jetzt vor noch jemandem verbergen muß, schwärmt auch Xander von der Austausch-Idee, allerdings nur so lange, bis er erfährt, daß Buffys Besuch ein Schüler und keine Schülerin ist.

Etwa zur gleichen Zeit gastiert eine Wanderausstellung im Museum von Sunnydale, zu der auch die fünfhundert Jahre alte Mumie einer Inka-Prinzessin gehört. Als die Schüler der High School diese Ausstellung besichtigen, kommt es zu einem für Sunnydale typischen Zwischenfall. Der leicht beschränkte Rodney bleibt im Museum zurück und versucht, die Tonscheibe, die die Mumie in ihren Händen hält und die als Siegel gedacht ist, das verhindern soll, daß sie wieder zum Leben erwacht, aus ihrem Griff zu entwenden. Bei seinen Anstrengungen zerbricht das Siegel. Die Mumie erhebt sich, ergreift seine Hände und küßt ihn auf den Mund, dabei raubt sie Rodney seine gesamte Lebensenergie, so daß er sich in einen mumifizierten Leichnam verwandelt.

Etwas später bemerkt Willow, die Rodney Nachhilfe geben sollte, daß er seit dem Museumsbesuch verschwunden ist. Gemeinsam mit Buffy, Xander und Giles geht sie zurück ins Museum. Dort entdecken die vier, daß das Siegel zerbrochen worden ist, und finden in dem Sarkophag Rodneys Überreste. Giles nimmt eine große Scherbe des Siegels mit, um die Bildzeichen, die es bedecken, zu entziffern. Noch während sie an dem Sarkophag stehen, werden sie von einem Mann mit einem riesigen Messer attackiert, der dann aber plötzlich entsetzt zurückweicht und wieder verschwindet.

Buffys Austauschschüler kommt am Busbahnhof von Sunnydale an, aber Buffy ist noch nicht da, um ihn abzuholen. Plötzlich taucht die Mumie auf und saugt auch ihm die Lebensenergie aus. Als Buffy, Willow und Xander am Busbahnhof ankommen, erwartet sie Ampata Gutierrez, nun eine schöne sechzehnjährige peruanische Schülerin. Buffy und Willow sind zwar etwas überrascht, aber umgehend der Meinung, daß in den Papieren einfach ein kleiner Fehler unterlaufen ist; Xander verliebt sich augenblicklich in das Mädchen. Auch Buffys Mutter und Giles sind sogleich von der fremden Schülerin angetan, die sich so sehr bemüht, die amerikanischen Sitten kennenzulernen und sich an sie anzupassen. Der Wächter gibt ihr sogar die Scherbe aus dem Siegel und fragt sie, ob sie ihnen die Bedeutung der Zeichen erklären kann. Eines der Zeichen ist ein Mann mit einem Messer, den Ampata als Bodyguard identifiziert.

Kurz danach werden Xander und Ampata von dem Angreifer aus dem Museum attackiert. Er glaubt, daß Xander die Teile des Siegels in seinem Besitz hat, und will sie haben. Den beiden gelingt es, ihn zu überwältigen, doch als er in Ampata die Mumie erkennt, kann er in die Bibliothek fliehen. Etwas später überrascht der geheimnisvolle Mann mit dem Messer Ampata auf der Schultoilette. Sie küßt und tötet ihn.

Am selben Abend findet im Bronze die Party statt, die anläßlich des Austauschprogramms unter dem Motto ›Fremde Kulturen‹ steht und zu der jeder in einem Kostüm, das eine Kultur repräsentiert, kommen muß. Xander lädt Ampata ein, die seine Zuneigung für sie erwidert. So geht Willow zwangsläufig allein zu der Party, denn Buffy muß, nachdem die vollkommen ausgetrocknete Leiche des Mannes mit dem Messer im Schulgebäude gefunden worden ist, ihren Aufgaben als Jägerin nachkommen und die mörderische Mumie finden. Während Xander mit Ampata tanzt und im siebten Himmel schwebt, entdecken Buffy und Giles in dem Gepäck der Austauschschülerin die mumifizierte Leiche des echten Ampata Gutierrez und wissen nun, daß Xander ein *date* mit einer tödlichen Mumie hat. Buffy versucht, noch rechtzeitig zur Party zu kommen, um ihren Freund zu warnen, und Giles dringt in das Museum ein, um dort die Scherben des Siegels zu suchen und wieder zusammenzusetzen. Als Ampata mit Xander tanzt, beginnt ihr Körper sich langsam in eine Mumie zurückzuverwandeln. Sie muß aber wieder töten, um weiterleben zu können. Da sie Xander liebt, sucht sie ein anderes Opfer, wird dabei aber gerade von Xander gestört. Daraufhin verschwindet sie von der Party zum Museum und will dort das Siegel endgültig zerstören.

In der Zwischenzeit ist auch Buffy im Bronze angekommen und informiert Willow und Xander über Ampata. Gemeinsam verfolgen sie sie zum Museum. Dort angekommen kann Buffy Giles gerade noch vor dem tödlichen Kuß retten, wird dann aber von Ampata überwältigt. Um sich zu retten, will die Mumie Willow aussaugen. Doch Xander stellt sich dazwischen und fordert sie auf, ihn zu töten. Sie zögert einen Augenblick, der für Buffy ausreicht, um einzugreifen. Die Jägerin zieht die Mumie in dem Moment von Xander weg, als sie ihn küssen will. Die nun ausgetrocknete Ampata zerfällt vor Xanders Füßen zu Staub.

Kommentar:

Von allen Geschöpfen des Schreckens, die Universal in den dreißiger Jahren auf die großen Leinwände brachte, von all den Vampiren, Monstern, Sadisten und wahnsinnigen Wissenschaftlern ist die Mumie, der wieder zum Leben und zur Liebe erwachte Imhotep, die traurigste Figur, ein verlorener Rebell der ewigen Liebe, ein unendlich Sehnsüchtiger. Und Karl Freunds THE MUMMY (dt.: DIE MUMIE), dieses Meisterwerk unter den Universal-Klassikern der Dreißiger, ist der romantischste unter den Horrorfilmen dieses Studios, das die Standards für Schauergeschichten im Kino für lange Zeit gesetzt hat. So ist Imhotep auch das Vorbild für Francis Ford Coppolas Graf Dracula, überhaupt kann man diese große Oper des neuen *Gothic*-Kinos durchaus auch als Remake von Karl Freunds THE MUMMY im Gewand eines anderen, noch populäreren Mythos sehen.

Mit INCA MUMMY GIRL haben die beiden Drehbuchautoren Matt Kiene und Joe Reinkemeyer zwar die wiedererwachte Mumie mit einer neuen Mythologie versehen, sie aus dem alten Ägypten in das Reich der Inkas mit seinen bizarren, grausamen Opferriten überführt und sie in eine Art von *Lifeforce*-Vampir verwandelt, wie wir ihn aus Tobe Hoopers LIFEFORCE oder aus Poppy Z. Brites Roman »Lost Souls« kennen.

Wie THE MUMMY, so ist auch diese Episode *a song of love and death*, ein poetisches, traurig machendes Lied von Liebe und Tod. Nur ist es hier nicht die unendliche, Jahrtausende überdauernde Liebe, die in einer Reinkarnation der verstorbenen Geliebten ihr Objekt wiederfindet. An ihre Stelle tritt in INCA MUMMY GIRL die sehnsüchtige, alles überwältigende und auslöschende erste Liebe einer Sechzehnjährigen. Es ist eine reine, unschuldige Leidenschaft, die überschattet wird von einem grausamen Schicksal, von dem Zwang, töten zu müssen, um zu überleben.

Daß diese Liebe für einen Moment sogar stärker sein kann als die Mächte, die Ampata zu einem Monster machen, davon zeugt der Kuß, den sie Xander gibt. Ihren Opfern zwingt sie den kalten Kuß des Todes auf, da ist keine Lust, keine Leidenschaft, nur ein asexueller Transfer von Lebensenergie. Als sie Xander küßt, überwindet sie zumindest für einen Moment ihre Natur. So wie Ellen Pressman ihn inszeniert, ist es der Kuß eines großen tragischen Liebespaars, voll Zärtlichkeit und Sehnsucht, ein kurzer Augenblick eines Glücks, das unmöglich bleiben wird.

Wie schon in TEACHER'S PET (BtVS-104) verliebt sich Xander wieder in die Falsche und gerät dabei in Lebensgefahr. Trotzdem ist seine Beziehung zu Ampata etwas ganz anderes als die zu Miss French. Zu der Aushilfslehrerin zog ihn reine, durch kein romantisches Gefühl belastete Lust – eine Lust, die im Zeitalter von Aids Gefahren mit sich bringt, die besagte Folge in drastischer, der Serien-Mythologie entsprechender Form illustriert. Mit Ampata verbindet ihn nun echtes Verliebtsein, das sie beide vollkommen überrascht und überrollt. Sie stürzen sich Hals über Kopf in ihre Liebe und vergessen darüber alles andere. Die Enttäuschung, die Xander dabei erleben muß, entsteht dadurch, daß er nichts über Ampata wußte und auch nach nichts gefragt hat. Während wir in der Wirklichkeit für eine solche überstürzte Beziehung nur mit späteren Offenbarungen bezahlen, die diese Liebe zerstören können, riskiert Xander hier – auch wieder der Mythologie von BUFFY entsprechend, die unsere Realität in das Reich des Übernatürlichen und der Monster überhöht – sein Leben. Daß er dann bereit ist, sich und seine Gefühle für Willow zu opfern, ist noch einmal ein Zeichen des Reifeprozesses, den er seit seiner Begegnung mit der Gottesanbeterin durchgemacht hat.

Von allen bisherigen Folgen der zweiten Staffel ist INCA MUMMY

GIRL die melancholischste, nicht nur, da sie von einer unmöglichen, Tod und Leid bringenden ersten Liebe erzählt; auch die Parallelen, die Matt Kiene und Joe Reinkemeyer zwischen dem Leben Buffys und dem der Inka-Prinzessin ziehen, unterstützen den elegischen Grundton der Episode. Der Schmerz und das Leid der Erwählten verbindet Buffy und das vor fünfhundert Jahren lebendig mumifizierte Mädchen. Ihr Leben ist ein unfreiwilliges Opfer für etwas Größeres, und für sie bleibt erst einmal nur der Verlust ihrer Jugend, ihrer Unschuld, ihrer Freiheit. Während Buffy aber als Jägerin die Chance hat, mit ihren Pflichten zu leben, sie zu einem Teil ihrer Persönlichkeit zu machen, gab es für die Prinzessin nur den Tod, das Ende von allem, wovon Sechzehnjährige träumen. Sie ist Iphigenie und Isaak in einem, nur waren ihre Götter nicht so gnädig wie die der Griechen und der Juden. Als sie zurückkommt, will sie nur das haben, was man ihr geraubt hat, ein normales Leben, Freunde, eine große Liebe, für die sich das Morden lohnt, zu dem sie nun verdammt ist. Das macht sie zu dem sympathischsten Monster dieser ersten beiden Staffeln der Serie, einem Wesen, das wir noch mehr bedauern als das von seinem Bruder wiedererweckte Monster aus SOME ASSEMBLY REQUIRED (BtVS-202). Wenn sie zu Staub zerfällt, trifft es uns direkt ins Herz wie zuvor nur die Szenen, in denen Buffy sich von ihrem Leben verabschieden mußte, um dann dem Meister entgegentreten zu können.

DER GEHEIMBUND

Originaltitel: REPTILE GIRL

Erstausstrahlung USA: 13. Oktober 1997

Regie und Drehbuch: David Greenwalt. Gaststars: Greg Vaughan (Richard), Todd Babcock (Tom), Jordana Spiro (Callie), Robin Atkin Downes (Machida), Danny Strong (Jonathan)

Songs: »Devil's Lair«, »If I Can't Have You«, »Wolves« und »Secrets« von Shawn K. Clement und Sean W. Murray, »She« von Louie Says (Cold to the Touch), »Bring Me On« von Act of Faith (Release Yourself)

Inhalt:
Ein Mädchen, Callie Megan Anderson, springt durch eine Fensterscheibe und dann von dem Balkon auf die Rasenfläche hinter der typisch kalifornischen Villa. Sie beginnt von dem Haus wegzurennen und wird sofort von einer Gruppe junger Männer in Kutten, die an die Gewänder von Mönchen erinnern, verfolgt. Als sie über eine Mauer auf den Friedhof von Sunnydale entkommt und durch die Reihen von Gräbern läuft, sieht es so aus, als ob ihre Flucht gelingt. Doch plötzlich steht ein weiterer Mann in einer dieser Kutten vor ihr und schneidet Callie damit den Weg ab. Ihre Verfolger kommen hinzu, ergreifen sie und schleifen sie zurück zu dem Haus.

Giles ist verärgert über Buffys Nachlässigkeit. Es hat zwar in der letzten Zeit wenige außergewöhnliche Aktivitäten in Sunnydale gegeben, aber er ist davon überzeugt, daß Buffy gerade deshalb um so mehr trainieren muß. Nur um Giles' ständigen Predigten

zu entkommen und sich ein bißchen gegen seine Strenge auf-
zulehnen, trödelt die Jägerin nach Schulschluß vor der Sunnydale High herum. Dabei sieht sie zum ersten Mal Richard und
Tom, zwei Studenten am örtlichen College und Mitglieder der
›Delta-Zeta-Kappa‹-Verbindung. Richard ist der neueste Freund
von Cordelia, und Tom hat ein Auge auf Buffy geworfen. Er lädt
sie ein, mit ihm auszugehen. Obwohl ihr der höfliche und
charmante Student sympathisch ist, lehnt sie ab. Denn im Moment beherrscht Angel vollkommen ihre Gedanken und Gefühle.

Als sie nachts ihre Runde über den Friedhof macht, entdeckt
Buffy einen Teil eines Armbands, auf dem von der Gravur noch
drei Buchstaben, ›ENT‹, zu erkennen sind. Angel, der hinzu-
kommt, sagt ihr, daß getrocknetes Blut auf dem Schmuckstück
ist. Die Jägerin deutet an, daß sie doch einmal zusammen
ausgehen könnten, doch Angel weist sie mit dem Hinweis auf
den Altersunterschied und seine dämonische Seite zurück. Von
Angels Reaktion enttäuscht und gekränkt läßt sich Buffy am
nächsten Tag von Cordelia dazu überreden, an diesem Abend
mit ihr zu einer Party im Wohnheim der ›Delta-Zeta-Kappa‹-Ver-
bindung zu gehen. Da Giles davon nichts erfahren darf, belügt
die Jägerin ihren Wächter und sagt ihm, daß sie an diesem
Abend nicht auf Patrouille gehen kann, da ihre Mutter krank sei
und sie sich auch nicht gut fühle.

Auf der Party werden Cordelia und Buffy von den Verbindungs-
mitgliedern, die auch Callie entführt haben, mit einer in ihre
Drinks gemischten Droge betäubt. Xander, der die beiden verfolgt und sich in das Verbindungshaus eingeschlichen hat, wird
von den College-Boys entdeckt und dann für den Rest der Party
erniedrigt. Am Ende schmeißen sie ihn raus. Während er
auf dem Parkplatz Cordelias Auto sieht, das als einziges noch

da steht, kommen Cordy und Buffy im Keller der Villa zu sich. Sie sind genauso wie Callie mit Eisenketten an die Wand gefesselt. Ein Teil der Studenten trägt wieder Kutten und bereitet ein Ritual vor. Die gesamte ›Delta-Zeta-Kappa‹-Verbindung dient dem Dämon Machida, einem Halbwesen mit dem Kopf und Oberkörper eines Menschen und dem Unterleib einer Schlange, dem sie einmal im Jahr drei minderjährige Mädchen opfern müssen.

In der Zwischenzeit haben Giles und Willow ermittelt, das das von Buffy gefundene Armband der seit über einer Woche verschwundenen Callie Megan Anderson gehört, die eine Schule in der Nähe von Sunnydale besucht. Außerdem haben Willows Nachforschungen im Internet ergeben, daß vor ziemlich genau einem Jahr schon einmal drei Mädchen spurlos verschwunden sind. Von dem hinzugerufenen Angel erfahren die beiden, daß Buffy das Armband auf dem Friedhof in der Nähe der Mauer gefunden hat, die ihn von dem College trennt. Als Giles zu dem Schluß kommt, daß wahrscheinlich eine Studentenverbindung mit dem Verschwinden zu tun hat, kann Willow Buffy nicht mehr decken und verrät dem Wächter, daß Cordelia und die Jägerin zu der ›Delta-Zeta-Kappa‹-Party gegangen sind. Daraufhin brechen sie, Giles und Angel sofort zum College auf, wo sie Xander treffen.

In dem Keller der Villa ist zwischenzeitlich Machida aus seinem Loch in der Erde aufgestiegen. Gerade in dem Moment, in dem er Cordelia verspeisen will, gelingt es Buffy, ihre Ketten aus der Wand zu reißen. Sie greift das Monster an und muß sich zugleich gegen Tom, den Anführer des Machida-Kultes, zur Wehr setzen. Hilfe bekommt die Jägerin von ihren vier Freunden, die in das Gebäude eingedrungen sind und nun gegen die Verbindungsmitglieder kämpfen. Während sie Toms Gefolgschaft ausschalten, tötet Buffy den Dämon. Als alles vorbei ist, fällt Cordelia Angel, den sie ihren Retter nennt, um den Hals. Giles verzeiht der Jägerin ihre Lüge und verspricht, ihr demnächst etwas mehr Freiraum zu lassen.

Ein paar Tage später liest Xander Willow und Buffy im Bronze einen Zeitungsartikel vor, der über die Verurteilung der Studenten, Funde von bis zu fünfzig Jahren alten Menschenknochen in dem Keller und mit den Offenbarungen über die Verbindung in Zusammenhang stehenden Konsequenzen in einigen großen Konzernen berichtet. Dann erscheint Angel am Tisch der drei und lädt Buffy zu einem Kaffee ein. Sie sagt zwar nichts, geht aber strahlend nach Hause, denn sie weiß, daß sich ihre Beziehung zu Angel nun endlich weiterentwickeln wird.

Kommentar:

Anders als bei uns, wo studentische Verbindungen nur noch eine marginale Rolle im universitären Leben spielen, haben sie in Amerika eine große, teilweise das ganze spätere Leben beeinflussende Bedeutung für die einzelnen Studenten. Dies hängt schon allein damit zusammen, daß die Studienzeit in Amerika ganz anders als in Deutschland abläuft.

Fast alle Studenten, zumindest der außerhalb der Ballungszentren gelegenen Colleges und Universitäten, wohnen auch auf dem Campus. Sie leben in den Wohnheimen, die Teil des Universitätsgeländes sind. Im ersten Jahr werden sie von der Verwaltung auf die Zimmer für Erstsemester verteilt. Am Ende des Jahres steht dann die Entscheidung bevor, ob sie in eine der auf dem Campus ansässigen Verbindungen aufgenommen werden. Wenn sie Mitglied werden, ziehen sie dann in das Haus der Verbindung, in dem sie die restliche Zeit, die sie an dieser Universität verbringen, leben werden.

Gerade auf den renommierten Elite-Colleges und -Universitäten der sogenannten *Ivy League* haben einzelne Verbindungen eine besonders wichtige Stellung. Denn sie sind es, aus denen sich später die Führungsschicht der Vereinigten Staaten rekrutieren wird. Insofern ist der Besuch einer solchen Hochschule und die Mitgliedschaft in einer entsprechenden Verbindung quasi eine Garantie für eine glanzvolle Karriere. Dabei ist die Mitgliedschaft meist schon so etwas wie eine Familientradition. Jemand, der selbst an einer dieser Elite-Universitäten studiert hat und Teil einer Verbindung war, wird immer darum bemüht sein, daß seine Kinder in seinen Fußstapfen wandeln, und dafür sorgen, daß sie Mitglieder der gleichen Verbindung werden. Im Prinzip entsteht so eine Art von bürgerlicher Aristokratie, die entscheidende Positionen in der Wirtschaft, der Politik und dem Rechtssystem der Vereinigten Staaten innehat und bemüht ist, sie auch immer in familiären Händen zu behalten.

Die ›Delta-Zeta-Kappa‹-Verbindung in David Greenwalts REPTILE BOY ist einer dieser besonders mächtigen und einflußreichen Studentenbünde, aus dem sich – wie das Drehbuch nahelegt – ein nicht zu unterschätzender Teil der kalifornischen Führungselite rekrutiert. In seinem Porträt dieser weitestgehend geschlossenen Gesellschaft verbindet David Greenwalt, der hier nun auch zum ersten Mal Regie bei BUFFY führt, in für die Serie typischer Weise Facetten des allgemeinen Bildes von solchen Studentenverbindungen mit Elementen des Horror-Genres, die ein ganz neues Licht auf sie werfen. Die Party mit dem in Strömen fließenden Alkohol und den gedemütigten neuen Mitgliedern, die in Reizwäsche oder Babykleidung kellnern müssen, spiegelt einen Teil des Images von amerikanischen Studentenverbindungen wider. Ihre Feste sind berüchtigt für Exzesse, für wilden Alkohol- und Drogenkonsum genauso wie für wüste

Sex-Eskapaden. In den Gerüchten um diese Partys, die in REP-TILE BOY von Willow referiert werden, ist zu spüren, daß die Verbindungen tatsächlich so etwas wie Zusammenschlüsse einer amerikanischen Ersatzaristokratie sind. Denn ihre in ihnen beschriebene Dekadenz ist die einer mächtigen, sich absolut sicher fühlenden Klasse, die es gewohnt ist, zu herrschen und mit allem durchzukommen.

Aber ›Delta Zeta Kappa‹ ist nicht nur eine typische elitäre Verbindung. David Greenwalt hat aus ihr einen echten Geheimbund mit bizarr-gefährlichen Ritualen und äußerst sinistren Zielen gemacht. Er entwirft mit ihm eine Horrorvision von einem wahrhaft dämonischen Amerika. Ihre Macht verdanken die ›Delta-Zeta-Kappa‹-Mitglieder dem Pakt mit dem Dämon Machida, dem sie sich verschrieben haben. In allen vorherigen Folgen war Sunnydale im dem Sinne die Welt der Serie, daß es als Stadt über einem ›Hellmouth‹ eine Art Enklave des Übernatürlichen und Bösen bildet. Hier konzentrieren sich bestimmte Kräfte, die versuchen, die restliche Welt an sich zu reißen, sich aber vorher erst dem Kampf mit der Jägerin stellen müssen. Den ›Delta-Zeta-Kappa‹-Mitgliedern gehört aber schon die Welt. In dieser Episode ist Amerika Sunnydale, ein Ort des Bösen, beherrscht von einer Verschwörung zwischen machtgierigen Menschen und Dämonen.

In viel größerem Maß, als in BUFFY üblich ist, spielt David Greenwalt in REPTILE BOY mit ganz typischen Versatzstücken des Horrorkinos. Die drei Teenager, die mit Eisenketten an eine Keller-/Höhlenwand gekettet sind und geopfert werden sollen, sind schon ein beinahe klassisches Bild des Genres. Zum ersten Mal wird auch Buffy hier für einen Moment zur *damsel in distress*, zur gefährdeten Frau, die eigentlich gerettet werden müßte. Greenwalt variiert dieses typische Element dann, indem er sie sich selbst befreien läßt und sie so wieder als Superheldin etabliert.

Obwohl REPTILE BOY eigentlich eine typische *Monster-of-the-Week*-Episode ist, hat David Greenwalt sie durch die Entwicklung der Beziehung zwischen Buffy und Angel stärker in die Kontinuität der Serie integriert, als dies bei ähnlichen Folgen der ersten Staffel üblich war. Was sich schon in der letzten Szene von PROPHECY GIRL (BtVS-112) andeutete – daß ihre Gefühle für einander so stark sind, daß sie sie auf Dauer nicht der Vernunft opfern können –, bestätigt sich nun. So sagt Buffy hier zu Angel: »Wenn du mich küßt, möchte ich sterben.« Eine Bemerkung, die einen sehr großen Spielraum für Interpretationen läßt. Zum einen kann sie bedeuten, daß sie, wenn sie sich küssen, vor Glück beinahe vergeht. Zum anderen kann sie aber auch heißen, daß ein Kuß von ihm sie in die tiefste Verzweiflung stürzt, weil sie um die Unmöglichkeit ihrer Liebe weiß und nur der Tod einen Ausweg aus ihrer hoffnungslosen Situation bieten könnte. Im Kontext des BUFFY-Universums ergibt sich allerdings noch eine dritte Möglichkeit. Es könnte sein, daß die Jägerin mit dem Gedanken spielt, selbst zum Vampir zu werden, um dann für immer mit Angel zu leben – eine Versuchung, der sie so lange ausgesetzt sein wird, bis sie ihre Gefühle überwunden hat.

DIE NACHT DER VERWANDLUNG

Originaltitel: HALLOWEEN

Erstausstrahlung USA: 27. Oktober 1997

Regie: Bruce Seth Green. Drehbuch: Carl Ellsworth. Gaststars: Seth Green (Oz), James Marsters (Spike), Juliet Landau (Drusilla), Robin Sachs (Ethan), Armin Shimerman (Rektor Snyder), Larry Bagby III (Larry)

Songs: »Shy« von Epperley (Epperley), »How She Died« von Treble Charger (Maybe It's Me)

Inhalt:

Zwei Tage vor Halloween. Auf dem Weg zu ihrem ersten echten *date* mit Angel wird Buffy von einem Vampir angegriffen. Es kommt zu einem etwas längeren Kampf, den die Jägerin schließlich zu ihren Gunsten entscheidet und der unbemerkt von einem anderen Vampir auf Video aufgezeichnet wird. Als sie verspätet zum Bronze kommt, sitzt Cordelia an Angels Tisch. Buffy will schon wieder gehen, aber Angel hat sie bemerkt und hält sie auf. Deprimiert sagt sie ihm, daß sie als Jägerin einfach nie die notwendige Zeit für *dates* und Beziehungen haben wird.

Am nächsten Tag rekrutiert Rektor Snyder Buffy, Willow und Xander für eine besondere Aufgabe. Sie müssen am nächsten Tag die kleineren Kinder bei ihrem *Trick-or-Treat*-Rundgang durch die Nachbarschaft begleiten und dafür sorgen, daß ihnen nichts passiert. Gerade Buffy ärgert sich über die Zwangsverpflichtung besonders, weil Giles ihr erklärt hat, daß Vampire sich an Halloween vollkommen zurückhalten und sie dachte, nun endlich einmal einen ruhigen, freien Abend zu haben. Um mehr von Angel zu erfahren, entwenden Buffy und Willow aus dem Büro von Giles eines der alten Wächtertagebücher. Als sie darin stöbern, entdecken sie eine Zeichnung von einer Adeligen aus dem Jahr 1775, als Angel achtzehn Jahre alt und noch ein Mensch war. Buffy ist davon überzeugt, daß Angel sich auch heute noch nach solchen Frauen sehnt und sie also seinem Ideal nie genügen kann.

Auf der Suche nach Kostümen für Halloween landen Buffy, Willow und Xander in einem Geschäft. Xander kauft sich nur eine Maschinenpistole aus Plastik, als nützliches Utensil zu der Armeetarnkleidung, die er zu Hause hat. Willow entscheidet sich für das klassische Gespenster-Kostüm, und Buffy läßt sich von Ethan, dem Ladenbesitzer, überreden und nimmt ein Kleid, das denen der Adeligen des 18. Jahrhunderts gleicht. In der Zwischenzeit hat sich Spike das Videoband von Buffy angesehen und ist beeindruckt von ihrer Kampftechnik und ihrem Einfallsreichtum. Drusilla sagt ihm, sie habe in einer Vision erfahren, daß eine neue Kraft in der Stadt ist, die an Halloween, dem traditionellen Ruhetag der Vampire, zuschlagen und die Jägerin entscheidend schwächen wird.

Dieser neue Mitspieler im dämonischen Treiben Sunnydales ist Ethan Rayne, der Besitzer des Kostümgeschäfts. Er belegt die bei ihm gekauften Kostüme mit einem dem doppelgesichtigen römischen Gott Janus gewidmeten Zauber, der dafür sorgt, daß sich ihre Träger in das verwandeln, als was sie sich verkleidet haben. In dem Moment, in dem der Zauberspruch zu wirken beginnt, bricht Chaos in Sunnydale aus. Buffy weiß nicht mehr, wer sie wirklich ist, und glaubt, tatsächlich eine Adelige des späten 18. Jahrhunderts zu sein. Xander ergeht es ähnlich, nur daß er sich nun für einen ›G.I. Joe‹-ähnlichen Soldaten hält, der zu allem Überfluß mit einem echten Sturmgewehr ausgerüstet ist. Willow verwandelt sich in einen echten, körperlosen Geist, der durch Wände gehen kann. Sie ist die einzige von den dreien, die noch weiß, wer sie ist, und mitbekommt, was um sie herum passiert.

Spike ist begeistert von den Vorgängen in der Stadt und entschließt sich, trotz Halloween die Gunst der Stunde zu nutzen. Zusammen mit einigen anderen Vampiren und ein paar Kindern, die sich dank ihrer Kostüme in Dämonen verwandelt haben, macht er Jagd auf die im Moment hilflose Jägerin. Währenddessen sucht Willow Giles in der Bibliothek auf. Da Cordelia, die ihr Katzen-Kostüm in einem anderen Geschäft gekauft hat, noch ganz so wie immer ist, vermuten der Wächter und Willow, daß der neue Ladenbesitzer für die Verwirrung der Identitäten und das Chaos auf den Straßen verantwortlich ist. Als Giles an dem Geschäft ankommt und auf den Besitzer trifft, erlebt er eine böse Überraschung. Er kennt Ethan Rayne von früher. Sie waren einmal befreundet und müssen gemeinsam etwas getan haben, was der Wächter heute mehr als bereut. Während Giles versucht, aus Ethan herauszuprügeln, wie man den Bann wieder lösen kann, flüchten Buffy, Willow, Cordelia, Xander und der hinzugekommene Angel vor Spike und seinen Helfern. Aber sie können ihnen nicht entkommen. Gerade als sich Spike über die machtlose Jägerin beugt, um sie zu töten, hebt Giles den Zauber auf, indem er – wie Ethan ihm gesagt hat – die Januskopfskulptur in dessen Hinterzimmer zerstört – ein Moment der Ablenkung, den der Zauberer nutzt, um zu verschwinden. Augenblicklich weiß Buffy wieder, wer sie ist, und kann ihre Kräfte nutzen. Sie wehrt den Vampir ab, der, ohne einen weiteren Versuch zu unternehmen, flüchtet. Etwas später haben Buffy und Angel dann doch noch ihr erstes *date*, und

Angel erzählt ihr, daß er die Frauen seiner Jugend, besonders die Adeligen, überhaupt nicht mochte. Sie haben ihn gelangweilt, und er sehnte sich nach einer aufregenden, faszinierenden Frau.

Am nächsten Tag sucht Giles noch einmal das Kostümgeschäft auf. Es ist vollkommen verlassen und beinahe ganz leergeräumt. Aber er entdeckt einen kleinen Zettel mit der Nachricht »Be seeing you« (›Wir sehen uns wieder‹).

Kommentar:

In Abwandlung einer Äußerung Xanders kann man sagen, das Großartige an BUFFY THE VAMPIRE SLAYER ist, daß man nie sicher sein kann, was einen erwartet. Immer wieder gelingt es Joss Whedon und seinen Autoren, uns zu überraschen. So auch mit der ersten Halloween-Episode der Serie. Im Universum von Buffy war es fast zwingend, daß ein Tag wie Halloween mit dem Auftreten besonderer Dämonen und außergewöhnlicher Rücksichtslosigkeit von seiten der Vampire einhergeht. Doch genau das Gegenteil scheint der Fall zu sein. Der Tag im Jahr, der sich traditionell mit dem Gedanken an das Böse, an Geister und übernatürliche Kräfte, die frei schalten und walten können, verbindet, ist eigentlich ein Ruhetag für Vampire und ihre Jägerin. Es ist fast so, als ob der Aberglaube und seine modernen Auswüchse, das amerikanische Halloween-Fest mit all seinen Ritualen, die jenseitigen Kräfte für diesen einen Tag gebannt hätten. So ist es denn auch ein Mensch, der mit seinem Zauberspruch die Nacht der Geister beinahe zur letzten für die Jägerin macht.

So wie Carl Ellsworth mit seinem Drehbuch unsere üblichen Vorstellungen von Halloween erst einmal völlig mißachtet, um aus dem 31. Oktober einen mysteriösen Tag zu machen, an dem

Dämonen scheinbar besonders wenig Macht haben (wir können nur hoffen, daß spätere Halloween-Episoden von BUFFY dieses Konzept aufgreifen und wir so mehr über die Mythologie dieser Nacht in dem Universum der Serie erfahren), so spielt er auch bei Ethan Raynes Bann und seiner Anrufung von Janus mit alten Vorstellungen, um sie dann mit ganz anderen Ideen zu verbinden. In der römischen Mythologie, aus der der doppelköpfige Gott Janus stammt, ist er meist der Gott des Anfangs, dem eine große magische Bedeutung zukommt. Er steht über jedem neuen Anfang im Leben eines Menschen. Denn nach römischen Vorstellungen tritt der Mensch, der etwas neu beginnt, noch einmal anfängt, durch ein Tor in einen neuen Raum. Diese Überzeugung hat Janus dann zum Gott der Schwelle, zum Gott aller Tore und Türen, gemacht. Deshalb findet man ihn darstellende Skulpturen an den Eingängen zu vielen Häusern Roms genauso wie an den römischen Stadttoren. Sein Doppelgesicht ist dabei nicht Ausdruck einer Form von Schizophrenie, sondern bedeutet, daß er zugleich in die Vergangenheit und in die Zukunft blickt. Er kennt beide Räume, den, den man verlassen hat, und den, den man betritt. Mit der Zeit ist Janus durch das Doppelgesicht zu einem Symbol für alle Gegensatzpaare geworden. Nun steht er in verschiedensten künstlerischen und philosophischen Interpretationen für »innen und außen, Seele und Körper, Mythos und Vernunft, rechts und links, konservativ und progressiv, Materie und Antimaterie, ja für die Dialektik schlechthin, die in der Gesamtfigur ihre plastische Synthese findet« (Wolfgang Bauer u.a.: »Lexikon der Symbole«).

Carl Ellworth macht ihn nun zu einem Gott des ›Jekyll-und-Hyde‹-Mythos. Überhaupt gleicht die Episode mit ihrer Idee, daß die Kostüme, die Menschen an Halloween oder auch an ähnlichen Tagen wie beispielsweise Karneval tragen, Ausdruck ihrer Sehnsucht nach einem anderen Ich sind, daß sich mit ihnen das Innerste einer Person nach außen kehrt und sie zugleich das Äußere im Inneren verschließen, der berühmten Novelle von Robert Louis Stevenson. Gerade Buffy und Xander sind hier ›Jekyll-und-Hyde‹-Figuren. Sie verwandeln sich in das, was sie gerne wären, und bringen dabei eine zweite Seite ihrer Persönlichkeit zum Vorschein, die sonst in Xanders Fall in ihm schlummert, in Buffys von ihr verdrängt wird.

Betrachtet man HALLOWEEN im größeren Zusammenhang der Serie, wird sie zu einer der zentralen Episoden nicht nur der zweiten Staffel, markiert sie doch gleich in mehrerer Hinsicht einen Wendepunkt. So kommen hier Buffy und Angel nun endlich zusammen, werden zu einem Paar, das trotz allem, was gegen ihr Liebe spricht, versucht, das eigentlich Unmögliche möglich zu machen. Außerdem deutet sich zum ersten Mal an, daß Xander und Cordelia füreinander doch etwas mehr als nur Verachtung empfinden, daß sich hinter all den Anspielungen und gemeinen Bemerkungen etwas anderes verbergen könnte. Aber die überraschendste Offenbarung kommt mit Ethan Rayne. Denn durch ihn erfahren wir etwas von Rupert Giles' Vergangenheit, das den Wächter in ein ganz anderes Licht rückt. Er hat nicht nur Geheimnisse – so verbirgt er vor Buffy und ihren Freunden, daß er den Verursacher des Chaos von Halloween persönlich kennt und einmal mit ihm befreundet war –, er scheint auch einmal ein ganz anderer Mensch gewesen zu sein. Auch wenn wir hier außer durch Raynes' eher mysteriöse Anspielungen nicht viel erfahren, erhalten wir doch schon einen Blick auf Giles' andere Seite, als er so lange auf Rayne einschlägt, bis dieser ihm verrät, was er wissen will. Diese Entwicklung der Figur des Wächters, die dunklere Züge bekommt, paßt dabei perfekt in die Geschichte der Episode hinein. Nicht nur Buffy und

Xander, auch Giles hat eine zweite verborgene Persönlichkeit, die aber wohl schon einmal die Oberherrschaft in ihm übernommen hatte und die nun in seiner Bereitschaft zu brutaler Gewalt für einen Moment ihr Gesicht zeigt.

BtVS-207

TODESSEHNSUCHT

Originaltitel: LIE TO ME

Erstausstrahlung USA: 3. November 1997

Regie und Drehbuch: Joss Whedon. Gaststars: Robia La Morte (Jenny Calendar), James Marsters (Spike), Juliet Landau (Drusilla), Jason Behr (Billy ›Ford‹ Fordham), Jarrad Paul (Marvin/›Diego‹), Julia Lee (Joan/›Chanterella‹), Will Rothhaar (James)

Songs: »Never Land« von Sisters of Mercy (Floodland), »Lois On The Brink« von Willoughby (Be Better Soon), »Reptile‹ von Creaming Jesus (Dead Time), »Blood Of A Stranger« von Shawn K. Clement und Sean W. Murray

Inhalt:
Während eines ihrer nächtlichen Rundgänge beobachtet Buffy, wie Angel sich mit einer schönen, seltsamen jungen Frau – Drusilla, von deren Existenz die Jägerin noch nichts weiß – unterhält. Die beiden scheinen sich gut zu kennen. Enttäuscht, eifersüchtig und niedergeschlagen brütet Buffy nun vor sich hin, bis ihr am nächsten Morgen in der Schule plötzlich Billy ›Ford‹ Fordham über den Weg läuft, der in Los Angeles auf die gleiche Schule wie sie gegangen ist. Eine Zeitlang war sie unsterblich in

ihn verliebt, dann sind sie die besten Freunde geworden. Er erzählt ihr, daß er die Schule gewechselt hat und nun seinen Abschluß an der Sunnydale High machen wird.

Am Abend treffen sich die beiden im Bronze, und Buffy versucht, sich über ihn an Angel zu rächen, der sie hinsichtlich der Ereignisse der vorherigen Nacht belügt. Als Ford und die Jägerin den Club verlassen und es zu einem für die Jägerin typischen Zwischenfall kommt, offenbart ihr früherer bester Freund ihr, er wisse, daß sie die Jägerin ist. Nachdem sie sich getrennt haben, geht Ford noch in einen anderen Club. Dort, in einer Welt all der verlorenen Kinder, die von Vampiren und Unsterblichkeit träumen, trifft er Marvin, der den Club für ihn führt und mit dem zusammen er offenbar einen düsteren Plan verfolgt.

Angel ist mißtrauisch wegen Ford. Er mag ihn nicht und hat das Gefühl, daß etwas mit ihm nicht stimmt. Deshalb sucht er zum ersten Mal Willow zu Hause auf und bittet sie, für ihn im Internet Recherchen anzustellen. Dabei erfährt Buffys Freundin, daß Ford nie offiziell die Schule gewechselt hat und auch nicht an der Sunnydale High eingeschrieben ist. Außerdem bekommt sie heraus, daß er Teilhaber an einem Club ist.

Am nächsten Abend führt Buffy Ford über das Schulgelände. Dabei entdecken sie zwei Vampire. Ford scheint sich um einen zu kümmern, während sie den anderen jagt. Aber nachdem die Jägerin die Verfolgung aufgenommen hat, verspricht Ford dem Vampir, ihn leben zu lassen, wenn er ihm bestimmte Informationen gibt. Als Buffy zurückkommt, sagt er ihr, daß er den Vampir mit einem Pfahl getötet hat. Etwa zur gleichen Zeit statten Willow, Xander und Angel Fords Club einen Besuch ab und erfahren so, daß er sich mit einer Gruppe von *Goth-Kids* umgibt, die unbedingt Vampire werden wollen.

Von der Dreistigkeit der Vampire, die sich dem Schulgebäude

genähert haben, alarmiert, ruft Buffy Giles, der gerade ein *date* mit Miss Calendar hat, in die Bibliothek. Dort entdeckt sie eine Fotografie von der Frau, die sie ein paar Tage zuvor mit Angel gesehen hat. So erfährt sie von Drusilla, von der der Wächter dachte, daß sie in Prag umgekommen sei. In diesem Moment taucht ein Vampir auf, der eines der Bücher aus Giles' Sammlung okkulter Werke stiehlt. Buffy ist so überrascht, daß sie nicht reagieren kann und der Vampir ohne Probleme entkommt. Aber sie erkennt ihn als den wieder, von dem Ford behauptet hat, ihn getötet zu haben.

Noch am selben Abend kommt Angel zu Buffy. Sie will mehr über ihn und Drusilla erfahren. Er erzählt ihr, daß er einmal von Drusilla, ihrer Schönheit und ihrer Unschuld, besessen war. Deshalb hat er sie erst gequält und in den Wahnsinn getrieben, um sie dann, nachdem er alle Menschen, die sie liebte, getötet hat, in einen Vampir zu verwandeln. Außerdem unterrichtet er die Jägerin über alles, was er mit Willow und Xander zusammen über Ford in Erfahrung gebracht hat. Zur gleichen Zeit taucht Ford bei Spike auf, der gerade in dem Buch liest, das er aus Giles' Bibliothek hat stehlen lassen. Der Schüler bietet dem Vampir ein Geschäft an. Er soll ihn in einen Vampir verwandeln und bekommt dafür die Jägerin.

Um Ford zur Rede zu stellen, sucht Buffy ihn am nächsten Nachmittag in seinem Club auf und geht ihm damit, ohne es zu ahnen, in die Falle. Alle haben sich dort versammelt, weil sie nach Sonnenuntergang Spike und seine Gefolgschaft erwarten, die sie verwandeln sollen. Buffy versucht, ihnen klarzumachen, daß Vampire nicht das sind, was sie sich unter ihnen vorstellen, doch keiner hört auf sie. Ford erklärt der Jägerin, warum er sie und all die anderen an Spike ausliefern will: Er hat einen Gehirntumor und wird innerhalb der nächsten sechs Monate qualvoll sterben, deshalb ist er bereit, seine Menschlichkeit und alles zu opfern, um ein Vampir und damit unsterblich zu werden.

Als Spike, Drusilla und die übrigen Vampire erscheinen, stürzen sie sich sofort auf die versammelten Möchtegern-Blutsauger. Deren Traum entpuppt sich als Alptraum, den Buffy gerade noch stoppen kann. Sie bringt Drusilla in ihre Gewalt und droht Spike, sie zu töten, wenn er nicht alle sofort gehen läßt. So können die gesamten Besucher des Clubs und die Jägerin fliehen. Nur Ford bleibt zurück, um den Tod zu empfangen, nach dem er sich so sehr gesehnt hat.

In einer der darauffolgenden Nächte warten Buffy und Giles an dem frischen Grab von Ford. Sie unterhalten sich über die Probleme, die Teil jedes Lebens sind. Als Ford aus der Erde aufsteigt, tötet Buffy ihn endgültig und geht sofort wieder zu dem Gespräch über.

Kommentar:

Als Kind träumt man davon, erwachsen zu sein. Denn dann darf man alles, ist frei und muß sich nichts mehr von Eltern oder Lehrern sagen lassen. Die Probleme, die einen im Moment belasten, haben keine Bedeutung mehr, und daß es dann andere gibt, daran glaubt man noch nicht. Aus der sehnsüchtigen Perspektive eines Kindes scheint alles ganz einfach zu sein – wenn man erst einmal erwachsen ist. Doch diese Träume sind Illusionen, die relativ wenig mit der Wirklichkeit zu tun haben – etwas, das man schon sehr bald bemerkt. Der Prozeß, der den Übergang von der Kindheit zum Erwachsensein begleitet, ist eben nicht ein Aufstieg aus dem Dunkel in das Licht und die Freiheit. Er gleicht eher einem Weg von einem Dunkel in ein anderes, einem Weg, der einen schon mit seinen Früchten belohnt, der aber auch seinen Tribut einfordert, den man meist mit dem Verlust von Träumen und Illusionen begleicht. Diese Erfahrung, die ein entscheidender Teil des Prozesses des Erwachsenwerdens ist, muß Buffy in Joss Whedons Episode LIE TO ME machen.

Buffys große Hoffnung, ihr noch von einer gewissen unschuldigen Naivität zeugender Traum, war, daß ihr Leben mit der Zeit einfacher wird. Irgendwo glauben das alle Kinder und Jugendlichen, doch für die Jägerin liegt dieser Gedanke noch näher, denn ihr Doppelleben schafft noch viel größere Probleme mit den Eltern, den Lehrern und der übrigen Umwelt, als sie jeder Teenager hat. Diese ganz besondere Unfreiheit, die Teil des Lebens vor der Volljährigkeit ist, kompliziert alles für sie in einem enormen Ausmaß, so daß ihr Erwachsensein wirklich als etwas Paradiesisches erscheinen muß. Doch es ist eben nicht nur diese Unfreiheit, die das Leben schwierig macht. Es gibt vielmehr noch ganz andere Komplikationen, die im Prinzip Teil der ersehnten Freiheit sind. Denn frei zu sein, also nicht den Vorschriften der Eltern und Lehrer verpflichtet zu sein, bedeutet auch die alleinige Verantwortung für jede Entscheidung, die man trifft. In der Welt des Kindes ist alles relativ einfach angeordnet. Es gibt Gut und Böse, es gibt Dinge, die man darf, und Dinge, die man nicht, darf – zwischen beidem verläuft eine klare Grenze. Wenn man selbst die Verantwortung hat, erkennt man, daß diese Grenze gar nicht existiert. Jede Entscheidung, die man trifft, mag sie auch noch so gut gemeint sein, kann unüberschaubare Konsequenzen haben, die eben nicht nur das Gute bringen.

Die Begegnung mit Ford gleicht einem Schlüsselerlebnis für Buffy. Seine Offenbarung, daß er todkrank ist und eine vampirische Existenz für ihn die einzige Hoffnung auf eine Form des Weiterlebens darstellt, erschüttert noch einmal Buffys Weltbild vollkommen. Bis dahin, also in allen vorherigen Episoden, war

Femme Fatales

October

$5.9
CAN $8.5
UK £4.2

Babes of Buffy,
Vampire Slayer

**JOANNA PACULA
ON "VIRUS"**

**KATIE HOLMES ON
"DISTURBING BEHAVIOR"**

Sarah Michelle Gellar
as Buffy, giving the
horror genre a
teenage makeover

SHANNON TWEED

ROBERTA COLLINS

LYDIA CORNELL

Volume 7 Number 5

10>

332057 0

In den Büchern von Anne Rice sind männliche Vampire die dunklen
Sexsymbole – die Zeitschrift *Femme Fatales* aber hat den neuen
Trend erkannt: die besten »Babes« gibt es »Im Bann der Dämonen«

ihre Arbeit zwar etwas, das sie daran hinderte, ein normales Teenagerleben zu führen, aber sie war nie gezwungen, ihr Vorgehen weiter zu hinterfragen. Alles war im Prinzip ganz einfach. Sie steht auf der Seite des Guten und kämpft für den Fortbestand der Menschheit und der Welt, so wie wir sie kennen. Auf der anderen Seite sind die Bösen, in erster Linie die Vampire, aber auch alle anderen Kreaturen, die das ›Hellmouth‹ gleich einem Magneten für Übernatürliches nach Sunnydale zieht. Ihre Vernichtung war nichts, worüber sie sich weiter Gedanken machen mußte, schließlich rettete sie so die Welt.

Durch die Begegnung mit Ford, der sich aus Verzweiflung für das Böse entschieden hat, erfährt sie zum ersten Mal, daß die Welt sich nicht so klar in Gut und Böse, Weiß und Schwarz aufteilen läßt, daß es vielmehr ein Reich dazwischen gibt. In dieser neuen Welt kann das Gute von den Umständen korrumpiert werden, das mag wie in Fords Fall eine unzeitige, tödliche Krankheit sein, kann aber genauso wie in Drusillas Fall auch die Boshaftigkeit eines anderen sein, der ein Leben zerstört und auf den Kopf stellt, bis aus Unschuld Verdorbenheit, aus Naivität Wahnsinn wird. Mit der Erkenntnis, daß selbst hinter den Vampir-Dämonen Schicksale stehen, kommt auch eine andere Sicht auf sie zustande. Sie sind zwar in ihrer heutigen Form Verkörperungen des reinen Bösen, waren aber einmal Menschen. Wie Buffy mit diesem neuen Bewußtsein umgehen wird, muß sich noch herausstellen. Die beiläufige Art, in der sie Ford tötet, hat etwas von einem Selbstexorzismus, als ob sie versucht, ihre Zweifel zu besiegen, indem sie fast mechanisch tötet. Ob sie diese Vorgehensweise auf Dauer aufrechterhalten kann, ist eine Frage, auf die BUFFY irgendwann einmal zurückkommen muß. Mit Fords Club und seinen Besuchern thematisiert Joss Whedon zum ersten Mal in der Serie die Vampir-Subkultur, die sich im

Amerika der letzten Jahre immer weiter ausgebreitet hat. Der Vampir ist spätestens seit den Anne-Rice-Romanen für viele Menschen zu einem romantischen Ideal geworden. Er verkörpert all ihre meist aus Einsamkeit geborenen (Fords Gemeinde nennt die Vampire bezeichnenderweise ›The Lonely Ones‹ [die Einsamen]) Träume von Unsterblichkeit und einer höheren, erfüllten Existenz. In jeder größeren amerikanischen Stadt haben diese von einem Leben als Vampir träumenden Menschen ihre Treffpunkte, ihre Clubs und Geschäfte. Die Anne-Rice-Biographin Katherine Ramsland hat eine Reise durch diese Szene gemacht und ihre dunkle, von Einsamkeit und Sehnsucht erfüllte Welt in »Piercing the Darkness. Undercover with Vampires in America Today« beschrieben. Diese Subkultur hat sich ein ganz eigenes Reich der Nacht geschaffen, von dem Joss Whedon hier nur einen kleinen Teil eingefangen hat – ein Reich, das Teil unseres ausgehenden Jahrtausends ist ... Wiederkehr der *fin-de-siècle*-Dekadenz des späten 19. Jahrhunderts im Gewand der Sehnsüchte und Ängste unserer Zeit.

Der Film, der auf einem Bildschirm im Sunset Club läuft, ist Dan Curtis' DRACULA (dt.: DRACULA), eine aus dem Jahr 1973 stammende Fernsehverfilmung von Stokers Roman mit Jack Palance in der Titelrolle. Mit dieser Geste, die einer zumindest bei uns recht unbekannten DRACULA-Version huldigt (in vielerlei Hinsicht ein direkter Vorgänger von Francis Ford Coppolas BRAM STOKER'S DRACULA), verbeugt sich Joss Whedon auch vor Dan Curtis, dem Schöpfer von DARK SHADOWS, der ersten großen Fernsehserie, deren Hauptfigur ein Vampir war. So offenbart Whedon völlig unaufdringlich seine Vorbilder, läßt uns mit unseren Assoziationen spielen. Dieser Verweis auf Stokers Roman und seine Verfilmungen korrespondiert auch sehr schön mit der Eröffnungsszene dieser Episode, in der sich Drusilla einem verlassenen, auf seine Mutter wartenden Jungen nähert, versucht, ihn in ein seltsames Gespräch zu verwickeln, um ihn dann in ihre Arme zu locken. Mit ihrem weißen Kleid und ihrem rätselhaften, von Wahnsinn zeugenden Singsang erinnert sie an die zum Vampir gewordene Lucy Westenra in Stokers Roman, die nachts Kinder dazu gebracht hat, mit ihr zu gehen, und dann von ihrem Blut getrunken hat.

BtVS-208
DAS MAL DES EYGHON
Originaltitel: THE DARK AGE

Erstausstrahlung USA: 10. November 1997

Regie: Bruce Seth Green. Drehbuch: Dean Batali & Rob Des Hotel. Gaststars: Robia La Morte (Jenny Calendar), Robin Sachs (Ethan Rayne), Stuart McLean (Philip Henry), Wendy Way (Deirdre), Michael Earl Reid (Hüter), Daniel Henry Murray (gruseliges Kultmitglied), Carlease Burke (Detective Winslow), Tony Sears (Angestellter im Leichenschauhaus), John Bellucci (Mann)

Inhalt:
Ein Mann irrt über den abendlichen Campus der Sunnydale High. Er scheint in Panik zu sein und sucht nach Giles. Plötzlich taucht aus dem Dunkel eine Frau auf, deren Körper und Gesicht wie der eines verrottenden Leichnams aussieht. Der Fremde nennt sie Deirdre und versucht dann verzweifelt, vor ihr zu fliehen. Doch die Tür, vor der er steht, ist verschlossen. Sie greift ihn an, erwürgt ihn und sackt selbst zusammen. Ihr Körper

verwandelt sich in eine blaue zähflüssige Masse, die Besitz von dem Körper des Toten zu ergreifen scheint.

Am nächsten Morgen wird Giles von der Polizei in der Bibliothek erwartet. Der Tote hatte keine Papiere bei sich, nur einen Zettel mit dem Namen des Bibliothekars. Im Leichenschauhaus identifiziert er den Unbekannten als Philip Henry, einen Freund aus London, von dem er seit zwanzig Jahren nichts mehr gehört hat.

Auf Henrys rechtem Arm ist eine seltsame Tätowierung, von der Giles behauptet, ihre Bedeutung nicht zu kennen. Aber er selbst hat genau die gleiche auf seinem linken Oberarm.

Am Abend sollte Buffy sich mit dem Wächter vor Sunnydales Krankenhaus treffen, da eine Lieferung mit Blutspenden ankommt, die meist Vampire anzieht. Doch Giles taucht nicht auf. So muß die Jägerin sich zunächst allein gegen drei Vampire durchsetzen – bis Angel auftaucht, der selbst etwas von der Lieferung stehlen will, ihr aber dann zu Hilfe kommt. Als die anderen Vampire verschwunden sind, bittet sie Angel, dafür zu sorgen, daß das Blut an seinem Bestimmungsort ankommt, und bricht zu Giles' Wohnung auf. Der Wächter benimmt sich mehr als seltsam. Er will nichts sagen, läßt Buffy aber auch nicht hereinkommen und ist anscheinend dabei, seine Probleme in Alkohol zu ertränken. Sofort nachdem die Jägerin gegangen ist, ruft er in London an und erfährt, daß seine frühere Freundin Deirdre vor kurzer Zeit gestorben sei. Inzwischen ist im Leichenschauhaus der Leichnam von Philip Henry wiedererwacht.

Samstag. Die Informatiklehrerin Jenny Calendar hat Willow, Xander und Cordelia für eine zusätzliche Stunde in die Schule bestellt. Buffy kommt hinzu, um von Miss Calendar, Giles' Freundin, zu erfahren, was mit dem Wächter nicht stimmt. Die Lehrerin weiß zwar nichts, aber Cordelia fällt wieder ein, daß sie dabeigewesen ist, als die Polizei Giles befragt hat. Äußerst beunruhigt eilt Buffy in die Bibliothek und überrascht dort Ethan Rayne, den früheren Freund von Giles, der das letzte Halloween in Sunnydale in ein gefährliches Chaos verwandelt hatte. Als sie den überwältigten Schwarzmagier zur Rede stellt, sagt er ihr, daß sie Giles nach dem ›Mal des Eyghon‹ fragen soll. Buffy ruft ihren Wächter an. Doch anstatt ihr Antworten zu geben, befiehlt er ihr nur, die Bibliothek und Rayne schnellstens zu verlassen. Beinahe im gleichen Moment erscheint Philip und greift Rayne an. Buffy überwältigt zunächst den Untoten, doch als Giles in der Bibliothek erscheint, kann er sich befreien. Es kommt zu einem Kampf, in dessen Verlauf Miss Calendar bewußtlos geschlagen wird. Plötzlich bricht Henrys Körper zusammen und verwandelt sich in die blaue Masse, die mit der bewußtlosen Jenny in Berührung kommt.

Während Rupert mit der wieder zu sich gekommenen und scheinbar ganz normalen Jenny zu sich nach Hause geht, stellen Buffy, Willow, Xander und Cordelia in der Bibliothek Nachforschungen über das ›Mal des Eyghon‹ an. Willow entdeckt in einem Buch, daß es sich bei Eyghon um einen auch ›Schlafwandler‹ genannten etruskischen Dämon handelt, der nur von toten oder bewußtlosen Körpern Besitz ergreifen kann. In dem Wissen, daß Jenny von dem Dämon besessen ist, eilt Buffy zu Giles und kommt gerade noch rechtzeitig, um zu verhindern, daß Miss Calendar Giles tötet. Sie flüchtet durch einen Sprung aus einem Fenster, und Giles erklärt der Jägerin endlich, was im Moment passiert. Vor zwanzig Jahren hat er gegen seine Bestimmung – sein Leben als Wächter – rebelliert, sein Studium abgebrochen und ist nach London gegangen, wo er Teil einer Clique wurde, die mit schwarzer Magie experimentierte. Zusammen mit Ethan Rayne ist er dabei auf ein Ritual gestoßen, das Eyghon wieder in die Welt bringt. Sie haben den Dämon wie eine Droge benutzt.

Doch dann ist etwas schiefgegangen, und einer aus ihrem Kreis ist gestorben. Ihre Versuche, den Dämon zu töten, sind gescheitert, und nun macht er Jagd auf sie und hat bis auf Ethan und Giles alle getötet.

Um Ethan zu warnen und zu beschützen, geht Buffy zu seinem Geschäft. Er überwältigt sie, tätowiert ihr das ›Mal des Eyghon‹ auf den Nacken und entfernt sein eigenes mit Säure. Gerade als er verschwinden will, erscheint Jenny, die sich fast vollständig in einen Dämon verwandelt hat. Es kommt zu einem Kampf zwischen Buffy, dem hinzugekommenen Giles und Jenny. In der Zwischenzeit hat Willow einen Plan entwickelt, wie man dem Dämon beseitigen kann. Zusammen mit Xander, Cordelia und Angel kommt sie in Ethans Geschäft an. Angel stürzt sich auf Miss Calendar und tut so, als wolle er sie erwürgen. Aus Angst um sein Leben verläßt Eyghon ihren Körper und geht auf den toten Angel über. Doch der Dämon in seinem Inneren ist stärker als Eyghon und schmeißt ihn aus seinem Körper. Da er von keinem Menschen Besitz ergreifen kann, stirbt der etruskische Dämon. Und Ethan Rayne verschwindet wieder unbemerkt.

Kommentar:

Die Sünden der Jugend und wie sie später zurückkommen, um die Menschen heimzusuchen, ist eines der großen Themen des Horrorgenres. Immer geht es dabei um den Preis, den man für etwas, das man getan und nicht gesühnt hat, bezahlen muß. Der Fatalismus, der dem Genre an sich eigen ist, tritt in diesen Geschichten noch deutlicher zutage. Niemand kann seinem Schicksal entkommen, irgendwann holt es ihn ein, und dann kann er froh sein, wenn ihm noch ein kläglicher Rest seines Lebens bleibt.

Mit THE DARK AGE variieren Dean Batali und Rob Des Hotel dieses Motiv und verschieben damit zum ersten Mal die Perspektive in BUFFY THE VAMPIRE SLAYER. Nicht mehr die Schrecken der Adoleszenz stehen hier im Vordergrund der Episode, sondern der Horror des Erwachsenseins, das immer auch bedeutet, daß man die Konsequenzen der Taten der Jugend tragen muß. Giles' dunkle Vergangenheit holt ihn nun erbarmungslos ein. Das Bild, das wir lange Zeit von ihm hatten und das in HALLO-WEEN (BtVS-206) schon erste größere Kratzer bekommen hat, zerfällt nun vollkommen, und ein neues entsteht. Bisher war er der etwas steife Brite, der pflichtbewußte, beinahe perfekte Wächter, der Buffy immer wieder anspornt, ihre Aufgabe ohne Zögern zu bewältigen, und dabei manchmal auch zu vergessen scheint, was es bedeutet, ein Teenager zu sein. Nun wissen wir, daß er selbst einmal gegen sein Schicksal rebelliert, ihm zu entkommen versucht hat. Der Giles, den wir bis zu diesem Punkt innerhalb der Serie kannten, offenbart sich als das Geschöpf eines inneren Kampfes, als Dr. Jekyll, der seinen Mister Hyde unter Kontrolle bekommen und besiegt hat. Von nun an wird auch das Verhältnis zwischen Buffy und Giles ein anderes sein. Er ist nicht mehr nur der überlegene Erwachsene, zu dem sie aufschauen kann und muß, er wird hier zu einem erfahreneren, aber im Prinzip gleichberechtigten Partner der Jägerin. Sie stehen nun auf einer Stufe, denn sie haben beide ihre Fehler gemacht, mit denen zu leben sie lernen müssen, und tragen beide innere Dämonen mit sich, gegen die sie immer kämpfen werden.

Auch in der Entwicklung der Figur der Willow nimmt THE DARK AGE eine zentrale Stellung ein. Sie ist es, die den Plan zur Vernichtung Eyghons entwickelt und sich so endgültig als Kämpferin gegen Dämonen etabliert. Hier vollzieht sich der Schritt von der Helferin, die in erster Linie am Computer arbeitet und Buffy mit Informationen versorgt, zu einer vollwertigen Partnerin der Jägerin, die zum einen die Slayerettes zusammenhält – wie hier in der Szene, in der sie Xander und Cordelia durch einen Wutanfall zur Vernunft bringt – und zum anderen auf Lösungen kommt, die der impulsiven, schnell zur reinen Gewaltanwendung tendierenden Buffy so nicht einfallen.

Wenn man die Geschichte des Horrorfilms der letzten fünfzig Jahre betrachtet, fällt auf, daß sich die in dieser Zeit entstandene amerikanische und die englische Tradition teilweise beträchtlich unterscheiden. Ihnen liegen beinahe gegensätzliche Motive zugrunde. Im amerikanischen Film, und nirgendwo wird das so deutlich wie im lange Zeit und nun wieder sehr populären Subgenre des *slasher movie*, geht es meist um Bestrafung, um die Folgen eines von der Gesellschaft nicht gebilligten Verhaltens. Deshalb bedeutet Sex zwischen Jugendlichen in diesen Filmen häufig ihren sofortigen Tod durch die Hand eines mörderischen Wahnsinnigen. ›Die Sünden, die sich rächen‹ ist ein anderes Leitmotiv, das sich durch das amerikanische Horrorkino zieht. Dabei müssen es gar nicht einmal nur private Sünden sein. Auch Vergehen der Gesellschaft wie die Zerstörung der Umwelt oder die Manipulation von Genen ziehen in diesen im Prinzip erzieherisch wirkenden Horrorfilmen den Schrecken nach sich, dann in Form von mutierten, die Menschen attackierenden Wesen.

Im amerikanischen Horrorkino leben alttestamentarische Vorstellungen von Schuld und Sühne, Sünde und Strafe weiter, die im englischen Horrorfilmen – wenn überhaupt – nur untergeordnete Bedeutung haben. Ein Grundzug der englischen Seele war immer schon eine gewisse morbide Faszination für Sadismus und Masochismus, für Geschichten von brutalen Morden und ausgefeilten Folter- und Hinrichtungstechniken. Schon die *gothic novels* des 18. und 19. Jahrhunderts sind von diesen Neigungen geprägt. Aber spätestens seit den fünfziger Jahren unseres Jahrhunderts gleicht ein großer Teil der erzählerischen und filmischen Horrorfiktionen aus England Expeditionen in die dunklen Bereiche des Menschen. So sind große Studien in Perversion entstanden wie Clive Barkers HELLRAISER oder »Anglo-Amalgamateds Trilogie des Abwegigen« (Hans Schifferle), also Arthur Crabtrees HORRORS OF THE BLACK MUSEUM (dt.: DAS SCHWARZE MUSEUM), Sidney Hayers CIRCUS OF HORRORS (dt.: DER ROTE SCHATTEN) und Michael Powells PEEPING TOM (dt.: AUGEN DER ANGST), die alle drei in den Jahren 1959 und 1960 entstanden sind und von Anglo-Amalgamated produziert wurden. In diesen Filmen haben Schrecken und Schmerz etwas unverhohlen Erotisches. Sie spielen mit unserer Schaulust, führen uns in das Herz der Finsternis, die wir selbst sind, und klären uns so über die menschliche Natur auf, ohne direkt auf sie einwirken zu wollen.

In THE DARK AGE führen Dean Batali und Rob Des Hotel diese beiden Traditionen zusammen. Die Grundstruktur der Geschichte entspricht zwar den amerikanischen Mustern, doch in der Ausgangsidee von fünf Menschen, die einen Dämon anrufen und in die Welt bringen, um – wie Giles es sagt – ›high‹ zu werden, also sich in einen Zustand der Ekstase, des auch sexuellen Rausches zu versetzen, und in den kurzen Alptraum-Sequenzen, in denen wir Giles und die anderen bei ihren Ritualen vor zwanzig Jahren sehen, lebt der Geist des englischen Horrors weiter. Der jüngere Giles und noch mehr Ethan Rayne sind für ihn typische Figuren, Gentlemen des Sadismus. Sie suchen nach Extremerfahrungen, das macht sie zu typischen *Décadents* der siebziger Jahre, die wie die romantischen Dichter Byron und

Shelley und ihre Nachfolger des *fin de siècle* mit Drogen und schwarzer Magie experimentieren.

BtVS-209   **BtVS-210**

DIE RIVALIN
DAS RITUAL

Originaltitel: WHAT'S MY LINE (1)
WHAT'S MY LINE

Erstausstrahlung USA: 17. und 24. November 1997

Regie: David Solomon (Part 1), David Semel (Part 2). Drehbuch: Marti Noxon & Howard Gordon (Part 1); Marti Noxon (Part 2). Gaststars: Seth Green (Oz), James Marsters (Spike), Eric Saiet (Dalton), Kelly Connell (Norman Pfister), Bianca Lawson (Kendra), Saverio Guerra (Willy), Juliet Landau (Drusilla), Armin Shimerman (Rektor Snyder), Michael Rothhaar (Mann im Anzug), P. B. Hutton (Mrs. Kalish), Danny Strong (Geisel), Spice Williams (Patrice)

Inhalt:
Es ist Karriere-Woche an der Sunnydale High – Zeit, sich darüber Gedanken zu machen, wie es weitergehen soll, wenn die Schule endlich abgeschlossen ist. Das Ganze hat mit seinen Fragebögen und deren Auswertung, den Informationsständen und Beratungsgesprächen etwas von einem Spiel und Jahrmarkt, und dementsprechend aufregt eilen die Schüler durch ihre für eine Woche verwandelte High School. Nur Buffy ist niedergeschlagen, weil sie alles daran erinnert, daß sie nie eine Karriere ihrer Wahl machen kann. Ihr Leben ist vorbestimmt durch ihr Schicksal, die Jägerin zu sein.

In Spikes Versteck arbeitet ein gelehrter, auf Übersetzungen aus antiken Sprachen spezialisierter Vampir an dem Buch (dem du-Lac-Manuskript), das Spike vor kurzem aus Giles' Sammlung hat stehlen lassen. Weil er nicht weiterkommt, aber wenig Zeit bleibt, um in ihm einen Hinweis auf ein Heilmittel für Drusilla zu finden, verliert Spike fast die Geduld. Aber Drusilla hält ihn zurück, weil ihr ihre Tarot-Karten sagen, wo sie den Codeschlüssel finden, den sie zur Übersetzung des Textes benötigen.

Am selben Abend begegnet Buffy auf dem Friedhof zwei Vampiren. Während sie den einen tötet, gelingt es dem anderen, dem Gelehrten, der etwas aus einem Mausoleum entwendet hat, zu entkommen. Die Jägerin kommt noch deprimierter als vorher nach Hause, wo Angel auf sie wartet. Er warnt sie, daß sich irgend etwas zusammenbraut. Als er merkt, wie niedergeschlagen sie ist, versucht er sie aufzuheitern, und lädt sie, die früher einmal davon träumte, Eisläuferin zu werden, für den nächste Abend zum Eislaufen ein.

Am nächsten Morgen berichtet Buffy Giles von den Vorkommnissen auf dem Friedhof. Der Wächter ist aufgebracht, weil Buffy den Grabraub nicht ernst genug genommen und keine weiteren Informationen gesammelt hat. Gemeinsam brechen sie zu dem Mausoleum auf, in dem ein Geistlicher namens du Lac beerdigt worden ist, der um die Jahrhundertwende aus der Kirche ausgestoßen worden ist und eine kleine Sekte gegründet hat. Von ihm stammte das Buch, das Giles gestohlen wurde und das verschlüsselte Beschreibungen von Ritualen enthält, die jede Art von Bösem in die Welt bringen können. Wieder in der Bibliothek, bringt Giles in Erfahrung, daß der Schlüssel für den Code ein besonderes Kreuz ist, das offenbar in der letzten Nacht aus dem Grab gestohlen wurde. Nun müssen sie alles daransetzen, um irgendwie vor Spike herauszubekommen, was in dem du-Lac-Manuskript steht.

In der Zwischenzeit hat der gelehrte Vampir seine Arbeit wieder aufgenommen; und Spike hat entschieden, daß Buffy nun endlich aus dem Weg muß. Deswegen gibt er ihre Ermordung bei den Kopfgeldjägern, einem auch als ›Taraka-Orden‹ bekannten Geheimbund von menschlichen und nicht-menschlichen Attentätern und Killern, in Auftrag. Noch im Laufe dieses Tages kommen drei seltsame Gestalten in Sunnydale an, zwei Männer – ein riesiger, unglaublich häßlicher Biker-Typ und ein von Tür zu Tür gehender Kosmetikvertreter – mit dem Bus und eine Teenagerin in Buffys Alter mit dem Flugzeug.

In der Eishalle, in der sie mit Angel verabredet ist, wird Buffy von dem Biker-Typen angegriffen. Er verfügt über ungeheure Kräfte, denn selbst der hinzugekommene Angel scheint gegen ihn nichts ausrichten zu können. Doch Buffy hat die richtige Idee und schneidet ihm mit einer Kufe ihrer Schlittschuhe die Kehle durch. Als Angel an einer Hand des toten Killers einen Siegelring entdeckt, ist er mehr als nur alarmiert und bittet die Jägerin, sich erst einmal irgendwo gut zu verstecken. Mehr will er im Moment nicht sagen. Deshalb geht Buffy zurück zu Giles in die Bibliothek und zeigt ihm den Ring. Der Wächter erklärt ihr, daß dieser Ring von Mitgliedern des ›Taraka-Ordens‹ getragen wird und sie sich wirklich in Gefahr befindet, wenn dieser Bund auf sie Jagd macht, denn er gibt nicht auf, bevor das Ziel erreicht bzw. beseitigt ist. Dabei spielt es auch keine Rolle, wie viele Attentäter sie tötet, es kommen immer wieder neue nach. Deshalb rät Giles Buffy genauso wie vorher schon Angel, daß sie sich verstecken soll, während er und die Slayerettes versuchen, mehr über den Orden in Erfahrung zu bringen.

In den nächsten Stunden überschlagen sich die Ereignisse in

Sunnydale. Angel will von einem schmierigen Barmann, der offensichtlich Verbindungen zur Vampir-Szene hat, erfahren, wer die Killer auf Buffy angesetzt hat. Dabei wird er von der Teenagerin überrascht, die an diesem Nachmittag mit dem Flugzeug angekommen ist und Buffy und Angel in der Eishalle beobachtet hatte. Sie greift den Vampir an, überwältigt ihn und sperrt ihn in einen Verschlag, in dem das Sonnenlicht ihn am Morgen töten wird. Spikes Übersetzer hat mittlerweile das du-Lac-Manuskript entschlüsselt und damit ein Ritual gefunden, das Drusillas Stärke wieder zurückbringen wird. Xander und Cordelia gehen am frühen Morgen zu Buffys Haus, um nach ihr zu suchen. Kurz nachdem sie sich Zutritt verschafft haben, erscheint der Kosmetikvertreter vor der Tür. Als er Cordelia sagt, daß er Proben verschenken will, läßt sie ihn sofort herein. Buffy hat sich in Angels Wohnung zurückgezogen. Dort wird sie morgens von der Teenagerin mit einer Axt angegriffen. Sie kann die Fremde erst einmal abwehren. Als Buffy sie fragt, wer sie ist, stellt sie sich als Kendra, Vampir-Jägerin, vor ...

Von Kendras Offenbarung vollkommen überrascht handelt Buffy mit ihr einen Waffenstillstand aus und erklärt ihr, daß sie die Jägerin sei. Um die Sache zu klären, gehen die beiden zu Giles, dessen Nachforschungen ergeben, daß Kendra die Wahrheit sagt. Die einzige Erklärung, die sie für diesen noch nie dagewesenen Fall (daß es zwei Jägerinnen gibt) finden, ist, daß Kendra berufen wurde, als Buffy für einen kurzen Moment tot war.

In Buffys Haus hat Mr. Pfister, der Kosmetikvertreter, inzwischen seine wahre Natur offenbart. Er ist einer der nichtmenschlichen Killer des Ordens, der aus Maden und Würmern besteht, die ein wie ein Mensch aussehendes Wesen formen können. Als er in Tausende von Maden zerfällt und so Cordelia und Xander angreift, können sie gerade noch in den Keller des Hauses fliehen.

Als Buffy erfährt, daß Kendra Angel eingesperrt hat, damit ihn das Sonnenlicht tötet, bricht sie sofort mit der zweiten Jägerin zu der Bar auf, um ihn zu retten. Inzwischen hatte ihn allerdings Willy, der Barmann, befreit und in die Kanalisation gestoßen. Dort erwarteten Spike und einer seiner Helfer Angel und seinen ›Retter‹. Denn für das Ritual, das Drusilla heilen soll und das in der kommenden Nacht bei Neumond stattfinden soll, braucht Spike das Blut von Angel, der Dru vor über hundert Jahren verwandelt hatte. Buffy und Kendra finden in der Bar nur noch Willy vor, der ihnen sagt, er habe Angel gerettet, der daraufhin unverletzt verschwunden sei. Wieder zurück in der Schule merkt Buffy, daß Kendra in vielerlei Hinsicht die Jägerin ist, die sich Giles gewünscht hätte, eine pflichtbewußte Kämpferin, die sich durch nichts ablenken läßt. Deprimiert und eifersüchtig überlegt sie, ob sie nicht jetzt einfach zurücktreten, die Arbeit Kendra überlassen könnte, um wieder ein normales Leben zu führen.

Xander und Cordelia streiten sich in Buffys Keller darüber, wer von ihnen an ihrer mißlichen Lage schuld ist. Plötzlich fallen sie sich in die Arme und küssen sich heftig. Von ihrem Verhalten entsetzt, beschließen sie, das Risiko einzugehen und ihr Versteck zu verlassen. Pfister wartet noch in seiner Insektenform auf sie. Da er sich aber so nur sehr langsam bewegen kann, gelingt es ihnen, aus dem Haus zu flüchten und zu Cordelias Auto zu kommen, mit dem sie schnellstens verschwinden.

An der Sunnydale High herrscht für einen Moment so etwas wie Normalität. Willow unterhält sich mit Oz, einem Mitschüler und Gitarristen, der genauso wie sie von dem größten Software-Konzern der Welt umworben wird. Oz hatte sie schon früher ein paarmal gesehen und immer vergeblich versucht, sie anzusprechen. Buffy ist an dem Informationsstand der Polizei, weil die Auswertung ihres Fragebogens ergeben hat, daß sie eine Karriere bei der Polizei anstreben sollte. Plötzlich eröffnet die den Stand leitende Polizistin, der dritte der auf Buffy angesetzten Killer, mit seiner Pistole das Feuer. Die Jägerin kann sich zwar in Deckung bringen, aber Oz wird getroffen, als er Willow aus der Schußlinie schubst. Kendra kommt Buffy zu Hilfe, und die falsche Polizistin flüchtet.

Giles hat in seinen Büchern eine Inhaltsangabe des du-Lac-Manuskripts gefunden und so erfahren, daß Spike in dieser Nacht ein Ritual vollziehen wird, bei dem das Blut ihres Erschaffers Drusilla heilen wird, das aber ihren Vampirvater töten wird. Nun weiß Buffy, daß Angel, der in Spikes Versteck gerade von Dru mit Weihwasser gequält wird, noch an diesem Tag sterben soll. Um ihn zu retten, geht sie mit Kendra noch einmal zu dem Barmann Willy. Nachdem sie ihn fast zusammengeschlagen haben, erklärt er sich endlich bereit, die beiden an den Ort der Zeremonie zu führen. Während Kendra zu Giles und den Slayerettes geht, um sich mit dem Wächter zu beraten, bringt Willy Buffy zu einer verlassenen Kirche, in der Spike gerade mit dem Ritual begonnen hat, bei dem Angels Blut in Drus Körper übertragen wird. Nun steht die Jägerin nicht nur mehreren Vampiren, sondern auch den beiden ›Taraka-Killern‹ und damit einer nicht zu überwindenden Übermacht gegenüber. Die falsche Polizistin eröffnet das Feuer auf Buffy, und wieder wird sie von Kendra gerettet, die gerade noch rechtzeitig mit Giles, Xander, Willow und Cordelia in der Kirche angekommen ist. Xander und Cordelia schalten Mr. Pfister aus, Giles und Willow erledigen einige Vampire, und Buffy unterbricht das Ritual und rettet so Angel. Spike setzt die Kirche in Brand und versucht, mit Drusilla zu fliehen. Buffy wirft einen Weihrauchschwenker nach ihnen und trifft Spike im Rücken. Die beiden Vampire fallen gegen die große Orgel, die über ihnen zusammenbricht, während sich um sie herum die Flammen ausbreiten.

In dem Glauben, daß alles erledigt ist, verläßt Kendra am nächsten Tag die Stadt. Doch Drusilla und Spike haben überlebt. Das Ritual hat der Wahnsinnigen ihre Stärke zurückgegeben. Sie trägt in der nächsten Nacht den schwer verletzten Spike aus den Trümmern der Kirche.

Kommentar:

Seit dem Pilotfilm, der im Prinzip aus zwei Episoden bestand, die bekanntlich auch getrennt ausgestrahlt hätten werden können, hat es innerhalb von BUFFY THE VAMPIRE SLAYER keine Doppelfolge mehr gegeben. Die einzelnen, für sich alleine stehenden Episoden mit ihren Zwängen, eine abgeschlossene Geschichte in etwa 45 Minuten zu erzählen und dabei die Entwicklung der Serie voranzutreiben, haben Joss Whedon und seinem Team achtzehn Teile lang vollkommen ausgereicht, um mit schnellen, kurzen Strichen ein Bild von der Welt der Jägerin zu entwerfen. Sie haben über diese Zeit diese schwierige Erzählform quasi perfektioniert. Denn im Gegensatz zu manchen anderen Serien – ein typisches Beispiel ist die nicht ganz geglückte erste Staffel der an sich sehr bemerkenswerten NBC-Show PROFILER (dt.: PROFILER) herrscht bei jeder Folge ein ideales Gleichgewicht zwischen ›Binnen‹- und Rahmenhandlung. Der Rhythmus innerhalb der einzelnen Geschichten stimmt, er wird nie durch die *soap-opera*-Elemente der Serie, also die langfristig angelegten Entwicklungen der Figuren und ihrer Konstellation, gestört. Auf der anderen Seite leidet aber auch das große Ganze nie unter der eine einzelne Folge beherrschenden Handlung, Whedon und seine Autoren haben bei jeder

Folge immer auch den Überblick behalten, so daß BUFFY eben nicht nur eine Abfolge von einzelnen Episoden mit ihren abgeschlossenen Geschichten ist.

In den zurückliegenden zwanzig Folgen hat Joss Whedon zusammen mit David Greenwalt und den anderen Autoren der Serie wie bei einer Art Puzzle, zu dem man jede Woche ein paar neue Teile bekommt, eine große BUFFY-Mythologie mit bestimmten Regeln, Monstern und Mechanismen entwickelt. Wir wissen nun alle in etwa, was in Sunnydale vor sich geht und welche Rolle Buffy und ihre Freunde dabei spielen. Nun ist der ideale Zeitpunkt gekommen, um diese Mythologie noch einmal zu erweitern, unsere durch das Bisherige festgefügten Vorstellungen ein bißchen durcheinanderzuwirbeln. So etwas ist allerdings in einer einzelnen Episode nur sehr schwer möglich. Deshalb ist hier, so ungefähr in der Mitte der zweiten Staffel, genau der richtige Punkt gekommen für Doppelfolgen, die die Grenzen des BUFFY-Universums noch einmal neu definieren. Der Raum für wirkliche Überraschungen, die über den Tod eines in mehreren Folgen etablierten Nebencharakters hinausgehen, ist geschaffen, und Joss Whedons Team nutzt ihn mit den beiden Zweiteilern, WHAT'S MY LINE 1 + 2 und SURPRISE (BtVS-213) & INNOCENCE (BtVS-214), die das mittlere Drittel dieser *season* beherrschen, ausgiebig.

Die beiden Teile von WHAT'S MY LINE stellen die Welt von BUFFY auf den Kopf und rücken dabei einiges zurecht. Einige der hier präsentierten Wendungen haben schon die Kraft eines Erdbebens, das den Kosmos der Serie nachhaltig erschüttert und den Weg freimacht für Entwicklungen, mit denen man so nicht gerechnet hat. Dies gilt besonders für die Ankunft Kendras, die aus der Karibik kommende zweite Jägerin, die für Buffy zugleich Konkurrentin und Partnerin ist. Eines der unumstößlichen Gesetze der BUFFY-Mythologie war bis zu diesem Zeitpunkt das leicht umgewandelte HIGHLANDER-Motto ›Es kann nur eine geben‹. Auch wenn es über die Welt verteilt verschiedenste Kandidatinnen gibt, die zur Jägerin werden können, hat doch immer nur eine diesen Titel und die damit verbundenen Pflichten. Alle anderen warten und können nur im Fall des Todes einer Jägerin an deren Stelle rücken.

Nun ist man bisher davon ausgegangen, daß der Tod eines *Slayer* durch ihren Wächter bestätigt und quasi gemeldet werden muß, so daß dann – nach welchen Kriterien auch immer – die nächste bestimmt wird. Schon dieses Prinzip birgt einige Rätsel, die auf einen größeren, in den bisherigen Folgen noch nicht erforschten Zusammenhang hindeuten. Denn während die Wächter aus Familien zu stammen scheinen, die über Jahrhunderte hinweg Wächter gestellt haben, diese Aufgabe sich also innerhalb von Familienlinien vererbt, gibt es zwischen den einzelnen Jägerinnen keine direkten Bande. Aber es scheint unter den Jägerinnen so etwas wie Reinkarnation oder zumindest über Jahrhunderte und die Grenze zwischen Leben und Tod hinweggehende Verbindungen zu geben. Dies hat Joss Whedon auf jeden Fall in seinem Drehbuch für den Film angedeutet, der diese Seite des *Slayer*-Universums weit stärker beleuchtet, als die Serie es bisher getan hat. Damit stellt sich trotz allem schon die Frage, wie ein Wächter ein Mädchen findet, das zur Jägerin werden kann, woran er es erkennen kann. Außerdem bleibt unklar, wer oder was die Reihenfolge bestimmt, in der innerhalb einer Generation die einzelnen dazu befähigten Mädchen als *Slayer* ausgewählt werden. Beide Fragen weisen auf einen größeren Geheimbund oder eine geheime Macht hin, die hinter den Jägerinnen und Wächtern steht, sie quasi als ihre Armee benutzt.

Durch das Auftreten Kendras werden die Fragen zu dem größeren Ganzen, das sich scheinbar dem Kampf gegen das Böse in Form von Vampiren, Dämonen und ähnlichem verschrieben hat, noch einmal komplizierter. Die Erklärung für ihr Erscheinen ist Buffys Tod in PROPHECY GIRL (BtVS-112). Doch da Buffy nur ganz kurze Zeit tot war und dann sofort wieder von Xander ins Leben zurückgeholt worden ist, gab es niemanden, der den Kontrollinstanzen über das Ableben der Jägerin hätte berichten können. Also muß es ein Band zwischen der jeweiligen Jägerin und der für ihre Auswahl zuständigen Kraft geben, von dem Buffy selbst keine bewußte Ahnung hat und das die Einsetzung Kendras als Reaktion auf Buffys Tod ausgelöst hat. Damit bleibt es aber immer noch ein Rätsel, weshalb nach Buffys beinahe sofortiger Rückkehr nicht auch die aus ihrem Tod resultierenden Maßnahmen gestoppt wurden. Welche Bedeutung hat Buffy seit ihrem kurzzeitigen Ableben für die Kraft, die hinter Wächtern und Jägerinnen steht? Ist sie nun im eigentlichen Sinne gar nicht mehr die Jägerin? Und warum wußte Giles nichts über Kendra und die Vorgänge hinter den Kulissen seiner und Buffys täglicher Arbeit?

All diese Fragen läßt WHAT'S MY LINE offen. Sie hier in dieser Form zu stellen scheint vielleicht sogar etwas seltsam und übertrieben; schließlich geht es um eine Fernsehserie, und in denen regieren meist die Dramaturgie des Augenblicks und der Einfallsreichtum der jeweils für die einzelne Folge zuständigen Drehbuchautoren. So berechtigt diese Einwände im Prinzip sein mögen, auf BUFFY lassen sie sich nur schwer anwenden. Denn wie schon mehrfach erwähnt zeichnet sich diese Serie gerade durch den enormen Einfluß aus, den Joss Whedon auf die gesamte Entwicklung der Serie hat. Er besitzt die vollständige Kontrolle über die Ereignisse innerhalb des von ihm geschaffenen Universums. Insofern liegt die Vermutung nahe, daß die Serie zu irgendeinem Zeitpunkt, allerdings nicht mehr innerhalb der zweiten Staffel, auf diese Fragen zurückkommen wird und dann die Stellung der Jägerin innerhalb des Kosmos von BUFFY in den Fokus des Blicks rückt.

Aber auch zwei andere Ereignisse kehren in dieser Doppelfolge bislang feststehende Verhältnisse um; allerdings kommen sie nicht so überraschend wie die Ankunft von Kendra. Der Kuß von Xander und Cordelia stellt zwar ihre bisherige Beziehung auf den Kopf, doch bereits in HALLOWEEN (BtVS-206) hat sich angedeutet, daß die von beiden Seiten immer offen zur Schau gestellte gegenseitige Abneigung nur ein Teil dessen ist, was sie füreinander empfinden. Der Kuß, der aus einer besonderen emotionalen Anspannung – dem Gefangensein in Buffys Keller – resultierte, wiederholt sich dann noch einmal, und es ist klar, daß aus den beiden ein Paar wird – ein Paar, das in einer für die Serie typischen Art die Unwägsamkeiten und Widrigkeiten der Gefühle illustriert, die eben auch Menschen zusammenbringen, die eigentlich nicht zusammenzupassen scheinen. Im ganzen Universum von BUFFY gibt es in dem Sinne kein einziges Traumpaar. Alle von Liebe geprägten Beziehungen werden von entgegengesetzten Gefühlen oder von äußeren Einflüssen bedroht. So besitzt die Serie gerade in der Darstellung der Liebe eine ungeheure Wahrhaftigkeit, in der sich die wilde und gefährliche Natur von Leidenschaften genauso wie die immer gefährdete Fragilität von zärtlichen Gefühlen spiegeln.

Am Ende von WHAT'S MY LINE ist Drusilla wieder stark und Spike schwer verletzt. Die Äußerlichkeiten haben sich verkehrt und bringen so die wahre Natur ihrer Beziehung zum Vorschein. Denn schon in den vorherigen Folgen deutete eigentlich alles darauf hin, daß die wahnsinnige Drusilla die treibende Kraft der beiden ist. Sie übt eine ungeheure Macht auf Spike aus. Er war es zwar, der aufgrund ihrer körperlichen Schwäche immer für sie gehandelt hat, doch hinter seinen Entscheidungen standen jedes Mal Äußerungen Drusillas. Insofern war sie seit der Ankunft der beiden in Sunnydale der gefährlichere Gegner für Buffy.

Alle bisherigen Folgen porträtieren ein ständiges Auf und Ab in Buffys Haltung gegenüber ihrem Schicksal. Sie hadert oft mit ihm, sehnt sich nach einem normalen Teenager-Leben. Aber immer wieder führt ihr der Verlauf der Ereignisse vor Augen, daß ihre Bemühungen nicht nur wichtig für die Welt, sondern auch für sie selbst sind. Diese Zerrissenheit zwischen Ablehnung und Akzeptanz ihrer Berufung ist auch Teil eines inneren emotionalen Chaos. Es ist dieses Wechselspiel zwischen Niedergeschlagenheit und einem Glücksgefühl, das zum Leben jedes Teenagers gehört, das aber bei ihr noch durch ihr Schicksal intensiviert wird. Die Neigung zum Manisch-Depressiven ist ein Aspekt des realen Horrors der Jugend, der von Whedon hier überhöht wird, indem er ihn von einer rein emotionalen Ebene auf die eines realen Gewissens- und Interessenkonflikts hebt. In WHAT'S MY LINE erreicht Buffys Zerrissenheit ihren Höhepunkt. Am Anfang zerfließt sie vollkommen in Selbstmitleid, am Ende hat sie zum ersten Mal wirklich erkannt, daß ihre Berufung mehr als nur ihr Schicksal ist. Sie ist ein Teil ihrer selbst, über sie definiert sich ihre Persönlichkeit.

Als Katalysator für diese Erkenntnis, die Buffy auf eine andere Ebene bringt, wirkt Kendra. Sie ist das Gegenbild von Buffy, eine Jägerin, die ganz nach einem »Handbuch« lebt, von dessen Existenz Buffy nicht einmal etwas geahnt hat. Kendra hatte nie ein Leben außerhalb ihrer Berufung. Alles, was war, bevor sie offiziell zur Jägerin wurde, war nur Training, Vorbereitung für den einen Augenblick, in dem ihre Existenz Bedeutung bekommt. Sie war immer nur eine Prinzessin, die auf ihre Regentschaft als Königin, also als *Slayer*, gewartet hat. Mit Kendra kommentiert die Serie auch das Schicksal aller Kinder, die von ihren Eltern für deren Ambitionen geopfert werden. Anders als Buffy wußte die karibische Jägerin immer, daß ihr Leben sich über ihre Berufung definiert. Im Vergleich zur ihr hat Buffy noch eine ganz normale, fast alltägliche Jugend, denn sie hat Freunde, jemanden, in den sie verliebt ist, und gelegentlich auch einmal ein bißchen Freizeit. Wenn sie das am Ende erkennt und zu schätzen weiß, begreift sie auch, daß sie im Prinzip das beste beider Welten hat. Nun wird ihre Zerrissenheit zu ihrer Stärke, denn sie ist es, die sie auch in ihre Arbeit als Jägerin Gefühle einbringen läßt, die sich Kendra untersagt. Aber es sind diese Gefühle, die Buffy ihre Stärke geben – das steht nach WHAT'S MY LINE außer Frage.

BtVS-211
TED
Originaltitel: TED

Erstausstrahlung USA: 8. Dezember 1997

Regie: Bruce Seth Green. Drehbuch: David Greenwalt & Joss Whedon. Gaststars: John Ritter (Ted Buchanan), Kristine Sutherland (Joyce Summers), Robia La Morte (Jenny Calendar), Ken Thorley (Neal), James G. MacDonald (Detective Stein), Jeff Pruitt (1. Vampir), Jeff Langton (2. Vampir)

Inhalt:

Ein ruhiger Abend in Sunnydale. Buffy kommt mit Willow und Xander zu sich nach Hause. Als sie in die Küche geht, erlebt sie eine für sie wenig erfreuliche Überraschung. Ihre Mutter küßt gerade einen ihr fremden Mann. Etwas unbeholfen stellt Joyce den Mann als Ted vor, einen Software-Vertreter, der den Computer in ihrer Galerie auf den neuesten Stand gebracht hat. Allem Eindruck nach hat Buffys Mutter mit ihm den idealen Mann gefunden. Er ist freundlich, verständnisvoll und kocht dazu noch hervorragend. So sind auch Willow und Xander sofort von ihm begeistert, nur Buffy ist nicht glücklich.

Aber nicht überall herrscht eine solche Eintracht wie die zwischen Joyce und Ted. Giles und Miss Calendar wissen immer noch nicht, wie sie mit den Ereignissen um den Dämon Eyghon, der von Jenny Besitz ergriffen hatte, umgehen sollen. So weist die Lehrerin den Bibliothekar an einem Morgen in der Schule recht schroff ab.

Ted überredet Buffy, Willow und Xander, mit ihm und Joyce am Samstagmorgen Minigolf spielen zu gehen. Während der Partie schummelt Buffy einmal, und Ted bekommt es mit. Nun zeigt er zum ersten Mal ein anderes Gesicht. Er spielt sich Buffy gegenüber als autoritärer Vater auf und droht, sie zu schlagen. Als die anderen hinzukommen, tut er so, als sei nichts gewesen. Buffy erzählt ihrer Mutter später von dem Vorfall, doch die glaubt Ted, der ihr schon eine andere Version der Geschichte gegeben hat, und nicht ihrer Tochter.

Buffy bittet Willow, mit Hilfe ihres Computers herauszufinden, wo Ted arbeitet. Noch am selben Tag sucht die Jägerin das Büro auf und erfährt von einem Kollegen Teds, daß er der beste Verkäufer in der Firma ist, ›die Maschine‹ genannt wird und alle anderen froh sind, wenn er in zwei Monaten heiratet und erst einmal Urlaub macht. Am Abend – Ted hat für Buffy und Joyce Dinner zubereitet – fragt die Jägerin die beiden, ob sie verlobt seien. Sie verneinen, aber Ted drückt seine Hoffnung aus, daß sie, wenn alles so weiterläuft, irgendwann diesen Schritt wagen. Später am selben Abend. Buffy kommt von ihrem Rundgang zurück und klettert wie immer heimlich durch das Fenster in ihr Zimmer. Dort erwartet sie schon Ted, der in ihrer Abwesenheit in ihren Schränken gestöbert und ihr Tagebuch gelesen hat. Als Buffy sich darüber aufregt, droht er, das Tagebuch an Joyce weiterzugeben und dafür zu sorgen, daß sie in einer geschlossenen Anstalt landet. Der Streit eskaliert, und Ted schlägt die Jägerin. Darauf hat sie nur gewartet. Nun macht sie all ihrer Wut Luft und schlägt zurück. Im Laufe des Kampfes fällt Ted die Treppe hinunter und stirbt. Joyce versucht Buffy zu schützen, als die Polizei kommt. Von Schuldgefühlen geplagt, erzählt Buffy, was passiert ist. Sie muß daraufhin mitkommen und eine ausführliche Aussage machen, wird aber erst einmal wieder entlassen.

Am nächsten Tag kommt Buffy vollkommen niedergeschlagen in die Schule. Alle gucken sie nur von der Seite an und reden hinter ihrem Rücken. Selbst ihre Freunde wissen nicht, wie sie sich verhalten sollen. Aber ihr Vertrauen zu Buffy ist größer als ihre Zweifel aufgrund ihres gesamten Verhaltens gegenüber Ted. Gemeinsam versuchen Willow, Xander und Cordelia, etwas über Ted herauszufinden, das Buffys Version bestätigt. Zunächst finden sie nichts, und Xander ist deshalb vollkommen außer sich. Als er ein Plätzchen ißt, das Ted vor ein paar Tagen für den Ausflug zum Minigolf gebacken hat, verändert sich aber sein Verhalten plötzlich. Nun ist auf einmal Ruhe angesagt, und es gibt keinen Grund mehr, sich verrücktzumachen. Dieser Stimmungswandel macht Willow mißtrauisch. Sie untersucht die

Plätzchen und stellt fest, daß Ted ein Beruhigungsmittel beige-
mischt hat. Außerdem entdeckt Cordelia in den Akten der Stadt,
daß Ted seit 1957 – dafür sah er übrigens noch sehr jung aus –
viermal verheiratet war, aber nie geschieden wurde.

Giles entscheidet sich dafür, daß er, bis Buffy sich wieder einigermaßen beruhigt hat, ihre nächtlichen Rundgänge übernimmt. Während er durch einen Park patrouilliert, gesellt sich
Jenny zu ihm, um sich für ihr Verhalten ihm gegenüber in der
letzten Zeit zu entschuldigen. In diesem Moment greift sie ein
Vampir an. Giles kämpft mit ihm, und Jenny nimmt die Armbrust, um den Untoten zu erledigen. Doch sie trifft den Wächter.
Giles zieht sich den Pfeil selbst aus dem Rücken und jagt ihn
dem Vampir ins Herz.

Willow, Xander und Cordelia suchen das Haus von Ted auf und
entdecken im Keller eine ganz im Stil der fünfziger Jahre einge-
richtete Wohnung. Als Xander sich umsieht, macht er einen
besonders grausigen Fund. In einem Schrank hat Ted die Leichname seiner vier Frauen versteckt.

Inzwischen ist in Buffys Zimmer ein wundersam lebendiger Ted
aufgetaucht. Es kommt erneut zu einem Kampf, bei dem die
Jägerin seinen Arm mit einer Nagelfeile verletzt und so den Blick
auf das Innere eines Roboters freilegt. Ted gelingt es daraufhin,
Buffy niederzuschlagen. Nun geht er zu der vollkommen über-
raschten und angesichts seines seltsamen Benehmens wenig
erfreuten Joyce. Er will sie unbedingt mitnehmen. Als sie sich
weigert, schlägt er auch sie nieder. Buffy kommt gerade noch
rechtzeitig dazu. Während Joyce bewußtlos ist, zerstört sie den
Roboter mit einer Pfanne und läßt seine Überreste verschwinden.

Kommentar:

Das amerikanische Fernsehen wird von einem strikten System von Zensur und Selbstzensur beherrscht, einem System, das den Machern, Regisseuren und Drehbuchautoren, nur einen geringen Spielraum läßt. Ein bißchen ähnelt die Situation beim Fernsehen den Zuständen im goldenen Zeitalter Hollywoods, als nach der Einführung des *production code* die Leinwand rein bleiben sollte und die Filmemacher neue Wege finden mußten, um Tabus zu umgehen. Eine Ästhetik des Indirekten entstand, von der zum Teil auch heute noch das Fernsehen profitieren kann. In Serien ist zwar jetzt, Ende der neunziger Jahre, einiges mehr möglich als noch vor zehn Jahren, aber ein Umweg über Genre-Geschichten, über die Auslagerung der Realität in das Phantastische von Horror und Science Fiction, ist meist immer noch notwendig. So haben Serien wie X-FILES, MILLENNIUM oder BUFFY THE VAMPIRE SLAYER von Anfang an einen etwas größeren Spielraum.

Joss Whedon und seine Autoren nutzen die Freiheiten, die das Genre der Serie mit sich bringt, geradezu genial aus. Nach THE WITCH (BtVS-103), dieser Zerstörung der Legende vom amerikanischen Traum, ist nun TED eine weitere zutiefst subversive Episode. Unterminierte die Geschichte von dem gescheiterten Cheerleader die Luftschlösser der Illusion vom ewigen Glück, über die sich Amerika immer wieder aus sich selbst heraus neu erfindet, zersetzen Joss Whedon und David Greenwalt mit ihrem Skript nun die Ideologie der *family values*, der sogenannten Familienwerte, das Fundament, auf dem das Amerika des (weißen) Mittelstandes immer noch erbaut ist. Ted ist der ideale Familienvater. Er hat einen guten Job, ist bereit, einen großen Teil der Hausarbeit zu übernehmen, sorgt sich um die Erziehung seiner Stieftochter, glaubt an Gott und Werte wie Ehrlichkeit,

Fleiß und Gehorsam, die alleine die Welt vor dem sie bedrohenden Chaos bewahren können. So betrachtet stammt er direkt aus den Reden und Broschüren all der amerikanischen Konservativen, für die eine heile Familie auch eine heile Welt bedeutet. Aber Ted ist ein Monster, ein Roboter – im wörtlichen wie im übertragenen Sinne. Denn dieser perfekte Mann und gute Amerikaner, so wie er in den achtziger Jahren von der Politik Ronald Reagans herbeigesehnt wurde, ist wirklich nicht mehr als eine Maschine, die stur nach einem starren Wertesystem lebt, das einer Software gleicht, die ihm einprogrammiert wurde. Mit dieser Sicht spielen Whedon und Greenwalt noch einmal dadurch, daß sie Ted zu einem Software-Vertreter gemacht haben. Er ist das, was er verkauft.

Der Stoff eigentlich aller BUFFY-Geschichten ist aus den Mythen Amerikas und seiner Popkultur geschöpft. Sie variieren Ideen und Legenden, Romane und Filme, und werfen dabei ein neues Licht auf sie. Aber noch in keiner anderen Episode ist den Machern der Serie eine so wüste und dabei doch so homogene Mischung der Mythen und Ikonen gelungen wie bei TED. Es fällt schon schwer, alle Einflüsse nur aufzuzählen; sie in ihrer Vernetzung – TED ist auf seine Art auch ein Internet des amerikanischen Horrors des 20. Jahrhunderts – kenntlich zu machen, ist beinahe unmöglich. Am deutlichsten ist die Episode von Joseph Rubens 1986 entstandenem Psycho-Horror THE STEPFATHER (dt.: KILL, DADDY, KILL! [Kino- und österreichischer TV-Titel] bzw. THE STEPFATHER [RTL-Titel]) beeinflußt. In diesem Film, der damals häufig als direkter Kommentar zur Politik der *family values* gesehen wurde, sucht ein Mann, der als Vertreter und Makler arbeitet, sich alleinerziehende Mütter, um mit ihnen und ihren Kindern perfekte Kleinfamilien zu gründen. Sobald aber etwas schiefläuft, das Idyll Familie beispielsweise durch den

Mit solchen ungebetenen Gästen wird Buffy
spielend fertig – der neue Freund ihrer Mutter macht ihr
hingegen ziemliche Schwierigkeiten …

eigenen Willen eines der Kinder gestört wird und seine Bemühungen um Ordnung und eine Sterilität, wie sie das Fernsehen und die Familienmagazine der fünfziger Jahre propagiert haben, scheitern, beginnt er, sich an einem anderen Ort eine neue Identität und Familie aufzubauen. Die Mitglieder der alten Familie tötet er dann. In Rubens grandiosem Film ist es nicht so sehr der Schlaf der Vernunft, der Monster gebiert, es ist vielmehr ein falscher Traum von lebloser, scheinbar vernünftiger Normalität. Gerade in den Momenten, in denen Ted ausrastet und sich Buffy gegenüber vollkommen autoritär benimmt, erinnert er an den *stepfather*.

Während Joseph Rubens Film auf die fünfziger Jahre, die von Konservativen der Vereinigten Staaten so gerne zum letzten Idyll, zur noch unzerstörten heilen Welt stilisieren, nur indirekt anspielt, beziehen Joss Whedon und David Greenwalt diese Zeit direkt mit ein. In seiner Wohnung, die all die Ideale dieses Jahrzehnts der Kommunistenjagd und Biederkeit repräsentiert, hat er sich ein Museum geschaffen, einen Ort, an dem die Zeit so wie für den Roboter stehengeblieben ist. So wie die Leichen seiner Frauen hat dieser Blaubart der *suburbia* auch eine Epoche konserviert, in der den Mythen zufolge Amerika noch Unschuld besaß. Er ist ein Wahnsinniger, ein Roboter der Ordnung, eine Maschine leblosen Konformismus, aber zugleich hat er auch etwas von den großen Sehnsüchtigen, die immer wieder die Horrorgeschichten des Kinos und der Literatur bevölkert haben. Er sehnt sich nach seiner großen Liebe, die ihn verlassen hat, weil er krank wurde, und nach der Zeit, als alles scheinbar noch in Ordnung war. Nur kann er beides, die Zeit und die Liebe, nicht festhalten, und so klammert er sich mit Gewalt an sie, fesselt sie durch den Tod an sich und erschafft damit ein präpariertes Paradies.

Bei all dem ist Ted Buchanan eben nicht nur ein Monster, er ist wie die Inca-Mumie in INCA MUMMY GIRL (BtVS-204) eine tragische Figur. In ihm greifen Whedon und Greenwalt auch das Motiv des *mad scientist*, des wahnsinnigen Wissenschaftlers, auf, der hier aber anders als der Schüler in SOME ASSEMBLY RE-QUIRED (BtVS-202) kein Altruist, sondern ein Egomane ist. Der Mann, der, um weiterzuleben, einen Roboter baut, der sein Bewußtsein hat, ist dabei auch eine typische Figur der fünfziger Jahre, die an die Wissenschaftler aus Filmen wie Felix Feists DONOVAN'S BRAIN (dt.: DONOVANS GEHIRN) oder Kurt Neumanns THE FLY (dt.: DIE FLIEGE) erinnert.

Mit TED höhlt BUFFY aber nicht nur die Ideologie der Familienwerte aus, auch der in der amerikanischen Literatur und im Kino Hollywoods immer wieder thematisierte Mythos vom *salesman*, dem Vertreter und Handlungsreisenden, erscheint hier in einem neuen Licht. Spätestens seit Arthur Millers berühmtem Theaterstück »Death of a Salesman‹ (dt.: »Tod eines Handlungsreisenden«) ist der Vertreter eine Art von amerikanischer Ikone. Er, der alles, aber immer auch den amerikanischen Traum verkauft, steht für das, was Amerika groß gemacht hat: Unermüdlichkeit, Mobilität, Rastlosigkeit und den absoluten Willen, etwas zu verkaufen und das Land durch die eigene Arbeit groß zu machen. Zugleich ist er aber auch das Inbild des Opfers der Veränderungen in der amerikanischen Gesellschaft seit dem Ende des Zweiten Weltkriegs. Willy Loman, der Handlungsreisende aus Millers Stück, das übrigens 1951 zum ersten Mal von Laslo Benedek verfilmt worden ist, scheitert an den Umgestaltungen in seinem Job. Durch die immer größer werdende Bedeutung des Managements und die Vorgaben seiner Chefs verliert er seine Freiheit, durch wachsende Anforderungen gerät er immer mehr unter Druck, bis er schließlich zerbricht. Der Tod des

Handlungsreisenden ist auch der Tod eines entscheidenden Teils des amerikanischen Traums und der Menschlichkeit. Ted, die Maschine, hat nun den amerikanischen Traum als erfolgreichster Software-*salesman* wieder zurückerobert, nur ist er eben kein Mensch mehr. Der Preis des Traums ist der Verlust des Menschlichen, die Maschinen-Werdung.

Ted ist von allen Monstern, denen Buffy bisher begegnet ist, das vielschichtigste. Er ist eine ungeheuer komplexe Figur, in der sich all diese Mythen und Genre-Elemente verbinden. Insofern kommt ihm eine besondere Bedeutung in dem Universum der Serie zu, die noch dadurch unterstrichen wird, daß er von John Ritter, dem ersten wirklich bekannten Gaststar der Serie, gespielt wird. Dabei gelingt es Ritter, der am bekanntesten durch die komödiantische Fernsehserie THREE'S COMPANY (dt.: HERZBUBE UND ZWEI DAMEN) geworden ist und viel bei Peter Bogdanovich gespielt hat, mit seinem Image zu spielen. Zunächst wirkt er genau wie in seinen Komödienauftritten wie der nette Mann von nebenan. Doch während dort seine Versuche, sein Leben zusammenzuhalten, komisch wirken und ihn an den Rand der Neurosen bringen, scheint hier nun seine dunkle Seite durch. Die Nähe von Komik und Horror offenbart sich damit noch einmal. Alle seine Szenen müßten nur etwas anders gespielt sein, dann wäre er nicht mehr der bedrohliche, kalte Roboter, ein Mensch-Maschinen-Monster, das fast das Leben von Buffy und ihrer Mutter zerstört, sondern ein vielleicht etwas nerviger, aber durch seine Sehnsucht nach Harmonie irgendwie auch wieder sympathischer Neurotiker.

FAULE EIER

Originaltitel: BAD EGGS

Erstausstrahlung USA: 12. Januar 1998

Regie: David Greenwalt. Drehbuch: Marti Noxon. Gaststars: Kristine Sutherland (Joyce Summers), Jeremy Ratchford (Lyle Gorch), James Parks (Tector Gorch), Rick Zieff (Mr. Whitmore), Danny Strong (Jonathan), Brie McCaddin (Mädchen in der Mall), Eric Whitmore (Nachtwächter)

Inhalt:

Buffy geht mit ihrer Mutter in der Mall von Sunnydale einkaufen. Joyce bittet sie, in einem Geschäft Kleidung für sie abzuholen, während sie etwas anderes erledigt. Auf dem Weg dorthin sieht Buffy auf der Rolltreppe einen wie ein Cowboy gekleideten Vampir. Sie verfolgt ihn und stellt ihn in einem Spielsalon. Nach einem kurzen Kampf kommt der Untote zu dem Schluß, daß er im Moment keine Chance gegen die Jägerin hat, und verschwindet lieber. Buffy geht daraufhin zu dem mit ihrer Mutter verabredeten Treffpunkt. Nur hat sie die ihr aufgetragene Erledigung vergessen, dementsprechend verärgert ist Joyce, der die Verantwortungslosigkeit ihrer Tochter schon lange ein Dorn im Auge ist.

Am nächsten Tag versucht Buffy, zusammen mit Giles herauszubekommen, wer der Vampir in der Mall war. Der Wächter stößt in seinen Büchern auf die Gorch Brothers, Lyle und Tector, zwei besonders brutale Cowboy-Vampire, die einmal, noch bevor sie zu Untoten geworden sind, ein ganzes mexikanisches Dorf ausgerottet haben. Er weiß zwar nicht, was die beiden in

295

Sunnydale wollen, bittet aber Buffy, vorsichtig zu sein und nach ihnen zu suchen, damit sie kein größeres Unheil anrichten. Aufgrund der Nachforschungen hat die Jägerin ihre Gesundheitsklasse verpaßt, in der der Lehrer die Schüler in Paare aufteilt und rohe Eier an sie verteilt. Sie sollen auf sie aufpassen, als seien sie ein Baby, und so lernen, was für eine Verantwortung es ist, ein Kind zu haben. Willow bringt Buffy ihr Ei mit, die nun – der Kurs hat eine ungerade Zahl von Schülern – alleinerziehende Mutter eines Eis ist.

Anstatt nachts zusammen mit Angel nach den Gorch-Brüdern zu suchen, nutzt Buffy ihre Treffen mit dem Vampir lieber für lange Küsse und romantische Gespräche voll Liebe und Zuversicht. Als sie nach der zweiten Nacht, ohne daß sie die Cowboys gesehen hat, durch das Fenster in ihr Zimmer steigt, sieht sie, wie die Schale ihres Eis zerbricht und ein kleines graues, skorpionähnliches Wesen herauskrabbelt. Sie tötet es mit einer Schere und ruft sofort Willow an, um sie vor ihrem Ei zu warnen. Doch ihre Freundin sagt ihr, daß mit dem Ei alles in Ordnung sei – eine Lüge, denn es ist längst zerbrochen, das kleine Monster geschlüpft. Von Buffys Stimme alarmiert, kommt Joyce ins Zimmer ihrer Tochter. Da Buffy vollständig angezogen ist, nimmt sie an, daß sie sich aus dem Fenster hinausschleichen wollte, und verpaßt ihr Hausarrest.

Am nächsten Morgen trifft sich Buffy mit Willow, Cordelia und Xander, der sein Ei hartgekocht hat, damit es nicht so leicht zerbricht, um an der seltsamen Kreatur eine Obduktion vorzunehmen. Doch Willow und Cordelia, die beide von den aus ihren Eiern geschlüpften Monstern kontrolliert werden, schlagen Buffy und Xander nieder und sperren sie in die Besenkammer. Danach gehen sie mit Schaufeln und Äxten ausgerüstet mit einigen anderen, offenbar auch ihres eigenen Willens beraubten Schülern und Lehrern in den Keller der Schule. Nachmittags kommt Joyce Summers in die Bibliothek, wo sie ihre Tochter abholen will. Doch sie findet nur Giles, der sie kurz ablenkt und ihr dann eines der Wesen aus den Eiern auf den Rücken setzt.

Nachdem Buffy und Xander wieder zu sich gekommen sind, gehen sie als erstes in die Bibliothek und finden dort ein Buch, das ihnen darüber Aufschluß gibt, mit was sie es hier zu tun haben. Die Eier stammen von einem riesigen, Bezoar genannten Wesen, das wohl schon seit langer Zeit unter dem Fundament der Schule lebt und dessen Nachwuchs sich an Menschen heftet und die Kontrolle über ihre motorischen genauso wie über ihre geistigen Funktionen übernimmt. Sie folgen einem der von den Baby-Bezoars besessenen Schüler in den Keller und sehen, wie Cordelia, Willow, Giles, Joyce Summers und andere damit beschäftigt sind, das Mutterwesen zu befreien und eine riesige Anzahl von Eiern abzutransportieren. Die beiden trennen sich. Xander folgt Cordelia, die eine Palette Eier wegbringt. Buffy macht sich auf die Suche nach einer Waffe, mit der sie die riesige Kreatur töten kann. Dabei wird sie von den Gorch-Brüdern überrascht, die sich genau diesen Augenblick ausgesucht haben, um die Jägerin zu töten. Es kommt zu einer Art Schlacht, bei der Buffy gegen Lyle und Tector und zugleich mit ihnen zusammen gegen die besessenen Schüler kämpft. Ein Tentakel der Bezoar erwischt Tector und zieht ihn in das Erdloch, in dem der Parasit lebt. Daraufhin stößt Lyle Buffy, die gerade noch eine Spitzhacke greifen kann, in Richtung des Monsters, das die Jägerin genauso wie Tector fängt. Aber anders als er setzt Buffy sich zur Wehr. Plötzlich fallen die kleinen Bezoars tot von den Menschen ab, die bewußtlos zusammenbrechen. Buffy kommt überströmt von Bezoarblut aus dem Loch heraus, und Lyle flüchtet.

Als die vormals Besessenen wieder zu sich gekommen sind, versucht Giles, etwas Ruhe zu stiften, und erklärt die Vorgänge mit einem Leck in der Gasleitung. Joyce ist wütend auf ihre Tochter, weil sie nicht gehorcht hat und in der Bibliothek war, als sie sie abholen wollte. Deshalb gibt sie ihr noch strikteren Hausarrest. Jetzt darf Buffy ihr Zimmer nur noch verlassen, wenn sie zur Schule geht.

Kommentar:

Kunst – heißt es – entsteht im Auge des Betrachters. Nur wir selbst sind es, die ein Werk der Kreativität in den Olymp der Kunst erheben können. Denn am Ende sind alle Konventionen der Kritik, alle Übereinkünfte der Wissenschaft nichtig. Es mag zwar Regeln geben und Merkmale, an denen man den Wert einer kreativen Leistung messen kann, aber letztlich entscheiden doch unser Geschmack und unsere Stimmungen, ob etwas für uns Kunst ist oder nicht. Ähnliches gilt auch für den Horror. Schrecken entsteht im Kopf des Betrachters. Natürlich gibt es den Horror als Genre, als Art von Geschichten, die bestimmte Topoi, bestimmte Figuren und bestimmte Konventionen haben. Doch all das reicht nicht aus, um uns auf jeden Fall in Angst und Schrecken zu versetzen (wobei auch immer noch die Frage bleibt, ob dies überhaupt die vordringliche Aufgabe von Horrorgeschichten im Kino oder in der Literatur und im Comic ist). Diese festgefügten Bestandteile des Genres, die im Prinzip nur Materialien sind, können wir erkennen, so daß wir dann eine Geschichte auf einer intellektuellen Ebene als Horror rezipieren. Doch damit wir diese Geschichte auch als Horror empfinden, muß in uns etwas passieren; sie muß unser Bewußtsein hinter sich lassen und in unser Unterbewußtsein eindringen. Dafür muß sie ganz bestimmte persönliche, in uns verschüttete Ängste ansprechen, ihre Bilder müssen direkt in uns eindringen, um dann eine Resonanz zu erzeugen.

Innerhalb einer Horrorserie wie BUFFY wird es immer ein ungleiches Wechselspiel geben zwischen Folgen, die eher auf einer bewußten Ebene funktionieren, und Folgen, die ohne Umwege ins Unterbewußte treffen, wobei letztere meist in der Minderzahl sein werden. Aber es hat schon einige dieser Momente des wahrhaften Schreckens, die sich einbrennen, wie den Angriff des ›Rudels‹ auf Rektor Flutie (THE PACK, BtVS-106), gegeben, und NIGHTMARES (BtVS-110) ist eine Episode, die sich ganz an das Unterbewußte richtet. Eine weitere Folge, die so wie sie direkt aus dem kollektiven Unbewußten aufgestiegen zu sein scheint, ist BAD EGGS.

Mit BAD EGGS haben Marti Noxon und David Greenwalt vielleicht die wüsteste und wildeste Episode der ersten beiden Staffeln geschaffen. Ein bißchen ist sie so wie das Monster in ihrem Zentrum, dieses riesige, parasitäre Etwas, das unter dem Fundament der Sunnydale High School lebt und sie nun unter ihre Kontrolle gebracht hat. Denn im Prinzip mißachtet Marti Noxons Drehbuch alle Konventionen der Fernsehdramaturgie. Mit ihren ganzen Nebensträngen, dem Auftreten der Gorch-Brüder, Buffys Schwierigkeiten mit ihrer Mutter und der Serie der romantischen Treffen von Buffy und Angel wuchert die Geschichte regelrecht aus, verläßt ständig ihren geraden Pfad. Das eher assoziativ geordnete Unterbewußtsein hat das logisch und systematisch vorgehende Bewußtsein in der Struktur der Geschichte von BAD EGGS verdrängt, hat vollkommen die Kontrolle übernommen.

So gibt es in dieser Episode wirklich seltsame Szenen, Momente, die einen ratlos machen und direkt aus einem Alptraum stammen könnten. In der ersten Nacht, in der Buffy ihr Ei im Zimmer hat, tauchen plötzlich Löcher in dessen Schale auf, aus denen Tentakel hervorkommen. Sie gleiten über Buffys Gesicht, erkunden es, dringen in seine Öffnungen ein. Dann ist diese Szene mit einemmal zu Ende. Der Morgen hat die Nacht verdrängt, und die Schale des Eis ist wieder intakt. Was war das, was man da gerade gesehen hat – ein Alptraum, ein dunkles Wunder oder doch nur eine Ausgeburt der Phantasie eines unaufmerksamen Autors, der logische Brüche nicht glättet? Aber die Antwort auf diese Frage spielt eigentlich keine Rolle, vielleicht trifft eine dieser Erklärungen zu, vielleicht alle, vielleicht aber auch keine. Entscheidend ist nur: Näher als in diesem Moment kann man im amerikanischen Fernsehen wahrem Surrealismus nicht kommen.

Außerdem bereitet uns diese Szene auf das vor, was dann kommt. Denn sie bereitet den Boden unserer popkulturellen Assoziationen. Die Tentakel, die in die Körperöffnungen der schlafenden Jägerin eindringen, erinnern nicht nur, sie sind praktisch ein Zitat aus Abel Ferraras BODY SNATCHERS (dt.: BODY SNATCHERS), in dem die aus den *pods* kommenden Fäden in die schlafenden Menschen eindringen und so die Transformation einleiten. Nach dieser einen Szene kann es keinen Zweifel mehr geben, daß BAD EGGS eine Variation des *Body-Snatcher*-Motivs aus den insgesamt drei Verfilmungen des legendären Romans »Invasion of the Body Snatchers« von Jack Finney ist. Dabei orientiert sich die Folge mehr an der letzten, von Ferrara stammenden Filmversion als an den beiden vorherigen von Don Siegel und Philip Kaufman. Die von den Baby-Bezoars Besessenen sind wie die Opfer der *Body Snatchers* willenlose Instrumente einer anderen Macht, sie haben etwas von Zombies, da ihnen jedes eigene Bewußtsein fehlt. Wenn Joyce Summers versucht, ihre Tochter mit einer Spitzhacke zu erschlagen, ist das nicht nur einer der wirklich erschreckenden Momente der Serie, in ihm hallt auch der Verrat der Mutter an ihrer Familie in Ferraras BODY SNATCHERS nach. Die Erinnerung an diese unvergeßliche Szene macht den Moment des Angriffs in BAD EGGS noch verstörender.

Joyces Attacke auf Buffy ist wie schon die Tentakel-Sequenz einer der Momente, die direkt in unser Unterbewußtsein vordringen und dabei gleichzeitig das Unbewußte der Serie an die Oberfläche bringen. Joyce Summers ist in diesem Moment nicht sie selbst, weil sie ganz unter dem Einfluß der Bezoar steht, und doch verrät dieser Angriff mehr über sie als alles andere. In ihm drückt sich nicht nur der Wille des Monsters aus, er zeugt auch von den Sehnsüchten ihres Unterbewußtseins. Wie sie selbst in dieser Folge sagt, ist Buffy für sie eine Bürde, eine Belastung, die ihr ihr eigenes Leben raubt. Insofern kann man den Angriff auch als einen unbewußten Versuch verstehen, diese Bürde loszuwerden. Hier sehen wir mit einemmal Joyces dunkle Seite, das Monster ist nur ein Katalysator, und wir verstehen, warum sie uns eigentlich nie sympathisch war.

Ein seltsames Spiel der Andeutungen betreibt Marti Noxon mit dem Drehbuch zu BAD EGGS. Es stößt uns in Regionen, in denen vieles vage, Assoziation und Ahnung bleibt – nicht nur in bezug auf Joyce Summers und die BODY-SNATCHERS-Parallelen. Auch die beiden Cowboy-Vampire, Lyle und Tector Gorch, die einmal, als sie noch Menschen waren, ein ganzes mexikanisches Dorf ausgerottet haben, führen uns in Regionen der popkulturellen Vernetzung, in denen fast nichts mehr greifbar ist, alles nur noch Strömen von assoziativen Eindrücken gleicht, die so wenig faßbar sind wie die Datenströme des realen Internet. Lyle und Tector Gorch, das sind die von Warren Oates und Ben Johnson gespielten psychopathischen Brüder in Sam Peckinpah THE

WILD BUNCH (dt.: THE WILD BUNCH). Sie stehen in diesem großen Epos für die asoziale, willkürliche, sich an sich selbst berauschende Gewalt dieser Zeit. Sie sind das unberechenbare Element innerhalb des Wild Bunch, moderne Killer ohne Kodex, wahnsinnige Engel des Todes. Bei Peckinpah sind sie maßgeblich an der Vernichtung eines Dorfes und einer Armee beteiligt, aber sie sterben. In BUFFY kehren sie nun als Vampire, ihr Inneres hat sich damit quasi nach außen gewendet, zurück. Diese seltsame Rückkehr ist in erster Linie eine reine popkulturelle Referenz, eine Hommage an Sam Peckinpah und seinen berühmtesten Film. Aber zugleich entsteht über sie ein Bild Amerikas. Das Weiterleben der Gorch-Brüder verweist auf ein Weiterleben der Aspekte des amerikanischen Wesens, für die die beiden bei Peckinpah stehen. Der Westen ist zivilisiert, seine Outlaws wurden nach Mexiko abgedrängt, aber sie sind in anderer Form zurückgekehrt. Das Amerika, für das Sunnydale steht, ist immer noch ein Ort der Gewalt, der Anarchie und der ständigen Bedrohung.

BtVS-213 BtVS-214

DER FLUCH DER ZIGEUNER
DER GEFALLENE ENGEL

Originaltitel: SURPRISE – PART 1
INNOCENCE – PART 2

Erstausstrahlung USA: 12. und 19. Januar 1998

Regie: Michael Lange (Part 1), Joss Whedon (Part 2). Drehbuch: Marti Nixon (Part 1), Joss Whedon (Part 2). Gaststars: Seth Green (Oz), Kristine Sutherland (Joyce Summers), Robia La Morte (Jenny

Calendar), Brian Thompson (der Richter), Eric Saiet (Dalton), Mercedes McNab (Harmony, nur in Part 1 dabei), Vincent Schiavelli (Onkel Enyos), James Marsters (Spike), Juliet Landau (Drusilla)

Songs: »Transylvanian Concubine« von Rasputina und »Anything« von Shawn Clement, Sean Murray and Care Howe.

Inhalt:
Es ist der Tag vor Buffys siebzehntem Geburtstag. Sie träumt. Der Traum aber scheint keinen Sinn zu ergeben. Ihre Mutter steht im Bronze. In ihren Händen hält sie eine Tasse Tee. Glaubst Du wirklich, bereit zu sein, fragt sie Buffy. Im selben Moment fällt ihr die Untertasse aus der Hand und zerschellt in unzählige Scherben. Nur wenige Augenblicke später gratuliert ihr Angel zum Geburtstag. Doch bevor er sie umarmen kann, wird ihm von Drusilla ein Pflock ins Herz gestoßen. Buffy erwacht und erblickt Angels Gesicht. Sie erzählt ihm von ihrem Traum, Angel aber tröstet sie. Nicht jeder Traum wird wahr. Er schließt Buffy in seine Arme.
Wieder in der High School erzählt Buffy auch Willow von ihrem Traum. Sie erzählt ihr aber auch, wie sehr sie sich in Angels Armen geborgen gefühlt hat und daß sie sich zunehmend sicherer wird in bezug auf ihre Beziehung. Er ist der Mann, den sie liebt. Willow weiß kaum, wie sie ihre Gefühle in Worte fassen soll. Wenn sie es ihr gegenüber nicht kann, neckt sie Buffy, soll sie es doch Oz gegenüber tun. Dieser sitzt nur wenige Meter von ihnen entfernt und übt auf seiner Gitarre ein paar Riffs. Angespornt von Buffys Aufforderung, beginnt Willow ein Gespräch mit ihm. Die Frage, ob er mit ihr ausgehen möchte, nimmt er ihr ab. Er fragt sie nämlich zuerst, ob sie am morgigen Abend

für ihn Zeit hätte. Willow ist traurig, denn eigentlich will sie mit den anderen morgen abend für Buffy eine Überraschungsparty geben. In einem für Willow ungewöhnlichen Anfall von Spontaneität aber fragt sie Oz, ob er nicht ihr *date* für diesen Abend sein möchte. Klar, antwortet er kurz und bündig.

Weniger glücklich ist Spike mit seiner Situation. An den Rollstuhl gefesselt, ist er auf Drusillas Hilfe angewiesen. Drusilla ist stark, sie ist mächtig. Ihre Gemütsschwankungen aber sind enorm. Ist sie in einem Moment liebevoll und verspielt, verwandelt sie sich nur Sekunden später in ein hysterisches Monster, das zum Beispiel beim Anblick von Rosen fast den Verstand verliert. Sie braucht keine Angst zu haben, beruhigt sie Spike. Die Rosen tun ihr nichts. Seine Worte nehmen ihr die Angst. Dafür, daß er immer für sie da ist, wird sie ihm ein Geschenk machen: Sie verspricht ihm, daß Buffys große Überraschungsparty ihre letzte sein wird.

Auch Jenny Calendar ist an diesem Tag vor Buffys Geburtstag mit ihrer Situation nicht glücklich, denn sie bekommt Besuch von ihrem Onkel Enyos. Dieser spricht sie mit dem Namen Janna an und bemängelt ihre Arbeitseinstellung. Janna alias Jenny ist Angehörige jener Sippe, die Angel hundert Jahre zuvor verfluchte. Jennys Aufgabe bestand nun darin, Angel und Buffy zu beobachten. Tatsächlich nämlich gibt es bezüglich des Fluchs eine Fußnote: In dem Moment, in dem Angel vollkommenes Glück empfindet, wird er sich wieder in Angelus, den bösen, blutrünstigen Vampir verwandeln, der er einst gewesen ist. Fast hundert Jahre lebte Angel mit dem Wissen, unfaßbare Verbrechen begangen zu haben. Heute aber ist der Tag gekommen, an dem Angel mit seiner Situation Frieden schließen wird. Jenny bittet ihren Onkel, den Fluch von Angel zu nehmen. Er rettete ihr das Leben, seit Jahren führt er einen Kampf gegen seine eigene Spezies, Enyos aber wehrt diese Bitte ab: Erstens ist das Wissen, einen solchen Fluch löschen zu können, verlorengegangen, zum zweiten geht es gegenüber Angel nicht um Gerechtigkeit, sondern ausschließlich um Rache. Sie haben ihm eine Seele geschenkt, damit er für seine Taten Verantwortung spürt, beendet der Onkel das Gespräch. Sie gaben ihm seine Seele nicht, um ihm seine Verbrechen zu verzeihen.

Der Tag geht, Buffys Geburtstag kommt – mit einem Donnerschlag. Im Gespräch mit ihrer Mutter über den Führerschein sagt Joyce Summers: »Glaubst du wirklich, bereit zu sein?« Im gleichen Moment stößt sie gegen einen Teller, der zu Boden fällt und in tausend Stücke zerspringt. Buffy erinnert sich an ihren Traum. Ist dies ein Zufall? Oder hatte sie eine in Metaphern gehaltene Vorahnung? Giles kann ihr auf diese Frage keine Antwort geben. Er ist zu sehr mit den Vorbereitungen zu ihrer Geburtstagsfeier beschäftigt, die am Abend im Bronze stattfinden soll. Er lockt Buffy mit Hilfe von Jenny in den Club; bevor sie ihn betritt, sieht sie am Hintereingang Dalton, einen Vampir und Untergebenen von Spike, wie dieser Kisten in einen LKW einlädt. Buffy beginnt einen Kampf, in dessen Verlauf Dalton fliehen kann. Er läßt jedoch seinen Helfer und eine Kiste zurück. Buffy prügelt den zurückgebliebenen Vampir ins Bronze, wo sie ihn vor den Augen ihrer Freunde und Oz ins Jenseits befördert. Die Tatsache, daß es Vampire gibt, läßt Oz überraschend kühl. Ihr Auftauchen erklärt ganz einfach einige eigenartige Dinge, die in letzter Zeit in Sunnydale geschehen sind, sagt er lapidar. Zusammen öffnen sie die zurückgelassene Kiste, in der sie den Arm des Richters finden, eines unglaublich bösartigen Dämons, der nicht getötet werden kann, wie Giles erklärt. Dennoch wurde er einmal besiegt, im wahrsten Sinne auseinandergenommen, woraufhin seine Einzelteile in alle Himmelsrichtungen verteilt werden. Offenbar ist es Spike und Drusilla gelungen, die Einzelteile des Richters zusammenzuführen.

So fällt die Party ins Wasser. Und nicht nur das. Angel muß den Arm außer Landes bringen. Sofort! Buffy ist deprimiert, doch was sollen sie tun? Drusilla und Spike werden alles tun, um in den Besitz des Armes zu gelangen. Und da Angel als Vampir nicht im Sonnenlicht reisen kann, ist die einzige Möglichkeit, den Arm verschwinden zu lassen, eine Schiffspassage zu buchen, die es ihm ermöglicht, sich bei Tage zu verstecken. Für diesen Fall steht ein Boot am Hafen bereit. Doch kaum sind Angel und Buffy am Hafen angekommen, werden sie von mehreren Vampiren angegriffen, die ihnen den Arm stehlen. Buffy stürzt ins Meer und verliert das Bewußtsein. Um sie zu retten, springt Angel hinterher.

Buffy folgt Angel in dessen Wohnung. Der Arm wurde ihnen gestohlen, der Richter wird wiederauferstehen! Buffy fühlt sich leer, sie hat versagt. Nein, tröstet sie Angel, das stimmt nicht. Zum Trost küßt er sie; auch sie beginnt ihn zu liebkosen. Kurze Zeit später vereinigen sich ihre Körper. Und zum ersten Mal seit hundert Jahren verspürt Angel einen Moment vollkommenen Glücks. Wenig später: Buffy schläft. Plötzlich schreit Angel vor Schmerz auf. Er rennt hinaus auf die Straße, um Hilfe flehend. Dann bricht er zusammen. Angel ist tot, Angelus ist wiederauferstanden.

(Ende der ersten Episode)

Der Richter lebt. Und mit jedem Leben, das er nimmt, wird er mächtiger. Drusilla und Spike sind zufrieden. Bis Angel in ihrem Unterschlupf, einer alten Fabrikhalle, auftaucht. Töte ihn, fordert Spike den Richter auf. Doch dieser stutzt. Warum, fragt er, es ist doch nichts Menschliches an ihm. Drusilla ist die erste, die den Richter versteht: Angelus ist zurück. Jawohl, antwortet er Spike,

Angel und Buffy – das tragisch-schönste Liebespaar,
seit die *Titanic* untergegangen ist!

Drusilla hat recht. Er ist wieder ganz der alte. Und um ihnen zu beweisen, daß er sie nie wieder hintergehen wird, ist er bereit ihnen zu schenken, was sie sich am sehnlichsten wünschen: Buffys Tod!

Doch Angel, oder Angelus, wie er nun wieder heißt, war nie ein Vampir, der seine Opfer einfach nur tötete. Er liebt es, seine Opfer in den Wahnsinn zu treiben. So sucht er Buffy, die ihn bereits verzweifelt gesucht hat, auf, um ihr zu verstehen zu geben, daß sie im Bett großartig war. Sie war richtiggehend professionell. Er hat bekommen, was er wollte. Und wenn sie glaubte, es gäbe mehr, habe sie sich getäuscht. Buffy bricht in Tränen aus, Angelus lacht sie aus. Und verschwindet − um schnurstracks Enyos zu töten und mit dessen Blut für Buffy eine Nachricht an der Wand geschrieben zurückzulassen: »War es für Dich genauso schön?«

Dann begibt sich Angelus direkt in die Schule, nicht um Buffy, sondern um Willow zu töten. Willow, die wenige Minuten zuvor entsetzt hat sehen müssen, wie Xander und Cordelia sich leiden-schaftlich geküßt haben, läuft ihm direkt in die Falle. Xander gelingt es mit Hilfe eines Kreuzes, das er von Jenny Calendar in die Hand gedrückt bekommt, Angelus für einen Moment abzu-lenken und Willow zu befreien. In diesem Moment betritt Buffy die Schule. Zwischen ihr und Angelus kommt es zum Kampf. Töten kann sie ihn jedoch nicht. Angelus lacht sie aus. Dann rennt er davon.

In dieser Nacht hat Buffy erneut einen Traum. Sie steht an einem Grab. Angel gesellt sich zu ihr. Er wirkt friedlich. Glaube, was Du siehst, fordert er sie auf. Die Menschen am Grab haben ihre Gesichter verhüllt. Nur eine Frau nimmt den Schleier von ihrem Gesicht. Es ist Jenny Calendar.

Wutentbrannt sucht Buffy am folgenden Tag Jenny Calendar

auf und faßt ihr an die Kehle. Giles ist entsetzt. Er glaubt, Buffys Vorwurf, Jenny habe gewußt, was mit Angel geschehen würde, aber geschwiegen, basiere auf einem Mißverständnis. Als Jenny jedoch Buffys Anschuldigungen bestätigt und ihre Geschichte erzählt, wendet sich Giles enttäuscht von ihr ab und fordert sie auf, aus seinem Leben zu verschwinden.

In der Zwischenzeit gelingt es Xander, zusammen mit Cordelia in ein Militärlager einzudringen. Seit seiner Verwandlung in einen Soldaten letztes Halloween, erklärt er Cordelia, besitze er die Fähigkeit, wie ein Soldat zu denken und zu reden. Problemlos gelangen sie bis ins Waffenlager. Vor der Basis warten Oz und Willow in einem Kleintransporter auf die Rückkehr der beiden. Allein in der angehenden Dunkelheit überwindet sich Willow Oz zu fragen, ob er ihr Freund sein möchte. Nein, antwortet er, seine Begründung aber bringt Willow zum Lächeln. Er könne sich nichts Schöneres vorstellen, als mit ihr zusammen zu sein, doch er weiß, was Xander und sie füreinander empfinden. Er empfände es als eine Ungerechtigkeit Xander gegenüber, mit ihr zu gehen. Daß Xander längst mit Cordelia zusammen ist, weiß Oz noch nicht, während Willow auf diesen Weg erfährt, daß Oz ihre Gefühle für ihn erwidert. Um Xanders und Cordelias Geheimnis zu wahren, entschließt sich Willow, vorerst auch Oz gegenüber zu schweigen.

Herauszufinden, wo der Richter seine Macht konstituieren wird, ist nicht weiter schwierig. Er sucht einen Ort, an dem sich viele Menschen nach Sonnenuntergang aufhalten. Und dies ist das Einkaufszentrum von Sunnydale. Dort will er die anwesenden Menschen töten, ihre Kraft absorbieren und so Stück für Stück die Hölle auf Erden errichten. Bevor Drusillas Plan aufgeht und der Richter ein Massaker anrichten kann, stellt sich Buffy dem blauhäutigen Dämon in den Weg. Töten, erklärt sie ihm, könne sie ihn nicht. Aber schon einmal wurde er in Einzelteile zerlegt. Und ihr Freund Xander habe ihr die Waffe besorgt, mit der er in Fetzen geschossen werde. Buffy schultert eine Bazooka. Zuerst lacht der Richter über Buffys naiven Glauben, ihn besiegen zu können. Sein Lachen bleibt ihm im Hals stecken, als er sehen muß, wie Drusilla und Angelus, die ihn ins Einkaufszentrum begleitet haben, das Weite suchen. Buffy zieht den Abzug. Sekunden später wird der Richter in Tausende kleinster Teilchen zerfetzt.

Während Giles und die anderen die Überreste des Richters einsammeln, nimmt Buffy die Verfolgung von Angel auf. Zwischen den beiden entbrennt ein Kampf, Buffy siegt, doch statt ihm ihren Pflock ins Herz zu rammen, läßt sie ihn laufen.

Kommentar:

Konsequent und ohne Zugeständnisse an die durchschnittlichen Sehgewohnheiten der Zuschauerschaft wird die der Serie eigene Mythologie zu ihrem vorläufigen Höhepunkt geführt. Die Verwandlung von Angel in Angelus entpuppt sich als ein visueller Schlag in die Magengrube. Die Transformation stellt den tragischen Tiefpunkt im Lebens Buffys dar. Sie liebt Angel, ist bereit, ihre Jungfräulichkeit für ihn und keinen anderen zu opfern. Doch ihre Liebe entpuppt sich als Fluch. Liebe und Verderben gehören zu den ältesten einander ergänzenden Motiven der Literatur. Ob der Ödipus der griechischen Hochkultur, der ohne sein Wissen seinen eigenen Vater tötet und anschließend seine eigene Mutter liebt, um schließlich dem Wahnsinn zu verfallen, oder Shakespeares »Romeo und Julia«, deren Liebe von ihren Familien nicht geduldet wird, weshalb sie, um ewig miteinander vereint zu sein, Selbstmord begehen, die wirklich großen Liebes-Geschichten der Weltliteratur enden nur selten vor dem Traualtar. In diesem Kontext erzählen SURPRISE und INNOCENCE eine Liebesgeschichte Faust'scher Dimensionen. In Goethes klassischem Drama liebt Faust, der, um hinter die Geheimnisse der Wissenschaft blicken zu können, einen Pakt mit Mephistopheles, dem Teufel eingegangen ist, das naive Gretchen. Ohne es zu wollen, treibt Faust Gretchen derart in den Wahnsinn, daß diese in ihrem Wahn ihr eigenes Baby tötet und als Kindsmörderin hingerichtet wird. In letzter Minute will Faust ihr Leben retten und bietet ihr seine Hand als Schutz. Gretchen aber wendet sich von Faust ab. Faust ahnt nicht, daß es in Wirklichkeit Mephisto gewesen ist, der mit seinen Handlungen Gretchen von Anfang an in den Wahnsinn treiben wollte. Mephisto nämlich will Fausts Seele besitzen und fürchtet, seinen Zugriff auf sie zu verlieren, sollte Faust sein Herz (im übertragenen Sinn also seine Seele) Gretchen schenken.

In dieser Doppelepisode ist es Buffy, die den Part des Faust übernimmt. Sie liebt Angel. Um diese Liebe zu vervollkommnen, schenkt sie ihm ihre Unschuld. Statt aber ein Band der Liebe zwischen den beiden zu spinnen, verwandelt ihre Liebe Angel in Angelus. Wo Gretchen dem Wahnsinn verfällt, verliert Angel seine Menschlichkeit. Doch auch in diesem Fall ist es nicht Buffy gewesen, die die Katastrophe heraufbeschworen hat. Es ist die Sippe von Enyos und Jenny alias Janna. Hatte Mephisto Angst, die Seele des Faust zu verlieren, macht sich die Sippe des Enyos darüber Sorgen, daß Angel seine Seele behalten könnte, und hat ihn daher verflucht, im Moment intimster Zweisamkeit seine Menschlichkeit zu verlieren.

Solche Intrigenspiele aber haben auch für die Intriganten zumeist negative Auswirkungen. Im »Faust II« verliert Mephisto Fausts Seele, da dieser Gretchen bis an sein Lebensende liebt und aufgrund dieser Tatsache von Gott am Ende für seine Taten

Absolution erhält, in BUFFY wird diese Geschichte weniger eso-terisch gelöst: Angel selbst betätigt sich als Racheengel und schlachtet Enyos ganz einfach ab, Giles verstößt indes Jenny, da diese ihn hintergangen und das Leben von Buffy aufs Spiel gesetzt hat, für die Giles verantwortlich ist und für die er, ohne zu zögern, sein eigenes Leben opfern würde.

Indem sämtliche Liebesgeschichten in dieser Episode ihre vor-läufigen Höhepunkte erreichen, wird ein Schnitt vorgenommen. Die Karten des Fernsehromans BUFFY werden neu gemischt. Angel und Buffy sind Todfeinde geworden, Willow weiß um Xanders Liebe zu Cordelia, Oz gesteht Willow seine Gefühle, Giles verstößt Jenny. Mit Angelus und Drusilla wird außerdem der Grundstock für eine neue Geschichte zum Thema Liebe und Emotionen gelegt, denn Drusillas Freude über das Auftauchen von Angelus ist nicht zu übersehen. Was Spike wohl dazu sagen wird? (vgl. BECOMING, BtVS-221)

Mit der vorliegenden Doppelepisode verabschiedet sich BUFFY außerdem von Gelegenheitszuschauern. Von Anfang an be-mühte sich Joss Whedon, eine eigene Welt zu kreieren. BUFFY sollte kein einfaches Konglomerat Dutzender Einzelepisoden werden, in denen jede Folge aus Anfang, Mitte und Ende be-steht. BUFFY ist ein Fernsehroman, eine Fortsetzungsgeschichte, in der jedes Ereignis wichtig werden kann (zum Beispiel die Verwandlung von Xander in einen Soldaten in der Episode HALLOWEEN [BtVS-206], von der man eigentlich gedacht hätte, sie würde nach dem Ende der Episode erledigt sein). Die weitere Fokussierung der *story arc* auf die emotionalen, zwischen-menschlichen Beziehungen der Hauptfiguren untereinander machen es einem Neueinsteiger von nun an immer schwerer, der durchgängigen Geschichte noch folgen zu können.

PHASES

Originaltitel: PHASES

Erstausstrahlung USA: 27. Januar 1998

Regie: Bruce Seth Green. Drehbuch: Rob Des Hotel, Dean Batali. Gaststars: Seth Green (Oz), Jack Conley (Cain), Camilla Griggs (Turnlehrerin), Larry Bagby III (Larry), Megahn Perry (Theresa), Keith Campbell (Werwolf).

Songs: »Blind For Love« von Lotion.

Inhalt:

Während eines ruhigen Tête-à-Tête im Auto ihres Vaters werden Xander und Cordelia von einem Werwolf attackiert. Beiden gelingt unverletzt die Flucht, das Auftauchen eines Werwolfs in Sunnydale aber versetzt die Truppe um Buffy in Aufregung. Vor allem Oz fühlt sich bei dem Gedanken an einen Werwolf unwohl. Als Kind wurde er von seinem Cousin Geordi in den Finger gebissen. Und seither ist ihm Geordi suspekt.

Einen Tag später, der Morgen dämmert, erwacht Oz vollkommen nackt in genau jenem Waldstück, in dem Xander und Cordelia attackiert wurden. Nun weiß er: Er ist der Werwolf. Die Nachricht, daß in dieser Nacht eine 17jährige HighSchool-Schülerin von einem Tier getötet wurde, läßt Oz verzweifeln. Er kann sich an nichts erinnern. Sollte er etwa zum Mörder geworden sein?

Nicht nur Buffy und Giles machen sich indes auf den Weg, den Werwolf zu fangen. Auch der Werwolfjäger Cain ist nach Sunnydale gekommen, um seinen mittlerweile zwölften Werwolf zu erlegen. Cain ist ein äußerst unsympathischer Mensch; die Tatsache, daß Werwölfe eigentlich normale Menschen sind, die sich nur während der Vollmondphasen verwandeln, läßt ihn kalt. Das Fell eines Werwolfs ist in Sri Lanka viel Geld wert, erklärt er Giles und Buffy während ihres ersten Zusammentreffens. Und wenn es ein Land auf dieser Erde gibt, in dem für diese Felle viel Geld bezahlt wird, liefert er sie. Buffy möchte Cain am liebsten einen ordentlichen Tritt verpassen, noch aber hält sie sich zurück.

Nicht mehr zurückhalten läßt sich Willow. Diese ist von Oz' plötzlich abwehrendem Verhalten in den letzten Tagen wenig begeistert. Nach einem ernsten Gespräch mit Buffy nimmt sie allen Mut zusammen und besucht ihn erstmals bei ihm zu Hause. Dieser ist über ihren Besuch wenig erfreut, denn der Abend dämmert, und er weiß, daß er sich schon bald in einen Werwolf verwandeln wird. Daher versucht er, sich mit stählernen Ketten zu fesseln, um auszuschließen, diese Nacht erneut einen Mord zu begehen. Doch Willows Auftritt verhindert seinen Plan. Vor ihren entsetzten Augen verwandelt er sich in das Monster. Willow rennt davon. Oz folgt ihr.

Währenddessen ist Buffy in den Berichten über den Tod der Schülerin Theresa etwas aufgefallen. Obwohl sie von einem Tier angegriffen wurde, werden in keinem Bericht Kratz- oder Bißspuren erwähnt. Zusammen mit Xander besucht sie Theresa, die in einer Leichenhalle aufgebahrt liegt. Die einzigen Spuren von Gewalt sind zwei Bißspuren am Hals. In diesem Moment erwacht Theresa aus ihrem Todesschlaf und stürzt sich mit den Worten »Viele Grüße von Angel« auf die erschrockene Buffy, bevor Xander die zum Vampir gewordene junge Frau mit einem gezielten Pflockhieb ins Jenseits befördert.

Die Zeit wird knapp. Willow hat Oz abhängen können und

erzählt Giles und der in diesem Moment ebenfalls die Bibliothek betretenden Buffy von ihrer Entdeckung. Oz mag der Werwolf sein, noch aber hat er niemanden verletzt, tröstet Buffy ihre Freundin. Und jetzt ist er in der Nähe der Schule. Zusammen gehen sie auf die Suche, um erneut auf Cain zu treffen, der die Flinte mit den silbernen Kugeln bereits angelegt hat. Buffy, die für Cain sowieso kaum mehr als Verachtung übrig hat, verabreicht ihm nun endlich eine Lektion. Noch ist die Gefahr allerdings nicht gebannt, denn Oz stürzt sich auf Buffy. In dem entstehenden Handgemenge schießt Willow jedoch mit einem Betäubungsgewehr auf ihren Freund. Oz bricht zusammen.

Wieder ein Mensch geworden, gibt Oz Willow zu verstehen, daß er sie nicht mehr sehen möchte. Er mag sie sehr, doch er ist ein Monster und will ihr nicht weh tun. Willow respektiert seinen Willen, mit einem Kuß aber gibt sie ihm zu verstehen, daß sie seine Entscheidung wohl kaum akzeptieren kann …

Kommentar:

Es ist verwunderlich, daß es so lange gedauert hat, bis endlich ein Werwolf Sunnydale unsicher machen würde. Ungewöhnlich deshalb, da in vielen osteuropäischen Geschichten über Vampire, auf denen im Endeffekt der größte Teil des Vampirmythos beruht, auch Werwölfe auftauchen. Oft erscheint es so, als suche der Werwolf die Nähe des Vampirs, als gäbe es ein unsichtbares Band, das die beiden zusammenführt.

Nicht nur in Osteuropa war der Werwolf eine beliebte Mythenfigur, auch in Nordeuropa, Griechenland, Germanien, bei den Angelsachsen und den Römern gab es Geschichten über den Werwolf. Tiermenschen als solche finden sich in den Mythen vieler Völker wieder. Und der Mensch als Wolf ist eine Figur, die auch in der indianischen Mythologie weit verbreitet war. Obwohl der allererste Werwolffilm, THE WEREWOLF aus dem Jahre 1913, auf einer Legende der Navajo-Indianer beruht, spielen indianische Legenden bei der Gestaltung des cineastischen Werwolfes allerdings überhaupt keine Rolle. THE WEREWOLF und der 1981 entstandene Großstadt-Horrorfilm WOLFEN (dt.: WOLFEN) bilden die einzigen beiden erwähnenswerten Ausnahmen. Unser Werwolfbild ist entsprechend von amerikanischen Horrorfilmen geprägt. Nach denen funktioniert die Verwandlung eines Menschen in einen Werwolf grundsätzlich nach dem gleichen Prinzip: Ein Mann wird von einem wolfsartigen Tier angefallen. Der Mann überlebt und findet sich zumeist in einem Krankenhaus wieder. Da sich ein Mann erst bei Vollmond in einen Werwolf verwandelt, dauert es zumeist knapp einen Monat, bis der Gebissene die Metamorphose zum Wolf erlebt. Handelt es sich um einen Film aus den vierziger oder fünfziger Jahren, sieht der Werwolf vor seiner Verwandlung ein Pentagramm auf einem menschlichen Körper entstehen. Dieser Mensch wird in der darauffolgenden Nacht mit an Sicherheit grenzender Garantie sein nächstes Opfer. Auf die Geschichte des Pentagramms, die den Werwolf als ein Teufelswesen darstellt, wird in späteren Filmen jedoch verzichtet, da es so gut wie keine Legenden gibt, die den Werwolf und den Teufel, der mit dem Pentagramm in Verbindung gebracht wird, in einem Atemzug nennen würden. Tatsächlich ist der Werwolf ein tragisches Wesen. Er ist sich seiner Situation nicht bewußt. Während der Verwandlung ist das menschliche Bewußtsein ausgeschaltet, der Werwolf agiert als rein instinktiv handelndes Wesen. Auch kann sich der Werwolf an das, was er getan hat, nach vollendeter Tat nicht mehr erinnern. Am Morgen nach der Vollmondnacht erwacht der Werwolf als Mensch. In einem Punkt stimmen Filme und Sagen zumeist überein: Der Werwolf ist ein Verfluchter. Einmal ein Werwolf, wird er des Nachts töten, bis er eines Tages aufgehalten wird. Zumeist geschieht dies mit silbernen Kugeln, aber auch silberne Stichwerkzeuge töten den Werwolf. In christlich gefärbten Sagen fürchtet sich der Werwolf auch vor Weihwasser, Hostien und Kreuzen.

Auffällig ist, daß fast ausschließlich davon gesprochen wird, daß Männer sich in Werwölfe verwandeln. Ob in der Welt der Sagen oder des Filmes: Daß sich eine Frau in einen Werwolf verwandelt, ist selten (eines der wenigen Beispiele ist Joe Dantes 1981 inszenierter Horrorfilm THE HOWLING [dt.: DAS TIER]).

PHASES bietet inhaltlich keine neuen Aspekte. Es ist keine neue Idee, wenn der Werwolf eines Tages merkt, daß er offenbar die gesuchte Bestie ist. Indem Oz ganz einfach noch niemanden verspeist oder verletzt und damit ebenfalls in einen Werwolf verwandelt hat, ist es nunmehr auch kein Problem, ihn als einen Sympathieträger zu erhalten und ihm als Freund von Willow in der inzwischen an Zweierbeziehungen reichen Serie eine größere Rolle zu geben.

Oz wird als Werwolf übrigens nicht von dem eher schmächtigem Schauspieler Seth Green, sondern dem größeren und athletischeren Darsteller Keith Campbell gespielt. Auf diese Weise sparen sich die Effektkünstler einige Lagen Latex, die sie Seth Green sonst auf den Körper hätten schmieren müssen, was dessen Bewegungsfreiheit darüber hinaus beträchtlich eingeschränkt hätte.

PS: Um sämtlichen Spekulationen bezüglich des Darstellers Seth Green und des Regisseurs Bruce Seth Green vorzubeugen: Es handelt sich weder um ein und dieselbe Person, noch sind die beiden, trotz der Namensgleichheit, miteinander verwandt.

DER LIEBESZAUBER

Originaltitel: BEWITCHED, BOTHERED, AND BEWILDERED

Erstausstrahlung USA: 10. Februar 1998

Regie: James A. Conter. Drehbuch: Marti Noxon. Gaststars: Seth Green (Oz), Kristine Sutherland (Joyce Summers), Robia La Morte (Jenny Calendar), Elizabeth Anne Allen (Amy Madison), Mercedes McNab (Harmony), James Marsters (Spike), Juliet Landau (Drusilla), Jenie Chesters, Lorna Scott, Kristen Winnicki, Tamara Braun

Songs: »Pain« von Four Star Mary, »Drift Away« von Naked und »Got The Love« von Average White Band.

Inhalt:

Glaubte Spike bislang, die einzige Liebe im Leben Drusillas zu sein, sieht er sich endgültig eines Besseren belehrt. Es ist Valentinstag und somit selbst unter Vampiren Brauch, seiner Angebeteten an diesem Tag ein Geschenk zu machen. Spikes Geschenk ist ein einfaches, aber wunderschönes Silbercollier. Die Geschenkübergabe wird jedoch jäh durch das Auftauchen von Angelus unterbrochen, der ebenfalls ein Geschenk für Drusilla bereithält: sein Herz − oder besser gesagt das Herz eines Mädchens, das er kurz zuvor getötet hat. Drusilla ist von beiden Geschenken begeistert. Doch welches soll sie annehmen?

Nicht nur Spike hat Probleme mit seiner Liebe. Auch Xander fühlt sich verletzt, denn ausgerechnet am Valentinsabend macht Cordelia mit ihm Schluß. Ihre Beziehung ist publik geworden. Von ihren sogenannten Freundinnen ausgeschlossen, muß Cordelia entscheiden: Xander oder ihre Clique. Ihre Entscheidung fällt gegen Xander. Enttäuscht wendet sich dieser an Amy Madison, jenes Mädchen, dessen Mutter eine Hexe war und die ihren Körper stahl, um als Cheerleaderin ihre Jugend ein zweites Mal erleben zu dürfen. Xander ist aufgefallen, daß Amy die Kräfte ihrer Mutter geerbt hat. Er verspricht ihr, ihr Geheimnis für sich zu behalten, wenn sie ihm im Gegenzug einen Gefallen tut und über Cordelia einen Liebeszauber verhängt. Er will, daß sich Cordelia noch einmal in ihn verliebt – und das nur, damit er sie genauso abweisen kann, wie sie es mit ihm getan hat. Amy willigt ein – doch ihr Zauber entpuppt sich als Katastrophe. Cordelia verhält sich gegenüber Xander im Endeffekt noch abweisender als am Valentinsabend. Dafür fällt Buffy über Xander her. Auch Amy umgarnt ihn, Willow findet er sogar in seinem Bett. Er sei die Nummer eins, haucht sie in sein Ohr. In dieser Situation bleibt Xander nur ein Ausweg: die Flucht.

Der einzige, der ihm helfen kann, ist Giles. Doch schon der Weg in die Bibliothek entwickelt sich zu einem Alptraum. Jedes Mädchen, jede Lehrerin starrt hinter ihm her. Endlich in der Bücherei angekommen, platzt er außerdem in ein ernsthaftes Gespräch zwischen Giles und Jenny Calendar, die sich für all das, was sie Giles und Buffy angetan hat, eigentlich entschuldigen möchte, das Gespräch jedoch augenblicklich abbricht, als Xander den Raum betritt. Giles ist entsetzt. Der Zauber, soviel steht fest, ist gründlich danebengegangen. Und Liebeszauber seien eh mit Vorsicht zu genießen, zumeist nämlich enden sie in blutigen Tragödien. Was der Zauber anrichtet, beweisen Buffy und Amy. Im Kampf um Xander schlägt Buffy Amy zu Boden, woraufhin diese Buffy in eine Ratte verwandelt, die augenblicklich das Weite sucht. Oz erhält den Auftrag, die Ratte zu suchen, wenngleich dieser keine Ahnung hat, was dahintersteckt.

Die Geschichte eskaliert endgültig, als Cordelias Freundinnen sie plötzlich der Untreue bezichtigen und regelrecht zusammenschlagen wollen. Xander rettet Cordelia, doch verfolgt von einem Haufen liebeshungriger, kreischender Frauen, bleibt ihnen nur die Flucht in Buffys Haus, wo Mrs. Summers sich augenblicklich auf den jungen Adonis stürzt und nur mit Gewalt aus dem Haus getrieben werden kann. Als reichte dies nicht aus, wird Xander von Angelus aus Buffys Zimmer gerissen. Dies sei ein Gruß für Buffy, erklärt er Xander und will ihn beißen, um im selben Augenblick von Drusilla niedergeschlagen zu werden. Wenn jemand Xander beißt, dann sie, erklärt sie und beginnt ihrerseits Xander zu liebkosen. Das Auftauchen der liebeshungrigen Damenwelt von Sunnydale aber hindert sie an ihrem Tun. Xander schnappt sich Cordelia und verschanzt sich mit ihr im Keller von Buffys Haus. Doch die Kellertür hält dem Ansturm der Frauen, die sich inzwischen teilweise bewaffnet haben, um Xander zu töten, wenn sie ihn schon nicht besitzen dürfen, nicht lange stand. In letzter Sekunde gelingt es Giles, mit Amys Zauberkräften den Bann zu brechen. Die Frauen gewinnen ihren Verstand zurück, und Buffy verwandelt sich wieder in einen Menschen.

Warum Cordelia gegen den Bann immun war, ist einfach erklärt: Sie liebt Xander tatsächlich. Zurück in der Schule muß sie miterleben, wie ihre Freundinnen – wie gewohnt – über Xander herziehen. Dieses Mal aber platzt ihr der Kragen. Sie muß sich entscheiden: Ihre sogenannten Freundinnen oder Xander?

Sie ergreift Xanders Hand. Und diesmal ist es ihr egal, was die anderen über sie sagen.

Kommentar:

BUFFY goes Comedy könnte BEWITCHED, BOTHERED, AND BE-
WILDERED untertitelt werden. BUFFY ist seit der ersten Episode
eine äußerst humorvolle Serie; verknüpfte sie bislang jedoch
konsequent komödiantische Elemente mit denen der Tragödie,
werden tragische Aspekte in dieser Geschichte ausgespart. Statt
dessen ist die Episode eine reine Nicholas-Brendon-Einmann-
Show, in der er mehr als nur einmal brillieren darf. Es ist nicht
nur das Tempo der Geschichte, das BEWITCHED, BOTHERED,
AND BEWILDERED ständig vorantreibt, es ist Nicholas Brendons
physisches Spiel, das die Geschichte quasi von allein trägt.
Brendon befindet sich in BUFFY in einer schwierigen Situation.
Neben Anthony Stewart Head ist er, was das schauspielerische
Talent betrifft, wahrscheinlich die führende Persönlichkeit der
Serie. Das Problem besteht lediglich darin, daß er nur selten die
Möglichkeit bekommt, sein darstellerisches Potential auszuspie-
len. Beschränkt auf die Rolle des witzigen Sidekicks, bedarf es
Episoden wie THE PACK, in der er einen richtigen Bösewicht
verkörpern durfte, oder eben BEWITCHED, BOTHERED, AND
BEWILDERED, in der ihm erstmals die Hauptrolle einer Episode
zugestanden wurde.

Wie schon die letzte Episode, PHASES, spinnt auch BEWITCHED,
BOTHERED, AND BEWILDERED die Beziehungsgeschichten weiter. Cordelia und Xander verstecken ihre Liebe nicht mehr, und
auch in die Beziehung von Jenny und Giles kommt neues Leben.
Zumindest sprechen die beiden wieder miteinander. Viel inter-
essanter aber ist die Dreiecksbeziehung von Angel alias Angelus, Drusilla und Spike. Spike lebt für Drusilla. Was aber führt
Angelus im Schilde? Ist es Liebe? Oder sein Drang, über jedes
andere Lebewesen zu bestimmen? Auf die weitere Entwicklung
darf man also gespannt sein.

DAS JENSEITS LÄSST GRÜSSEN

Originaltitel: PASSION

Erstausstrahlung USA: 24. Februar 1998

Regie: Michael E. Gersham. Drehbuch: Ty King. Gaststars: Kristine Sutherland (Joyce Summers), Robia La Morte (Jenny Calendar), James Marsters (Spike), Juliet Landau (Drusilla), Richard Assad (Besitzer des Zauberladens), Richard Hyot Miller (Polizist)

Songs: »Never An Easy Way« von Morcheeba und »La Bohème«: Zehnter Akt *Soave Fanciulla* von Puccini

Inhalt:

Normalerweise endet ein Alptraum mit dem Erwachen, bei Buffy beginnt dieser Alptraum mit dem Wachwerden. Auf ihrem Kopfkissen entdeckt sie eine Zeichnung. Es ist eine Skizzierung ihres schlafenden Gesichts. Die Signatur identifiziert Angel als den Künstler. Kaum in der Schule, bittet Buffy Giles, endlich eine Möglichkeit zu finden, ihre einstmals ausgesprochene Einladung an Angel, ihr Haus zu betreten, zurückzunehmen. Buffy wirkt gereizt, denn sie spürt, daß Angels bisherige Attacken kaum mehr als ein Vorspiel auf das waren, was sie von nun an zu erwarten hat.

Willow hat indes ganz andere Probleme. Aufgrund ihres immensen Computerwissens wurde sie aufgefordert, ihren Stufenkollegen Computerunterricht zu erteilen. Jenny Calendar weist sie in die Anforderungen des Unterrichts ein und nutzt ihre Verbindung zu Willow, um wieder mit Giles ins Gespräch zu kommen. Sie bitten ihn um Verzeihung für ihre Unaufrichtigkeit bezüglich

Angels. Zum ersten Mal kann sich Giles bei Jennys Anblick wieder zu einem Lächeln aufraffen. Wenn sie bei jemandem um Verzeihung bitten muß, erklärt er ihr, sei dies Buffy, deren Leben sich seit der Verwandlung von Angel in Angelus nachhaltig zum Schlechteren verändert habe. Um ihren guten Willen zu beweisen, übergibt sie Giles ein Buch, in dem sie den Schlüssel zur Rückverwandlung von Angelus in Angel vermutet. Zur Zeit arbeitet sie an einem Programm, um das Buch zu übersetzen. Sobald es fertig ist, wird sie es Giles übergeben.

Angelus treibt sein böses Spiel in der Zwischenzeit weiter und tötet aus Spaß Willows Goldfisch. Als Willow den toten Fisch in einem Briefumschlag entdeckt, verliert sie die Nerven und beginnt hysterisch zu weinen. Sie verbringt die Nacht bei Buffy, die zuvor ein wenig erquickliches Gespräch mit ihrer Mutter geführt hat. Sie hat ihr erzählt, daß sie mit Angel nicht nur Geschichte gelernt hat (bekanntlich stellte sie ihn ihrer Mutter einst als Nachhilfelehrer für dieses Fach dar). Nun sei diese Beziehung beendet, deshalb bittet sie ihre Mutter, Angel nicht ins Haus einzuladen. Widerwillig verspricht ihr ihre Mutter, dies nicht zu tun.

Doch wem soll Joyce Summers nun glauben? Am folgenden Abend steht Angel vor ihrem Haus. Er wirkt verzweifelt. Warum habe ihn Buffy verlassen, weint er und wirkt am Boden zerstört. Vor allem, nachdem sie mit ihm geschlafen habe, habe er geglaubt, es sei wirklich Liebe. Jetzt fühle er sich leer und ausgepumpt. Angelus will ihr ins Haus folgen, doch eine unsichtbare Macht hält ihn fern. Verärgert muß er feststellen, daß Giles einen Weg gefunden hat, die von Buffy ausgesprochene Einladung zurückzunehmen.

Joyce ist auf Buffy indessen ziemlich wütend. Sie sei nicht fähig, verantwortlich mit ihrem Leben umzugehen, wirft sie ihr vor.

Buffy möchte weinen, würde ihr am liebsten die Wahrheit über ihre Bestimmung sagen. Doch sie bleibt stumm.

Es wird Zeit für Angelus, ein Exempel zu statuieren. Offenbar ist es Giles nicht nur gelungen, die Einladung in Buffys Haus rückgängig zu machen, Jenny Calendar hat außerdem eine Kugel – die Kugel des Thesula – gekauft, mit der sie seine Seele restaurieren könnte, und hat außerdem an einem Computerprogramm gearbeitet, mit dem sie alte Schriften übersetzen wollte, die den Schlüssel für Angels Rückverwandlung darstellen. Angelus wählt daher Jenny als sein erstes Opfer aus Buffys Kreis. Er zerstört die Kugel und den Computer – dann ermordet er Jenny mit bislang ungekannter Brutalität.

Giles entdeckt Jennys fürchterlich zugerichteten Leichnam. Ohnmächtig vor Wut, entschließt er sich, Angel zu töten. Ob er einst eine Seele besaß oder nicht: es ist ihm egal. Blind vor Zorn sucht er die Fabrikhalle auf, in der Drusilla, Angelus, Spike und einige der anderen Vampire hausen und schleudert einen Brandsatz in ihre Mitte. Angelus ist über Giles' Unverfrorenheit erzürnt und stürzt sich auf ihn – um in letzter Sekunde von Buffy daran gehindert zu werden, Giles zu töten. Zwischen beiden entbrennt ein Kampf auf Leben und Tod, den Buffy, kurz bevor sie ihn besiegen kann, abbrechen muß. Giles, von den Flammen eingeschlossen, droht zu verbrennen. Und so entscheidet sie sich für Giles, wohl wissend, daß Angelus entkommen wird. Giles ist über seine Rettung wütend. Sie hat die Chance gehabt, Angel zu töten. Er als *watcher* weiß um die Gefahren, mit denen er leben muß, und war bereit zu sterben. Buffy aber gibt ihm zu verstehen, daß sie ihn jetzt mehr als je zuvor an ihrer Seite braucht.

Am anderen Tag übernimmt Willow als Aushilfslehrerin Jenny Calendars Klasse. Beim Aufräumen von Jennys Schreibtisch fällt eine Diskette in einen Spalt zwischen Tisch und Schrank. Willow ahnt nicht, daß sich auf dieser Diskette der Schlüssel zur Restauration von Angels Seele befindet.

Kommentar:

PASSION ist eine Episode, die all die Stärken der Serie zum Vorschein kommen läßt. Die Mythologie wird konsequent weitergesponnen, mit PASSION wird das Ende der zweiten Staffel eingeläutet, denn die Ereignisse beginnen sich zu überschlagen. Buffy ist bereit, Angelus alias Angel zu töten, Angelus ermordet erstmals eine Person aus Buffys Umfeld, Spike entwickelt langsam Haß auf Angelus (da dieser auch in dieser Episode wieder unverhohlen um die Gunst von Drusilla wirbt), was nicht ausschließt, daß auch Spike ein Interesse daran hat, Angelus zu Staub zerfallen zu sehen. Erstaunlich ist das Ausscheiden einer Hauptfigur wie Jenny Calendar vor dem Ende der Staffel. Jenny Calendars Tod ist vor allem ungewöhnlich, da ihre Figur keine Chance erhalten hat, sich mit Buffy auszusprechen. Dies verleiht ihrem Ausscheiden etwas wirklich Tragisches, denn sie ist gegangen, ohne »geordnete Verhältnisse« zu hinterlassen. Und sie ist gegangen, ohne zu wissen, daß Giles ihr in seinem Herzen längst verziehen hatte.

Als unglücklich läßt sich lediglich die Tatsache bezeichnen, daß PASSION als siebzehnte Episode der zweiten Staffel ausgestrahlt wird, obwohl sie bereits das furiose Finale der Serie, den Zweiteiler BECOMING, einleitet. BECOMING nämlich baut direkt auf PASSION auf. Nun folgen PASSION jedoch drei Einzelepisoden, die sich auf die Spannung des episodenübergreifenden Handlungsfadens als Tempo-Bremser offenbaren. Diese Tatsache aber ist zu verschmerzen, denn das Ende der Staffel entschädigt auf jeden Fall für das Warten.

An dieser Stelle sei eine Bemerkung zu den Hauptfiguren und

ihren Darstellern erlaubt. Nach 25 Episoden hat sich eindeutig herauskristallisiert, welche Darsteller ihren Figuren Leben einge- haucht haben und welche nicht. Es ist erfreulich zu sehen, daß sich die, die es nicht geschafft haben, in der Minderheit befinden. Zu loben sei in erster Linie die Entwicklung von Buffy selbst. Sarah Michelle Gellar stellte in der ersten Staffel der Serie das typische amerikanische High-School-Girl dar. Ihr Lebensmotto lautete Spaß, Spaß, Spaß. Wenn man einmal ganz ehrlich ist, war Buffy in dieser Phase die möglicherweise uninteressanteste Figur der Serie. Sie war athletisch, machte vor allem für das männliche Publikum eine gute Figur, doch ihr fehlte ganz ein- fach noch eine wirkliche charakterliche Tiefe (wenngleich Epi- soden wie NIGHTMARES [BtVS-110] das Potential ihrer Figur bereits erahnen ließen). Dies hat sich im Verlauf der zweiten Staffel grundlegend verändert. Nicht nur die Drehbücher wur- den bezüglich der Charakterisierung von Buffy besser ausgear- beitet, auch Sarah Michelle Gellar begann die Rolle ernster zu nehmen. Vor allem in den ruhigen, traurigen Momenten gelingt es ihr inzwischen, schauspielerische Glanzpunkte zu setzen.

Ganz ähnlich ist die Entwicklung von Nicholas Brendon verlau- fen, der zu Beginn kaum mehr als ein witziger Sidekick von Buffy sein sollte, der sich inzwischen jedoch zu einem ernsthaften Charakter entwickelt hat (siehe hierzu auch den Kommentar zu GO FISH [BtVS-220]). Die gleiche Entwicklung ist bei David Boreanaz festzustellen, der während der ersten Staffel nicht einmal als ständiges Cast-Mitglied geführt wurde und kaum mehr zu tun hatte, als immer wieder einmal geheimnisvoll im Schatten zu stehen und bedeutungsschwangere Bemerkungen von sich zu geben – und der als böser Angelus mit einem Mal eine Spielfreude an den Tag legt, daß man sich wünschte, er würde auf ewig ein Bösewicht bleiben.

Anthony Stewart Head steht seit der ersten Episode außerhalb jeder Kritik. Ob als altmodischer Bibliothekar oder als blindwütiger Giles ist stets eine lebendige Figur, die auch von ihren Widersprüchen lebt. So ist sein Amoklauf in der vorliegenden Episode ein Ereignis, das man ihm kaum zugetraut hätte. Es paßt nicht zu dem stets besonnen wirkenden Rupert Giles – doch Anthony Stewart Head hat aus Giles einen Menschen mit Stärken und Schwächen gemacht, der eben nicht nach den Vorgaben einer Schablone reagiert, sondern stets ein Mensch bleibt.

Es ist schade, daß weder James Marsters (Spike) noch Juliet Landau (Drusilla) mehr Platz für ihre Charaktere bekommen. Beide spielen ihre Rollen souverän, ein bißchen mehr charakterliche Tiefe hätten ihnen die Autoren dennoch zugestehen sollen. Auch Charisma Carpenters Cordelia Chase sei von einer tiefergehenden Analyse ausgenommen. In der ersten Staffel war sie nicht mehr als ein nervender Sidekick, in dem die Autoren ihre Aggressionen gegen jene hochnäsigen Mädchen ausleben durften, die sie während der Schulzeit genervt hatten. In der zweiten Staffel hat sich dies geändert, und Charisma Carpenter verleiht ihrer Figur mit jeder Episode mehr Persönlichkeit.

Ein wenig enttäuschend ist die Entwicklung von Willow Rosenberg verlaufen. So sympathisch Alyson Hannigan auch sein mag, Willow fehlt eine nachvollziehbare Entwicklung. Ob dies nur die Schuld der Autoren ist, sei an dieser Stelle einmal zu bezweifeln. Im Gegensatz zu Nicholas Brendon, der sich von Episode zu Episode weiterentwickelt hat, ist Willow noch immer das unsichere kleine Mädchen der ersten Episode. Daran ändern weder ihre dauernden Begegnungen mit Vampiren etwas noch die Tatsache, daß sie inzwischen einen Freund hat, der als Werwolf strenggenommen ebenfalls nicht gerade zu den normalsten Teenagern dieses Planeten gehören dürfte.

Während sich Armin Shimerman noch etwas müht, Rektor Snyder eine wirkliche Persönlichkeit zu verleihen, was teilweise damit zu erklären ist, daß er selten über einen Gastauftritt hinauskommt, ist Kristine Sutherland in der Rolle der Joyce Summers der Totalausfall der Serie! Ob dies daran liegt, daß die in anderen Rollen durchaus souveräne Darstellerin keinen Draht zu ihrer Figur findet, oder ob ihre Figur ganz einfach schlecht ist, darüber kann man im Endeffekt nur spekulieren. Doch wenn Joyce Summers auftaucht, ist gähnende Langeweile und nervendes Großstadtgetue gewiß. Wer eine solche Mutter hat, braucht sich nicht dafür zu entschuldigen, hin und wieder einmal eine Turnhalle anzuzünden (siehe die Gründe für ihren Wohnortwechsel nach Sunnydale in der Pilotepisode). Bei einer solchen Mutter braucht sich Buffy gar nicht mit dem Argument, daß in der Halle schließlich Vampire gewesen seien, zu entschuldigen. Jeder, der Joyce Summers kennt, versteht, daß ein Mädchen wie Buffy hin und wieder ihre Aggressionen loswerden muß. Doch ernsthaft: Joyce ahnt von dem Doppelleben ihrer Tochter als High-School-Schülerin und Vampir-Jägerin nichts. Sie sieht in ihr nur das siebzehnjährige Mädchen. Dieses Mädchen hat einmal in ihrem Leben richtig Mist gebaut und eine Turnhalle angezündet. Das ist keine Kleinigkeit, doch seit jenem Tag versucht Buffy sich zu ändern. Wenn man nichts über ihre Bestimmung als Vampir-Jägerin wüßte, welchen Eindruck würde sie machen? Unter diesen Umständen wäre Buffy eine Schülerin, die sich wirklich bemüht, gute Noten nach Hause zu bringen. Sie schwänzt (fast) nie ihren Unterricht, verbringt viel Zeit in der Bibliothek, hat liebenswerte Freunde. Wenn es nun in der Schule trotzdem für sie nicht immer zum Besten steht, muß eine Mutter dann nicht akzeptieren, daß ihre Tochter den Anforderungen möglicherweise nicht gewachsen ist? Ist es nicht wichtig, Buffy in ihren Bemühungen, eine gute Schülerin zu werden, zu unterstützen? Nein, denn Joyce ist eine dämliche Figur. Wann immer Buffy einen Fehler macht, behandelt Joyce sie, als habe Buffy seit dem Tag, an dem sie die Sporthalle abgefackelt hat, nichts gelernt. So auch in dieser Episode. Sie macht Buffy Vorwürfe, weil diese mit Angel geschlafen hat. Als Mutter ist dies ihr Recht. Buffy deshalb aber Verantwortungslosigkeit vorzuwerfen, geht in diesem Fall zu weit, denn Buffy wird ihrer Mutter gegenüber niemals als verantwortungslos dargestellt. Im Gegenteil − Buffy ist eine folgsame Tochter.

Joyce verschließt sich konsequent jeglicher kognitiven und charakterlichen Weiterentwicklung. Immer und immer wieder mahnt sie Buffy, Verantwortung zu tragen, doch seit der ersten Episode erlebt der Zuschauer Buffy im Umgang mit ihrer Mutter als eine vorbildliche, fast schon überkorrekte Tochter. Wenn Joyce also Buffy bei jedem Fehler, den diese begeht, niedermacht, ist es kein Wunder, daß sie hin und wieder, um sich abzureagieren, zum Beispiel eine Turnhalle abfackeln muß …

BtVS-218
DER UNSICHTBARE TOD
Originaltitel: KILLED BY DEATH

Erstausstrahlung USA: 3. März 1998

Regie: Deran Sarafian. Drehbuch: Rob Des Hotel, Dean Batali. Gaststars: Kristine Sutherland (Joyce Summers), Richard Herd (Dr. Baker), Willie Garson (Don), Andrew Ducote (Ryan), Juanita Jennings (Dr. Wilkinson), Denise Johnson (Celia), Mimi Paley (kleine Buffy), Robert Munic (Mann in Notaufnahme), James Jude Courtney (Der Kindestod).

Inhalt:

Eine schwere Grippewelle hat Sunnydale im Griff, und auch Buffy hat es böse erwischt. Statt im Bett zu liegen, patrouilliert sie über den Friedhof, wo sie prompt von Angel angefallen wird. Nur mit Hilfe von Willow, Xander und Cordelia kann sie ihn vertreiben, um postwendend in Ohnmacht zu fallen. Als sie ihre Augen wieder öffnet, befindet sie sich im Sunnydale General, dem städtischen Krankenhaus. Vollkommen dem Delirium verfallen, schreit sie, sie habe keine Zeit, krank zu sein, und müsse statt dessen Vampire töten. Ihre Mutter entschuldigt ihr Verhalten und erklärt den Ärzten, Buffy hasse Krankenhäuser, seit sie als Kind ihre Cousine Celia in einem Hospital habe sterben sehen.

Buffy bekommt einen neuartigen Tranquilizer gespritzt, der sie beruhigt. Sie schläft, erwacht aber in der folgenden Nacht, als sie einen Mann über den Flur laufen hört. Er trägt einen schwarzen Umhang, seine Finger sind lang und knochig. Noch unter Einwirkung des Medikaments stehend, verfolgt Buffy den Mann und wird auf diese Weise unfreiwillig Zeugin eines Streits: Ihre behandelnde Ärztin Dr. Wilkinson beschimpft ihren Kollegen Dr. Baker, mit den Kindern herumzuexperimentieren und dafür bereits den Tod eines Mädchens in Kauf genommen zu haben. Für Buffy wirkt der Streit irreal, wie die beiden kleinen Jungen, die sich vor sie stellen und ihr erzählen, der Tod sei ihnen gerade erschienen und habe ihnen mitgeteilt, daß sie nicht mehr erwachsen würden.

Am folgenden Tag ist Buffys Fieber verschwunden. Sie bekommt Besuch von Giles, Willow, Xander und Cordelia, denen sie von ihrem bizarren Erlebnis berichtet. Sie stand unter der Einwirkung von Medikamenten, aber sie weiß, daß sowohl der Streit wie der Tod real waren. Sie beschließen, Dr. Baker näher unter die Lupe zu nehmen. Doch seine Weste ist weiß, erklärt Willow Buffy, nachdem sie seine Daten im Computer gecheckt hat. Baker ist ein angesehener Arzt. Buffy bleibt nichts anderes übrig, als ihn heimlich zu beobachten. Sie folgt ihm und sieht, wie dieser einem schlafenden Mädchen heimlich eine Spritze verabreichen will. Plötzlich wird Baker von einer unsichtbaren Macht zu Boden geschleudert. Buffy versucht ihm zu Hilfe zu kommen, doch auch sie wird von der unsichtbaren Macht attackiert. Während sich Buffy in Sicherheit bringen kann, kommt für Baker jede Hilfe zu spät. Er wird regelrecht massakriert.

Einen Tag später soll Buffy eigentlich aus dem Hospital entlassen werden. Sie behauptet jedoch, sich nach wie vor nicht wohl zu fühlen und erreicht einen Tag Aufschub. Zusammen mit Willow bricht sie in Bakers Büro ein, und dort machen sie eine überraschende Entdeckung: Baker hat ein Grippemedikament entwickelt, das ein Grippevirus im Körper aufspürt, hohes Fieber verursacht und das Virus auf diese Art und Weise de facto verbrennt. Offenbar hat er dieses Medikament auch Buffy verabreicht, was erklärt, daß sie innerhalb von 24 Stunden vollkommen gesundet ist. Andererseits war sie nach der Einnahme des Medikaments in der Lage, den schwarzen Dämon zu sehen, der von Giles inzwischen als ein Dämon namens ›Kindestod‹ identifiziert wurde. Dieser setzt sich auf seine Opfer und saugt ihnen das Leben aus. Als Buffy dies hört, erinnert sie sich daran, als kleines Mädchen eben jenen Dämon auf ihrer Cousine Celia sitzen gesehen zu haben. Kinder scheinen generell über die Macht zu verfügen, den Kindestod sehen zu können. Bei dieser Gelegenheit fallen ihr die beiden Jungen ein, die ihr von ihrem bevorstehenden Tod berichtet haben. Und ihr fällt Dr. Wilkinsons Behauptung ein, Baker habe das Mädchen umgebracht. Das ist nicht wahr, der Kindestod hat sie ermordet. Und er hat Baker getötet, weil dieser ein Medikament entwickelt hat, das Kinderleben zu Millionen retten könnte – womit dem Kindestod die Grundlage seiner Existenz entzogen würde.

Und niemand außer Buffy kann den Kindestod aufhalten. Auch muß sie die beiden Jungs retten. Nur wie? Die Idee ist einfach. Sie bricht ein zweites Mal in Bakers Büro ein, stiehlt eine Ampulle des Medikaments und verabreicht es sich selbst. Trotz der starken Nebenwirkungen – Buffy bekommt ein hohes Fieber – gelingt es ihr diesmal, auf den Beinen zu bleiben. Kaum sieht sie den Kindestod auftauchen, stürzt sie sich auf ihn und bricht ihm das Genick.

Kommentar:

KILLED BY DEATH ist eine schnörkellos und spannend inszenierte Geschichte, ohne einen allzu großen Einfluß auf die Rahmenhandlung der Serie zu besitzen. Sie steht für sich allein und könnte an jeder Stelle der Serie seit der Verwandlung von Angel in Angelus gezeigt werden, ohne die Stringenz des übergreifenden Handlungsflusses zu gefährden. Äußerst interessant ist die Auswahl des Regisseurs der Episode. Abgesehen von Joss Whedon, Bruce Seth Green und David Greenwalt hat die Serie keine Stammregisseure. Das Arbeiten mit immer wieder wechselnden Auftragsregisseuren hat für einen kreativen Produzenten wie Whedon den Vorteil, allein über die künstlerische Gesamtgestaltung der jeweiligen Episoden bestimmen zu können. Der Auftragsregisseur kommt ans Set, dreht seine Episode herunter und verschwindet wieder. Da es sich ausnahmslos um erfahrene TV-Regisseure handelt, kann ein Mann wie Whedon sicher sein, daß er eine handwerklich einwandfreie Ware geliefert bekommt. Um die Serie nicht in Beliebigkeit verkommen zu lassen, werden die Auftragsregisseure vor allem im Bereich der Einzelepisoden eingesetzt; jene Folgen, die für den episodenübergreifenden, mythologischen Spannungsbogen verantwortlich sind, inszenieren Bruce Seth Green, David Greenwalt oder Joss Whedon selbst. Dies sichert die notwendige inszenatorische Kontinuität. Indem die Einzelepisoden aber von ganz verschiedenen Regisseuren gedreht werden, hat dies den Vorteil, verschiedene Inszenierungsstile ausprobieren zu können. So ist KILLED BY DEATH ungemein rasant inszeniert, jeder Aktion folgt prompt eine Reaktion. KILLED BY DEATH ist in seiner reinen Struktur Actionkino und keine Mystery- oder Horrorfernsehserie. Verantwortlich dafür ist denn auch kein Fernseh-, sondern ein Kinoregisseur, Deran Sarafian. Sarafian, ein Sohn des B-Film-Regisseurs, Drehbuchautors, Produzenten und Schauspielers Richard C. Sarafian, steht seit 1986 hinter der Kamera und hat seither eine ganze Reihe von B-Filmen inszeniert. Schon für seine erste Regiearbeit, THE FALLING (dt.: ALIEN PREDATORS) hat er selbst das Drehbuch geschrieben und die Finanzierung auf die Beine gestellt. Und schon mit THE FALLING bewies Sarafian seinen Sinn für rasante Geschichten. Mit einem Minimum an Geld – und Effekten – erzählte er die Story dreier junger Amerikaner, die während eines Spanienurlaubs auf einen außerirdischen Mikroorganismus stoßen, der einen nach dem anderen von ihnen dem Wahnsinn verfallen läßt. Der Film wurde weltweit verkauft und etablierte Deran Sarafian als fähigen B-Regisseur. Mit TO DIE FOR (dt.: TÖDLICHE LIPPEN) schnupperte er 1988 zum ersten Mal in der Welt der Vampire herum und inszenierte die Geschichte zweier Yuppies, die sich als Nachfahren Draculas entpuppen und in der Yuppieszene reichlich Nahrung finden, bis sich einer der beiden in ein sterbliches Mädchen verliebt und am Ende gezwungen ist, um das Leben seiner Angebeteten vor dem Angriff seines vampirisches Weggefährten zu schützen, sich selbst zu opfern.

Wer wissen möchte, wie Deran Sarafian aussieht, sollte sich Lucio Fulcis blutrünstiges Horrorspektakel ZOMBIE 3 (dt.: ZOMBIE 3) anschauen, in dem Sarafian, der ursprünglich Schauspieler werden wollte, die Hauptrolle spielt. Über den Jean-Claude-van-Damme-Actionfilm DEATH WARRANT (dt.: MIT STÄHLERNER FAUST) und die beiden Christopher-Lambert-Streifen ROAD-FLOWER sowie GUNMEN landete Sarafian 1994 beim A-Actionfilm und inszenierte für die Disney-Tochter Hollywood Pictures den rasanten Actionfilm TERMINAL VELOCITY (dt.: TÖDLICHE GESCHWINDIGKEIT), der ihm endgültig den Ruf einbrachte, mit relativ bescheidenen Mitteln große Actionfilme drehen zu können.

BtVS-219

EIN DÄMON NAMENS LIEBE

Originaltitel: I ONLY HAVE EYES FOR YOU

Erstausstrahlung USA: 28. April 1998

Regie: James Whitmore Jr. Drehbuch: Marti Noxon. Gaststars: Chris Gorham (James), John Hawkess (George, der Hausmeister), Meredith Salinger (Grace Newman), James Marsters (Spike), Juliet Landau (Drusilla), Miriam Flynn (Miss Frank).

Songs: »I Only Have Eyes For You« von The Flamingos und »Charge« von Splendid.

Inhalt:

Auf dem Weg zur Bibliothek wird Buffy Zeugin eines bewaffneten Überfalls. Ein Junge in ihrem Alter bedroht ein Mädchen mit den Worten »Lauf nicht weg, du Hexe«, dann will er sie erschießen. Buffy kann ihm die Waffe in letzter Sekunde entreißen; einen Augenblick später können sich weder der Junge noch das Mädchen an das, was gerade geschehen ist, erinnern. Und auch die Waffe ist mit einemmal spurlos verschwunden.

Am nächsten Morgen wird Buffy in Rektor Snyders Büro zitiert, wo dieser sein Ritual, Buffy mindestens einmal pro Woche sagen zu müssen, daß er sie beobachtet, durchführt. Für einen Moment ist er gezwungen, Buffy allein in seinem Büro zu lassen. Kaum hat er die Tür geschlossen, fällt aus einem Regal das Jahrbuch der High School aus dem Jahr 1955. Buffy hebt das Buch auf und hat in genau diesem Moment eine Vision. Es geht um einen Schüler namens James und eine Lehrerin namens Miss Newman. Wieder bei Sinnen steckt Buffy das Jahrbuch ein und bittet später Giles, mehr über diese beiden Personen in Erfahrung zu bringen.

Sind Geister am Werk? Der Verdacht bestätigt sich am Abend des gleichen Tages, als Giles Ohrenzeuge eines Streits zwischen Miss Frank, einer Lehrerin – und George, dem Hausmeister wird. Zuerst amüsiert, fährt ihm ein Schrecken durch die Glieder, als George Miss Frank anbrüllt »Lauf nicht weg, du Hexe«. Da aber ist es schon zu spät. Ein Schuß fällt. Blutüberströmt bricht Miss Frank zusammen.

Giles glaubt am gleichen Abend, Jenny gehört zu haben, und vermutet, es sei ihr Geist, der Sunnydale unsicher macht. Willows Theorie aber geht dahin, daß es James Stanley und Grace Newman sind, die hier spuken. James, hat Willow über ihren Computer in Erfahrung bringen können, war ein Schüler. Und er hatte offenbar ein Verhältnis mit seiner Lehrerin. Eines Tages kam es zwischen den beiden zu einem Streit. James erschoß Miss Newman und beging anschließend Selbstmord.

Der Tag ist noch jung, da bricht auch schon die nächste Katastrophe über Sunnydale High herein. Überall in der Mensa tauchen Schlangen auf, eine von ihnen beißt Cordelia. Eine Massenpanik bricht über die Schule herein.

Während die Polizei den Einsatzort abriegelt, ziehen sich Rektor Snyder und Bob, der Einsatzleiter der Polizei, für einen Moment zurück. Es war ein Unglück, ein ganz normales Unglück, erklärt Snyder dem Polizisten. Also, fragt dieser zurück, keine Verlautbarungen bezüglich des Hellmouths, des Tores zur Hölle? Nein, antwortet ihm Snyder. Bob nickt.

Willow hat in der Zwischenzeit eine Erklärung für das gefunden, was in Sunnydale vorgeht. James hat Miss Newman offenbar nicht absichtlich erschossen. Es war ein Unfall. Als er sich tötete, flehte er sie um Verzeihung an, doch eine Absolution konnte sie ihm nicht erteilen. Seither sind ihre Seelen dazu verdammt, das Szenario ihres letzten Zusammentreffens immer und immer wieder zu erleben. Um ihnen endlich Frieden zu gönnen, sollten Buffy, Xander, Willow, Cordelia und Giles ein Ritual namens *Mangus Tripod* durchführen, bei dem an vier Eckpunkten vier Personen zeitgleich eine Geisterbeschwörung durchführen, während die fünfte Person in der Mitte darauf wartet, daß die Geister von ihr Besitz ergreifen. Auf diese Weise ist es möglich, mit ihnen zu kommunizieren und ihre Wünsche zu erfahren, um ihnen endlich ewigen Frieden zu gewähren. Noch am gleichen Abend ziehen sie das Ritual durch. So weit, so gut, würde sich Angelus nicht ausgerechnet in dem Moment, als sich die Geister zu erkennen geben, in das Ritual einmischen. Eigentlich will er Buffy umbringen, doch plötzlich fährt James' Geist in seinen

Körper, ebenso wie Buffys Körper von Graces Geist heimgesucht wird. Von den Fremden in ihren Körpern besessen, fallen Buffy und Angelus übereinander her – um sich zu küssen, wie sie sich noch nie geküßt haben. Der Fluch ist gebrochen. Mit ihrem Kuß verzeiht Miss Newman James seine Tat, James und Miss Newman sind frei. Entsetzt über den Kuß, den er Buffy gegeben hat, rennt Angelus unverrichteter Dinge davon. Zurück in seinem neuen Unterschlupf, nimmt er Drusilla bei der Hand. Er will den Geschmack von Buffys Lippen loswerden, um die Häuser ziehen und ein paar Menschen aussaugen. Spike bleibt allein im Rollstuhl zurück. Kaum aber haben Drusilla und Angelus ihren Unterschlupf verlassen, steht Spike auf und tritt wütend gegen sein stählernes Fortbewegungsmittel. Spike ist wieder gesund. Und mehr noch als die Menschen haßt er nur ein Wesen: Angelus!

Kommentar:

I ONLY HAVE EYES FOR YOU ist nicht nur der Titel dieser Episode, es ist auch ein Song der Flamingos, mit denen diese ihren einzigen großen Hit feiern konnten. Es ist wiederum jener Song, zu dem sich James und Miss Newman liebten. Damit waren sie ihrer Zeit weit voraus, denn bekanntlich erschoß James Miss Newman und sich selbst im Jahre 1955, der Song »I Only Have Eyes For You« aber wurde erst im Jahre 1959 veröffentlicht.

I ONLY HAVE EYES FOR YOU ist eine eher als durchschnittlich zu bezeichnende Episode. Alles an ihr wirkt durchschnittlich. Die Darsteller, der Spannungsbogen, die Dialoge, die Effekte, einfach alles. Dennoch darf man sie auf keinen Fall verpassen, denn erstmals wird der Verdacht hundertprozentig bestätigt, daß Rektor Snyder ganz genau weiß, was in Sunnydale vor sich geht.

Auch Spikes Genesung öffnet das Tor für neue Handlungsstränge. Nicht mehr an den Rollstuhl gefesselt, stellt Spike wieder einen ernstzunehmenden Gegner für Angelus dar. Gerade die Interaktion der Figuren untereinander erschafft einen Großteil der Spannung, von der die Serie lebt. Diese Interaktion ist es schließlich auch, die I ONLY HAVE EYES FOR YOU vor ihrem Sturz in die Bedeutungslosigkeit bewahrt.

BtVS-220

DAS GEHEIMNIS DER FISCHMONSTER

Originaltitel: GO FISH

Erstausstrahlung USA: 5. Mai 1998

Songs: »If You'd Listen« von Nero's Rome und »Mann's Chinese« von Naked

Regie: David Semel. Drehbuch: David Fury, Elin Hampton. Gaststars: Wentworth Miller (Gage Petronzi), Charles Cyphers (Trainer Carl Marin), Conchata Ferrell (Schulschwester Ruth Greenlight), Jake Patellis (Dodd McAlvy), Jeremy Garrett (Cameron Walker), Danny Strong (Jonathon).

Inhalt:

Das Schwimmteam von Sunnydale High gehörte bislang nicht zu den herausragenden Sportmannschaften der Schule. Bis jetzt zumindest: Seit geraumer Zeit aber feiert das Jungenteam einen Erfolg nach dem anderen. Der Gewinn der Regionalmeisterschaften stellt nur noch eine Formsache dar. Just in dieser Phase wird das Team von einem bizarren Unglücksfall heimgesucht.

Nach einer Party scheint Dodd, die Nummer eins des Teams, ins Meer gestürzt und von einer Schiffsschraube zerfetzt worden zu sein. Die Frage, die sich Giles und Buffy stellen, lautet: Warum hat man nur seine oberen Hautschichten, nicht aber seine Knochen oder inneren Organe gefunden?

Buffy hat indes einen neuen Verehrer: Cameron Walker, die Nummer zwei des Schwimmteams. Ein Ausflug mit ihm entpuppt sich jedoch als Katastrophe. Cameron, der auf Buffy einen sensiblen Eindruck gemacht hat, versucht ihr im Auto unter den Rock zu fassen. Versucht ihn Buffy zuerst mit Argumenten von seinem Vorhaben abzubringen, bricht sie ihm kurzerhand die Nase, als sie feststellen muß, daß ihre Argumente nichts fruchten. Statt Cameron aber bekommt Buffy Probleme mit Rektor Snyder, der in Buffy bekanntlich eine Unruhestifterin sieht und ihr kein Wort von ihrer Geschichte glaubt. Im Gegensatz zu Schwimmtrainer Carl Marin, der Camerons Übergriff mit dem Argument abtut, daß sich Buffy, wenn sie solche Attacken verhindern will, gefälligst nicht aufreizend kleiden soll.

Zu diesem Zeitpunkt ahnt Cameron noch nicht, das nächste Opfer zu werden. Doch nur kurze Zeit später werden auch Camerons Überreste in der Schulmensa gefunden. Es ist Xander, der ihn schreien hört und ihm zu Hilfe kommen will, um zu sehen, wie ein fischähnliches Monster die Kantine verläßt. Auch den Überresten von Cameron fehlen die Knochen und die inneren Organe.

Dodd war die Nummer eins, Cameron die Nummer zwei des Schwimmteams. Wer könnte das Team derart hassen, daß er oder sie deren Mitglieder einen nach dem anderen meuchelt? Die erste Spur führt zu einem Jungen namens Jonathon, der von den Schwimmteam-Mitgliedern ständig gehänselt wird. Und tatsächlich gibt er unumwunden zu, sich an dem Team für ihre

Boshaftigkeiten gerächt zu haben – indem er ihnen ins Becken pinkelte.

Die Nummer drei des Teams ist ein junger Mann namens Gage. Buffy entschließt sich, ihn zu beobachten. Dies aber macht sie nicht sonderlich geschickt. Gage merkt sehr schnell, daß Buffy ihn beobachtet, und bittet sie am Abend im Bronze, dies zu unterlassen. Er verläßt den Club – um vor der Tür von Angelus attackiert zu werden. Buffy kommt Gage zu Hilfe und muß etwas Eigenartiges beobachten. Angelus beißt Gage in den Hals, läßt aber augenblicklich von ihm ab, spuckt das Blut angewidert aus und rennt davon. Gage dankt Buffy für ihre Hilfe, und am nächsten Tag freut er sich direkt, Buffy am Rand des Schwimmbeckens der Schulsporthalle sitzen zu sehen. Wie könnte man das Schwimmteam nur besser unter Kontrolle halten, fragt Cordelia Buffy und Willow, ohne ihre Augen vom Körper eines gutaussehenden jungen Schwimmers nehmen zu können – bis sie erschrocken und gleichzeitig erstaunt feststellen muß, daß dieser Schwimmer niemand anderes als Xander ist. Xander hat sich für eine Aufnahme in das Team beworben und tatsächlich die dazu notwendige Qualifikationszeit unterbieten können. Als Mitglied des Schwimmteams hofft er, eine Spur zu finden, die ihnen bei der Lösung dieses Falls weiterhelfen könnte.

Xanders Bemühungen, ein Auge auch auf Gage zu halten, schlagen fehl. Gage wird im Umkleideraum von dem Fischmonster attackiert. Buffy kommt ihm zu Hilfe, doch Gage hört nicht auf zu schreien, obwohl das Fischmonster längst von ihm abgelassen hat. Erschrocken muß Buffy beobachten, wie Gages Haut aufplatzt und sich der junge Mann selbst in ein Monster verwandelt. Kaum ist die Verwandlung abgeschlossen, verschwinden beide Monster in der Kanalisation.

Tot ist diesmal also niemand. In Wahrheit haben sich alle drei

In dieser Episode könnte Buffy mit
Schwimmflügelchen wohl mehr anfangen als mit ihrem
ansonsten so zuverlässig-praktischen Holzpfahl.

Jungs in Fischmonster verwandelt. Buffy konfrontiert den Trainer mit dieser Nachricht. Er scheint erschüttert – aber wenig überrascht. Was hat er zu verbergen?

Auf diese Frage liefert ihr Xander eine Teilantwort: Alle Jungs werden gedopt. Dies hat Willow zwar auch inzwischen anhand einer Analyse des von Angelus ausgespuckten Blutes feststellen können, doch der Grund dafür war ihr vollkommen schleierhaft. Es ist, erklärt Xander, der Wasserdampf in der Mannschaftssauna. Ihm werden Chemikalien beigefügt, die die Leistungsfähigkeit steigern sollen. Offenbar sind sie auf keiner Dopingliste verzeichnet, weshalb keiner der Schwimmer bislang bei Wettkämpfen aufgefallen ist.

Ein zweites Mal sucht Buffy den Trainer auf. Unumwunden gibt er zu, den Jungs leistungsfördernde Präparate, die aus Fisch-DNA gewonnen werden, verabreicht zu haben. Diese Medikamente sollten bereits in der Sowjetunion die Leistungen der russischen Schwimmer stärken. Nach dem Zusammenbruch des Ostblocks wurden diese Präparate auf dem internationalen Schwarzmarkt angeboten, und er hat sie gekauft. Von den Nebenwirkungen ahnte er nichts, doch er übernimmt die Verantwortung – für die Jungs. Mit vorgehaltener Pistole zwingt er Buffy, in die unter dem Trainerraum gelegene Kanalisation zu springen. Buffy kommt seiner Aufforderung nach – und sieht sich mit den drei Monstern konfrontiert, die kurze Zeit zuvor bereits die Schulkrankenschwester verspeist haben. In letzter Sekunde kommt ihr Xander zu Hilfe. Er schlägt den Trainer bewußtlos und zieht Buffy aus dem Kanal. Doch der Trainer erwacht sehr schnell aus seiner Ohnmacht und greift Xander an. Dieser weicht ihm aus – und Carl Marin stürzt in die Kanalisation, wo die drei Jungs unverzüglich über ihn herfallen.

Auch die anderen Schwimmer hätten sich, stellt Willow fest, über kurz oder lang in Monster verwandelt. Mit einer einfachen Bluttherapie aber können sie alle geheilt werden. Die drei Monster sind indessen aus der Kanalisation verschwunden. Sie schwimmen hinaus ins Meer, ihre eigentliche Heimat. Buffy glaubt nicht, daß sich die drei jemals wieder bei den Menschen blicken lassen werden.

Kommentar:

GO FISH ist eine der eher mäßigen BUFFY-Episoden und eine der wenigen Folgen der zweiten Staffel, die sich nicht in den episodenübergreifenden Handlungsbogen einordnen lassen. Das Drehbuch weiß nicht wirklich zu überzeugen, die Art, wie Buffy und ihre Helfer, die Slayerettes, in den Fall involviert werden, wirkt unfreiwillig komisch. Ein Junge stirbt – und schon wittern sie ein Monster und nehmen unverzüglich die Ermittlungen auf. Die Monsterpolizei läßt grüßen! Zu überzeugen wissen in dieser Episode allein die Auftritte Nicholas Brendons, der von Episode zu Episode weiter über sich hinauswächst, sowie die zahlreichen Anspielungen auf THE CREATURE FROM THE BLACK LAGOON (dt.: DER SCHRECKEN DES AMAZONAS), den großen Monsterfilm von Jack Arnold aus dem Jahre 1954, mehr aber noch auf dessen Fortsetzung REVENGE OF THE CREATURE (dt.: DIE RACHE DES UNGEHEUERS). Das Monster aus Jack Arnolds Filmen hat den Monstern aus GO FISH nicht nur vom Aussehen her Pate gestanden, gerade auf die 1955 entstandene Fortsetzung des großen Monsterfilms um das Monster aus dem Amazonas gibt es eine sehr schöne Anspielung: Cordelia glaubt, daß sich Xander in ein Monster verwandelt hat. Dieses springt in das Trainingsbecken der Schwimmhalle und zieht seine Runden. Ergriffen bleibt Cordelia am Rand des Beckens stehen und gesteht dem Monster – wie gesagt, sie glaubt, es handle sich um Xander – ihre Liebe. Eine entsprechende Szene findet sich auch in REVENGE OF THE CREATURE.

Neben Arnolds beiden CREATURE-Filmen zitiert GO FISH außerdem dessen 1958 entstandenen, weniger bekannten Horrorfilm MONSTER ON THE CAMPUS (dt.: DER SCHRECKEN SCHLEICHT DUCH DIE NACHT). Wenn Trainer Marin Buffy von den Versuchen sowjetischer Wissenschaftler mit Fisch-DNA berichtet, faßt er im Endeffekt die Handlung von MONSTER ON THE CAMPUS in seinem Monolog zusammen. MONSTER ON THE CAMPUS erzählt die Geschichte des von Donald Blake dargestellten Biologen Arthur Franz, der aus einem prähistorischen Fisch ein Präparat gewinnt, mit dem es möglich ist, Menschen und Tiere genetisch um Jahrtausende zurückzuentwickeln. Es ist nur eine Frage der Zeit, bis er dieses Präparat einsetzt und in einem College Angst und Schrecken verbreitet.

BtVS-221   **BtVS-222**

WENDEPUNKTE
SPIEL MIT DEM FEUER

Originaltitel: BECOMING – PART 1
BECOMING – PART 2

Erstausstrahlung USA: 12. und 19. Mai 1998

Regie und Drehbuch: Joss Whedon. Gaststars: Max Perlich (Whistler), Bianca Lawson (Kendra), Seth Green (Oz), Kristine Sutherland (Joyce Summers), Julie Benz (Darla, nur in Part 1), Robia La Morte (Jenny Calendar, nur in Part 2), Trichard Riehle (Buffys erster Watcher, nur in Part 1), Juliet Landau (Drusilla), James Marsters (Spike); Shannon Weller (Zigeunerin, nur in

Part 1), Zitto Kazann (Zigeuner, nur in Part 1), Nina Gervitz (Lehrerin) und Armin Shimerman (Rektor Snyder) sowie James Mac Donald (Detective Stein), Susan Leslie (Polizistin), Thomas G. Waites (Polizist); die drei letztgenannten Darsteller treten nur in Part 2 auf

Songs: »Full Of Grace« von Sarah McLachlan

Inhalt:

Galway 1753: Ein junger Mann torkelt durch die Straßen der irischen Stadt; er wirkt angetrunken. Dennoch ist das Erscheinen jener wunderschönen jungen Frau, die offenbar nur auf ihn zu warten scheint, kein Trugbild seiner Phantasie. Ganz und gar ein Gentleman, bietet ihr der junge Mann seinen Arm als Schutz an. Doch einen solchen Schutz benötigt sie nicht. Der junge Mann ist von der Schönheit der jungen Frau begeistert. Ihr Name sei Darla, erklärt sie ihm. Und sie besitze die Macht, ihm Welten zu zeigen, die er sich in seinen wildesten Phantasien nicht vorzustellen vermöge; sie aber könne sie ihm dennoch zeigen. Der junge Mann gibt sich Darla bedingungslos hin; sie beißt ihm in den Hals und verwandelt ihn in einen Vampir. Angelus ist geboren.

Sunnydale, Gegenwart: Der Fund eines eigenartigen Artefaktes ruft Giles auf den Plan. Bei Grabungsarbeiten wurde dieser Obelisk – oder ist es ein Sarkophag? – zufällig gefunden. Der für die Untersuchungen verantwortliche städtische Mitarbeiter, Doug Perren, hat nun Giles von diesem Fund informiert, da er angeblich der einzige ist, der die Schriftzeichen entziffern kann. Giles fühlt sich geehrt und begibt sich unverzüglich an die Übersetzungsarbeiten, für die er in die Bibliothek zurückkehrt, wo er Buffy und den Rest der Vampirjäger trifft. Buffy erklärt ihren Freunden, daß sie nunmehr bereit ist, gegen Angelus zu kämpfen und ihn auch zu töten. Dieser Entschluß ist ihr nicht leichtgefallen, doch seit sich Angel zu einer unberechenbaren Gefahr entwickelt hat und nicht mehr davor zurückschreckt, auch ihre Freunde anzugreifen, bleibt ihr keine andere Wahl: Ihre eigenen Gefühle muß sie hintanstellen, denn sie ist ein Slayer. Und es ist ihr Schicksal, Vampire zu jagen und zu töten. Und Angelus ist ein Vampir.

London, 1860: Während Angelus im Beichtstuhl einer Kirche einen katholischen Priester ermordet, nimmt auf der anderen Seite, hinter der Trennwand, ein junges Mädchen Platz, das fürchtet, vom rechten Weg Gottes abzukommen. Sie fürchtet sich, da sie eine hellseherische Gabe besitzt und diese von anderen Menschen als ein Geschenk des Teufels betrachtet wird. Wo steht sie in dieser Gesellschaft, fragt sie den vermeintlichen Priester. Angelus macht sich einen Spaß daraus, das junge Mädchen zu verunsichern, indem er ihr sagt, sie sei ein Kind des Teufels. Er verlustiert sich an ihrem Schrecken, er genießt ihre zunehmende Verunsicherung, dann bietet er ihr an, sie auf dem langen Weg, der ihr bevorstehen wird, zu begleiten. Das Mädchen ist Drusilla.

Rumänien 1898: Der tote Körper eines Zigeunermädchens, das Drusilla zum Verwechseln ähnlich sieht, liegt aufgebahrt am Lagerfeuer ihrer Sippe. Eine alte Frau beschwört eine Kugel des Thesulah und spricht unablässig ein Gebet in einer längst vergessenen Sprache. Angelus rennt indessen von Panik ergriffen durch die nahegelegenen Wälder. Er hat Schmerzen, er verliert seinen Verstand. Schließlich bricht er zusammen: Ein Zigeuner tritt vor ihn hin. Wer bin ich, fragt er den Mann verstört. Du wirst dein Gedächtnis schon bald wiederfinden, antwortet ihm der Zigeuner. Und das, an was er sich erinnern wird, wird ihn niemals wieder ruhig schlafen lassen. Von diesem Moment an ist er verflucht, sein Leben wird ein einziger Alptraum bleiben, denn er wird sich an all seine Schandtaten zurückerinnern – und an seiner Schuld zugrunde gehen.

Sunnydale, Gegenwart: Drusilla, Spike und Angelus lesen in der Zeitung über das Artefakt, das in Sunnydale entdeckt wurde. Angelus und Drusilla sind über diesen Fund erfreut. Er wird ihnen Macht geben, frohlocken die beiden in trauter Eintracht. Lediglich Spike scheint dem Artefakt wenig abgewinnen zu können. Daher folgt er ihnen auf ihrer Diebestour, die sie ins Museum führt, wo sie zuerst Doug Perren töten und dann das Artefakt stehlen, nicht.

Währenddessen haben Willow und Buffy ein ganz anderes Problem: Die Chemieprüfungen stehen an – und Buffy droht durchzufallen. Willow hilft Buffy beim Lernen. Zusammen sitzen sie im Computer-Raum, den Willow seit dem Tod von Jenny Calendar als Aushilfslehrerin verwaltet. Während sie dasitzen und lernen, fällt Buffy ein Radiergummi aus der Hand. Es fällt in eine Ritze zwischen Schreibtisch und Schrank. Sie versucht ihn aufzuheben und findet eine Diskette. Willow schiebt sie ins Diskettenlaufwerk – und wird von einer freudigen Panik ergriffen. Auf dieser Diskette hat Jenny Calendar all jene Informationen gespeichert, die notwendig sind, um Angels Seele zu restaurieren. Wirklich freuen kann sich Buffy über diese Entdeckung jedoch nicht mehr. Krasser, nämlich ablehnend, reagiert sogar Xander auf diese Nachricht. Denkt denn niemand mehr an die Morde, die Angel/Angelus inzwischen begangen hat?

Zur gleichen Zeit weiht Angelus Spike in das Geheimnis des Artefaktes ein. Es handelt sich um den Sarkophag des Acathla. Acathla ist ein Dämon, der die Macht besitzt, die Lebenden von der Erdoberfläche zu verjagen, indem sein Geist das Tor zur

Hölle öffnet, das alle Lebenden verschlingen wird. Leider wurde Acathla vor Jahrhunderten von Rittern besiegt, die ihm ein Schwert ins Herz stießen. Acathla starb zwar nicht, verwandelte sich allerdings in Stein. Nur die Hand eines würdigen Dämons kann das Schwert aus seinem Herz ziehen. Die Vampire öffnen den Sarkophag – und Acathla liegt da, wie Angelus es versprochen hat: zu Stein verwandelt. Das Schwert steckt nach wie vor in seiner Brust.

Zur gleichen Zeit versucht Giles, die noch fehlenden Informationen über die Restaurierung von Angels Seele zusammenzusuchen: Unter anderem gehört dazu eine Kugel des Thesulah, von denen sich eine zufällig in seinem Besitz befindet. Während sie die Restaurierung vorbereiten, bekommen sie Besuch. Es ist Kendra, die zweite Vampirkillerin. Sie wurde von ihrem *watcher* geschickt, um Buffy im Kampf gegen Acathla beizustehen, von dessen Existenz sie inzwischen aufgrund der von Giles übersetzten Schriftzeichen vom Sarkophag wissen: Als Geschenk ihres *watcher* übergibt sie Buffy ein Schwert, das von dem gleichen Ritter geschmiedet wurde, der Acathla einst besiegte. Der Endkampf hat begonnen.

Manhattan 1996: In einem düsteren Viertel der Stadt kauert Angel, vollkommen heruntergekommen und in Lumpen gehüllt, in einer Seitengasse. Hungrig beobachtet er eine Ratte, bringt es jedoch nicht übers Herz, sie zu töten. Er wird von einem Mann angesprochen, der sich selbst als Whistler vorstellt. Whistler ist ein Dämon, der wie er dem Bösen abgeschworen hat. Er verabscheut Angel. Er besitzt, wirft er ihm vor, eine größere Kraft als jeder andere Vampir auf der Welt. Doch statt sie nutzen, vegetiert er vor sich hin. Whistler gibt ihm nun die Chance, etwas Besonderes zu werden, und schickt ihn nach Los Angeles, wo Angel ein Mädchen kennenlernen soll. In einem Wagen sitzend, dessen Scheiben als Schutz vor der Sonne geschwärzt sind, beobachtet er ein Mädchen. Sie ist zickig, arrogant – und offenbar nicht sonderlich intelligent. Aber sie ist das beliebteste Mädchen der Schule. Sie ahnt nicht, daß sie für den Kampf gegen das Böse auserwählt wurde. Ihr Name ist Buffy.

Sunnydale – Gegenwart: Eine in einen schwarzen Mantel gehüllte Vampirin betritt den Chemie-Raum, in dem Buffy gerade ihren Chemietest schreibt. Sie läßt den Mantel fallen und fängt augenblicklich an zu verbrennen. Viele werden sterben, warnt sie Buffy, bevor sie explodiert, wenn sie sich heute nacht nicht mit Angelus auf dem Friedhof trifft.

Buffy kommt dieser Aufforderung nach und liefert sich mit Angelus einen erbitterten Kampf, bis dieser ihn plötzlich abbricht und beginnt, Buffy auszulachen. Habe sie wirklich gedacht, er hätte dieses Theater inszeniert, nur um sie zu töten? Buffy erschaudert und rennt davon. Nicht ihr hat der Angriff gegolten, er galt ihren Freunden. Zurück in der Bibliothek erblickt Buffy ein Bild des Schreckens. Willow liegt bewußtlos unter einem Bücherregal, Xander ist verletzt, Giles verschwunden – und Kendra ist tot.

Buffy schließt Kendra in ihre Arme. In diesem Moment stürmt ein Polizist in die Bibliothek und fordert Buffy auf, sich zu ergeben.

(An dieser Stelle endet der erste Teil)

Noch während Buffy verhaftet wird, erscheint Rektor Snyder am Tatort. Er bezichtigt Buffy, permanent gewalttätig zu sein, und verweist sie von der Schule. Buffy nennt ihn einen kleinen, eingebildeten, dämlichen Troll. Im gleichen Atemzug schlägt sie einen Polizisten kurzerhand krankenhausreif und flieht aus der Schule. Auf der Suche nach einem sicheren Versteck bricht sie in Giles' Wohnung ein, in der Whistler bereits auf sie wartet. Er stellt sich Buffy vor und erklärt ihr, daß er es war, der Angelus auf sie aufmerksam gemacht hat, denn an dem Tag, an dem Acathla das Tor zur Hölle öffne, würde Buffy dies nicht verhindern können. Es sei Angelus, der dazu auserwählt wurde, dieses Tor zu schließen. Buffys und Angels Liebe aber habe die Prophezeiungen ad absurdum geführt.

Buffy hat kein Verlangen, Whistlers Ausführungen weiter zuzuhören, und verschwindet, bevor dieser ihr erklären kann, wie sie den Dämon vielleicht doch noch stoppen kann.

Kaum läuft Buffy über die Straße vor Giles' Haus, wird sie erneut verhaftet. Bevor ihr der Polizist Handschellen anlegen kann, wird dieser allerdings von Spike attackiert und bewußtlos geschlagen. Spike, der weder Angelus noch Drusilla davon erzählt hat, daß er wieder gesund ist, unterbreitet Buffy einen überraschenden Vorschlag: Er ist bereit, zusammen mit Drusilla Sunnydale für immer zu verlassen. Wenn sie ihm verspricht, ihn laufen zu lassen, wird er ihr helfen, Angelus zu besiegen. Zu Buffys Überraschung hat Spike keine Lust darauf, das Tor zur Hölle zu öffnen. Er genießt das Leben unter den Menschen, und er will dieses Leben nicht missen. Buffy weiß, daß Spike ihr Feind ist. Sie weiß aber auch, daß er sein Angebot ernst meint. Buffy muß heim, um ihre Ausrüstung abzuholen, doch schon an der Haustür wird sie von ihrer Mutter abgefangen. Was ist los, will sie wissen. Für Erklärungen ist keine Zeit, erklärt ihr Buffy. In diesem Moment werden sie, ihre Mutter und Spike von einem Vampir attackiert. Spike hält den Vampir fest, Buffy rammt ihm ohne zu zögern ihren Pflock ins Herz.

Nachdem Spike gegangen ist, um in sein Versteck zurückzukehren und dort auf Buffy für den großen Endkampf zu warten, versucht diese ihrer Mutter ihre Bestimmung klarzumachen. Joyce will davon nichts hören. Sie habe zwar gesehen, was vor der Tür geschehen sei, doch was habe Buffy damit zu tun? Ist die Scheidung daran schuld? Buffy wendet eine engelsgleiche Geduld auf, um ihrer Mutter klarzumachen, daß es eine höhere Macht gewesen ist, die sie auserwählt hat, eine Vampirkillerin zu sein, doch Joyce glaubt ihr kein Wort. Statt dessen macht sie Buffy für die Geschehnisse verantwortlich. Buffy gibt es auf, ihrer Mutter weiter ihre Bestimmung erklären zu wollen, und geht. Wenn sie jetzt das Haus verläßt, raunzt Joyce ihre Tochter an, brauche sie nie wiederzukommen. Buffy ist deprimiert, dennoch geht sie.

Im Krankenhaus ist Willow inzwischen aus ihrer Bewußtlosigkeit erwacht und entschließt sich, mit Hilfe von Oz und Cordelia das Ritual zur Restaurierung von Angels Seele durchzuführen. Sie hat die dazu notwendigen Daten in ihrem Kopf. Zur gleichen Zeit kehrt Buffy in die Schule zurück, um Kendras Geschenk, das Schwert, an sich zu nehmen. Rektor Snyder wartet bereits auf sie und triumphiert. Sie ist der Grund für diesen ganzen Schlamassel gewesen, behauptet er. Doch nun sei es für sie Zeit zu gehen. Buffy beachtet ihn nicht weiter und geht, nachdem sie das Schwert gefunden hat, davon. So sieht sie nicht, wie Snyder ein Handy aus der Hosentasche zieht und jemanden im Büro des Bürgermeisters anruft, um diesem ausrichten zu lassen, es gebe gute Neuigkeiten.

Giles befindet sich unterdessen in der Hand von Drusilla und Angelus, die von ihm wissen wollen, wie Angelus das Schwert aus Acathlas Herz ziehen kann; ein erster Versuch scheiterte nämlich kläglich. Bislang hat Giles der Folter widerstehen können, als Jenny Calendar aber plötzlich vor ihm steht (es ist Drusilla, die ihn hypnotisiert und glauben macht, sie sei Jenny), verrät er ihr, daß Angelus' Blut der Schlüssel zum Öffnen des Höllentores sei.

Dies bestätigt auch Whistler gegenüber Buffy. Zurück in Giles' Wohnung fragt sie ihn, was sie tun müsse, um das Tor zu schließen. Whistler erklärt ihr, sie müsse Angelus das Schwert ins Herz rammen. Nur so könne sie mit seinem Blut das Tor wieder schließen. Er wünschte sich, es gäbe einen anderen Weg. Doch dies ist der einzige!

Buffy verläßt Giles' Apartment und trifft Xander, der ihr nichts von Willows Versuch, Angels Seele wiederherzustellen, erzählt. Zusammen gehen sie zum Versteck der Vampire und unterbrechen just das für die Öffnung des Höllentores notwendige Ritual. Angelus ist über Buffys Anwesenheit wenig erfreut, aber auch amüsiert. So sei sie wenigstens das erste menschliche Wesen, das vom Tor zur Hölle verschlungen wird. Kaum hat Angelus dies ausgesprochen, wird er von Spike brutal niedergeschlagen. Drusilla stürzt sich wiederum auf Spike, um ihn davon abzuhalten, Angelus zu töten. Xander nutzt das Chaos, um Giles zu befreien, während Buffy den Kampf mit dem benommenen Angelus aufnimmt. Spike, der Buffy versprochen hat, ihr beim Kampf gegen Angelus zur Seite zu stehen, bricht sein Versprechen in dem Moment, in dem er Drusilla niedergeschlagen hat. Er trägt die bewußtlose Drusilla hinaus aus dem Versteck, setzt sie in einen bereitstehenden Fluchtwagen mit geschwärzten Fenstern und flieht aus Sunnydale, womit er zumindest dieses Versprechen eingelöst hätte.

Buffy liefert sich mit Angelus einen Schwertkampf. Beide wissen nichts von Willows Ritual im Krankenhaus. Als sei sie plötzlich selbst von einem Dämon besessen, beginnt Willow die zum Ritual notwendigen Sprüche in perfektem Latein zu rezitieren. Doch offenbar ist es zu spät. Angelus zieht das Schwert aus Acathlas Körper, und ein Strudel öffnet sich, der das Tor zur Hölle öffnet. In diesem Moment schlägt das Ritual an. Angelus sinkt auf die Knie. Er schreit. Buffy ist verwirrt – und erkennt in seinen Augen Angel. Was ist passiert, fragt er Buffy mit weinender Stimme. Was ist passiert?

Angel fällt Buffy in die Arme, und auch sie kann ihre Tränen nicht mehr zurückhalten. Es wird alles wieder gut, weint Buffy und bittet ihn, seine Augen zu schließen – und mit einem einzigen Hieb rammt sie ihm das Schwert des Ritters, der einst Acathla besiegte, ins Herz. Schockiert blickt ihr Angel in die Augen. Sein Körper wird von einem hellen Licht erfaßt und in das Tor gerissen. Kaum ist Angel verschwunden, schließt sich das Tor – genau so, wie Whistler es ihr gesagt hat.

Nach den Geschehnissen dieser Nacht wird nichts mehr so sein, wie es einmal war. Buffy hinterläßt ihrer Mutter einen Abschiedsbrief, ein letztes Mal beobachtet sie ihre Freunde, wie sie die High School betreten und ihr Leben weiterführen werden, dann verläßt sie Sunnydale in eine ungewisse Zukunft.

Kommentar:

Wow! Wenn eine Serie ausläuft, dann hat sie ein Ende wie dieses verdient. Trotz des Erfolges von BUFFY in den USA konnte sich Joss Whedon nicht wirklich sicher sein, daß seine Serie fortgesetzt würde. Daß Erfolg kein Garant für ein langes Leben sein muß, beweist der britische TV-Sender Sky One, der BUFFY sechs Episoden vor Ende der zweiten Staffel im Zuge einer Neugestaltung des Programms vom Bildschirm verbannte, trotz hervorragender Quoten vor allem bei dem für die Werbewirtschaft wichtigen Publikum im Alter zwischen 14 und 29 Jahren. BUFFY war für Sky One zu düster geworden, die sogenannte *story arc*, der episodenübergreifende Handlungsfaden, war zu dominant geworden. Warum BUFFY dann ausgerechnet von BEVERLY HILLS 90210 ersetzt wurde, einer Serie mit einer nicht minder umfangreichen *story arc*, das wird wohl immer das Geheimnis der Programmverantwortlichen bleiben.

Dieses Beispiel aus Großbritannien zeigt auf, daß Joss Whedon nicht in jedem Fall auf eine Fortsetzung seiner Serie hoffen durfte. Der düstere Charakter der Serie in den letzten Episoden hat den gesamten Ton der Serie verändert. BUFFY ist in der zweiten Staffel erwachsen geworden. Genau wie die Figur von Buffy selbst. War die erste Staffel trotz handlungsübergreifender Elemente im Grunde auf ihre Einzelepisoden fixiert, ist die zweite Staffel ein Roman. Es gibt ganz einfach keine Geschehnisse mehr, die für sich allein stehen. Jedes Ereignis wirft seine Schatten voraus, jederzeit kann auf jedes Ereignis der Serie zurückgegriffen werden.

Dennoch hat Joss Whedon – auch nachdem er erfahren hatte, ein weiteres Jahr von BUFFY leben zu können – darauf verzichtet, den Roman ganz einfach mit einem schlichten »Fortsetzung folgt« zu schließen und ein neues Buch zu öffnen; er hat seinen großen Roman mit den Abschlußkapiteln BECOMING 1 + 2 geschlossen, in denen er alle Handlungsstränge in der Beziehung von Buffy zu Angel aufgehen läßt. Statt die Geschichte in einem schlichten Showdown enden zu lassen, beschäftigt sich Whedon zunächst mit der Geschichte seiner Figuren. Er präsentiert Angels Verwandlung in einen der mächtigsten und brutalsten Vampire, gleichzeitig aber nimmt er sich sehr viel Zeit, den anderen Angel zu zeigen, der in der Gosse lebte, 98 Jahre lang, mehr als ein normales Menschenleben an Zeit zur Verfügung hat, und von der Schuld malträtiert wird, ein Mörder zu sein bis zu dem Tag, an dem er Buffy zum ersten Mal sieht. Charmant ist auch der Blick in die Vergangenheit von Buffy. Der Zuschauer erlebt sie als eine eingebildete, hochnäsige Zicke. Sie ist die typische Cheerleaderin, das Mädchen, nach dem die meisten

Jungs Schlange stehen – und das nicht wegen ihrer Intelligenz! Ihr Auftreten, die Art und Weise, wie sie über ihre Schulkameradinnen herzieht, wie sie es genießt, im Mittelpunkt zu stehen, erinnert stark an Cordelia, mehr noch, es übersteigt Cordelias einst zur Schau getragene Arroganz bei weitem! Dennoch handelt es sich um einen charmanten Rückblick, denn er zeigt Buffy so, wie sie war, bevor sie gezwungen wurde, über Nacht erwachsen zu werden. Und das ist die Buffy dieses letzten Kapitels: Sie ist erwachsen. Wie leicht war ihre Zeit in Los Angeles, wie schwer wurde ihr Leben in Sunnydale. Ihr wurde die Jugend genommen, bevor ihr gestattet wurde, ihre Jugend zu leben, Fehler zu machen und sich zu verändern, unabhängig ob zum Guten oder zum Schlechten.

Whedon entwickelt die Spannung nun nicht nur daraus, daß er die Vergangenheit seiner Hauptfiguren Revue passieren läßt. Auch die Gegenwart birgt ein Spannungspotential in sich, das sich nur in einer Explosion der Gefühle entladen kann. Der Tod Kendras konfrontiert Buffy mit ihrem eigenen möglichen Schicksal. Sie hat den Tod durchlebt, doch sie ist wieder auferstanden. Kendra aber ist tot, unwiderruflich. In dieser Situation braucht Buffy Trost, doch diesen erhält sie nicht. Im Gegenteil. Das Zusammentreffen mit ihrer Mutter stellt den Höhepunkt eines lange Zeit schwelenden Konfliktes innerhalb dieser Mutter/Tochter-Beziehung dar. Wie oft hat Buffy ihre Mutter bereits darum gebeten, ihr zu vertrauen? Sehr oft. Wie oft hat ihre Mutter ihr Vertrauen entgegengebracht? Kein einziges Mal. Jetzt, da ihr Leben auf der Kippe steht und ihr Versagen den Untergang der gesamten Menschheit bedeuten könnte, braucht sie ein einziges Mal das uneingeschränkte Vertrauen ihrer Mutter. Die Voraussetzungen sind gut. Ihre Mutter sieht mit eigenen Augen, wie Buffy einen Vampir tötet. Ihre Mutter redet mit Spike, einem lebendigen Vampir. Sie hat Beweise vorliegen, die eindeutig darlegen, daß Buffy kein durchgeknalltes High-School-Girl ist, das zur Freude gelegentlich Sporthallen abbrennt. Doch was passiert? Joyce verstößt Buffy; statt ihr ihr Vertrauen auszusprechen, sich dafür zu entschuldigen, sie falsch eingeschätzt zu haben, weist sie Buffy die Tür.

Nach diesen Geschehnissen ist das Aufeinandertreffen von Angelus und Buffy der logische und konsequente Schlußpunkt der Geschichte. Ihr Kampf entscheidet über ihre Vergangenheit, ihre Gegenwart und ihre Zukunft. Haben sie in der Vergangenheit den richtigen Pfad eingeschlagen? Wird es eine Zukunft geben?

Whedon entpuppt sich als Zyniker. Angelus verwandelt sich in Angel zurück – und Buffy offenbart ihm ihr Liebe. Egal, was er getan haben mag: Buffy verzeiht es – und tötet ihn! Denn Angelus hat das Tor zur Hölle geöffnet – und nur Angel kann es wieder schließen. Um die Menschheit zu retten, muß Buffy ihre Liebe opfern.

BECOMING 1 + 2 ist der würdige Abschluß einer ungewöhnlichen Serie. Nein, es ist kein wirkliches Happy End, in dem sich die Hauptfiguren am Ende in den Armen liegen und das Geschehene feiern. Und doch ist es kein nur deprimierendes Ende. Indem Buffy bereit ist, alles zu opfern was sie liebt, um ihr Schicksal zu erfüllen, verbreitet sie auch ein Stück weit Hoffnung. Denn am Ende siegt mit ihr das Gute – auch wenn es dafür seine Unschuld opfern mußte.

EIN AUSBLICK AUF DIE

DRITTE STAFFEL

Um die Zuschauer nicht mit einem gigantischen Cliffhanger zurückzulassen, der möglicherweise niemals aufgelöst werden sollte, konzipierte Joss Whedon einen Zweiteiler, der BUFFY mit dem Ende der zweiten Staffel zu einem würdigen Abschluß bringen sollte. Man stelle sich vor, die letzte Szene von BECOMING 2 hätte ein sich öffnendes Tor zur Hölle gezeigt – und das wäre es gewesen, Schluß, Ende, aus! Joss Whedon wäre vermutlich zu einer der meistgehaßten Personen des phantastischen Fernsehens geworden!

Er hat dieses Ende auch beibehalten, als er längst wußte, daß es eine dritte Staffel geben würde.

In diesem Zusammenhang ist andererseits natürlich die Frage erlaubt, ob man nach einem solchen Ende überhaupt eine dritte Staffel produzieren muß? Kann eine dritte Staffel gegenüber der über jeden Zweifel erhabenen, meisterlichen zweiten Staffel überhaupt bestehen? Geht Joss Whedon mit einer dritten Staffel nicht die Gefahr ein, BUFFY in einem Sumpf der Beliebigkeit untergehen zu lassen?

Joss Whedon ist ein äußerst intelligenter TV-Autor – und er hat sich natürlich mehr als nur ein Hintertürchen offengelassen, um die Serie würdig fortzusetzen!

Schon kurz nach dem Ende der zweiten Staffel gingen die Spekulationen im Internet und den einschlägigen Magazinen über die Fortsetzung los, dabei standen die folgenden beiden ungeklärten Fragen im Mittelpunkt:

1. Was weiß Rektor Snyder über die Geschehnisse in Sunnydale – und wer ist er wirklich?
2. Was ist eigentlich mit Willow während des Restaurierungsrituals geschehen, welcher Geist ist in sie eingedrungen und hat sie plötzlich Latein reden lassen?

Seien wir doch einmal ehrlich: Wenn dies die einzigen Fragen sind, die nach dem Ende einer inklusive Pilotfilm 34teiligen TV-Serie unbeantwortet bleiben, bedarf es keiner Fortsetzung. Ob Snyder mehr weiß, als er zugibt, ist im Gesamtkontext der zweiten Staffel betrachtet unerheblich. Und mit der Figur des Whistler im Abschlußzweiteiler wird ein Dämon eingeführt, der sich der Sache der Guten verschrieben hat. Demnach könnte ja ein solch guter Dämon Willow zu Hilfe gekommen sein. Im Endeffekt ist dies egal, weil es letztendlich unerheblich ist und in keinem Fall als eines der großen ungelösten Mysterien in die Welt der TV-Geschichte eingehen wird.

Wie geht es also weiter? Dazu sei an dieser Stelle ein Tip gegeben, der zum Nachdenken anregen soll: Im Verlauf der Serie wird mehrfach, zum Beispiel im Pilotfilm oder der Episode ANGEL (BtVS-107), darauf hingewiesen, daß nur wenige Waffen einen Vampir vernichten können. Da ist das Feuer, das einen Vampir verbrennt. Ebenso verbrennt ihn das Sonnenlicht. Dann ist da der Holzpflock, der ins Herz gerammt den Vampir zu Staub zerfallen läßt. Und was bleibt sonst noch übrig? Mit einem Schwerthieb kann man dem Vampir den Kopf von den Schultern holen. Auch das bringt ihn um. Der Einsatz von Schußwaffen hat hingegen keinen Sinn. Kugel verletzen den Vampir zwar, und er leidet Schmerzen – aber töten kann man ihn auf diese Art und Weise nicht. Auch ein Messerstich ins Herz bleibt, Schmerz hin, Schmerz her, ohne nachhaltige Folgen. Und nun rufen wir uns bitte das Ende von BECOMING 2 ins Gedächtnis zurück: Angelus verwandelt sich in Angel zurück. Er weint. Buffy, von seinem Anblick ergriffen, bittet ihn, die Augen zu schließen, damit er nicht mit ansehen muß, wie sie ihm ihr Schwert ins Herz rammt. Ihr Schwert aus Metall!

Noch Fragen?

Somit ist eines sicher:
*Fortsetzung folgt –
garantiert!*

»Heute ist nicht alle Tage,
ich komm wieder, keine Frage!«

BIBLIOGRAPHIE

Eine Auswahl

Annan, David: Cinema of Mystery and Fantasy. London 1984

Balun, Chas.: The Deep Red Horror Handbook. New York 1989

Barbour, Alan G.: Cliffhanger – A Pictorial History Of The Motion Picture Serials. Secaucus, New York 1984

Bauer, Wolfgang/Dümotz, Irmtraud/Golowin, Sergius: Lexikon der Symbole. Mythen, Symbole und Zeichen in Kultur, Religion, Kunst und Alltag. München 1997

Baumann, Hans: Horror – Die Lust am Grauen. Beltz/Weinheim/Basel/München 1989/1991. 2. Auflage

Bertler, Andreas/Lieber, Harry: Hölle auf Erden. München 1993, 3. Auflage

Brite, Poppy Z. (Hrsg..): Love in Vein. Twenty Original Tales of Vampiric Erotica. New York 1994

Brockhaus Enzyklopädie in 24 Bd.; 19., völlig neu bearb. Auflage. Mannheim 1986–1994

Brunas, Michael: Universal Horror. London/New York 1990

Dewi, Torsten: Science-Fiction Guide 97/98. Schindellegi (CH) 1997

Everson, William/Hembus, Joe (Hrsg.): Klassiker des Horrorfilms. Berlin/Darmstadt/Wien/Gütersloh 1979

Everson, William: The Bad Guys – A Pictorial History Of The Movie Villain. Toronto 1964

Farkas, Viktor: Jenseits des Vorstellbaren. München 1998

Frank, Alan: Madman, Demented Doctors And Psychopath Scientists. London 1975

Frank, Christian: Die Rückkehr des Abenteuers (Magisterarbeit). Bochum 1995

Glut, Donald: The Frankenstein Legend: A Tribute to Mary Shelley and Boris Karloff. Metuchen (New Jersey) 1973

Golden, Christopher/Holder, Nancy: The Watcher's Guide. New York 1998

Hahn, Manfred: Die Rezeption des modernen Horrorfilms (Dissertation). Saarbrücken 1994

Hardy, Phil (Hrsg.): Horror – The Aurum Film Encyclopedia. London 1985/1993, 2. Auflage

Hofmann, Frank: Moderne Horrorfilme. Rüsselsheim/Schleusingen 1994, 2. Auflage

Jänsch, Erwin: Vampir Lexikon. Augsburg 1994

James, Donald: Fantasy And The Cinema. London 1989.

Jones, Stephen (Hrsg.): Clive Barker's A–Z of Horror. New York 1997

Keesey, Pam: Vamps. An Illustrated History of the Femme Fatale. San Francisco 1997

Krick, Kai; Alberts, Jörg; Heep, Roland: Die X-Akten – Daten, Fakten, Stories, Stars. Schindellegi (CH) 1996

Lukas, Christian: X-Akten – Die fünfte Staffel, der Spielfilm. München/Düsseldorf 1998

Lukas, Christian u.a.: Millennium – Alle Hintergründe und Fakten zur Serie. Schindellegi (CH) 1997

McCarty, John: The Modern Horror Film. New York 1990.

Melton, J. Gordon: VideoHound's Vampires on Video. Detroit 1997

Nance, Scott: Bloodsuckers – Vampires At The Movies. Las Vegas 1992.

Newman, Kim: Nightmare Movies. A Critical History of the Horror Movie from 1968. London, Bloomsbury 1988

Paul, William: Laughing Screaming. Modern Hollywood Horror & Comedy. New York 1994

Pirie, David: Vampir Filmkult. Internationale Geschichte des Vampirfilms vom Stummfilm bis zum modernen Sex-Vampir. Gütersloh 1977

Pitt, Ingrid: The Ingrid Pitt Bedside Companion for Vampire Lovers. London 1998

Prüßmann, Karsten: Die Dracula-Filme. Von Friedrich Wilhelm Murnau bis Francis Ford Coppola. München 1993

Ramsland, Katherine: Piercing the Darkness. Undercover with Vampires in America Today. New York 1998

Schifferle, Hans: Die 100 besten Horror-Filme. München 1994

Seeßlen, Georg/Kling, Bernt: Unterhaltung − Lexikon zur populären Kultur − Western, Science Fiction, Horror, Crime, Abenteuer. Reinbek bei Hamburg 1977

Seeßlen, Georg/Weil, Claudius: Kino des Phantastischen − Eine Einführung in die Mythologie und die Geschichte des Horrorfilms. München 1976.

Skal, David J.: V is for Vampire. The A−Z Guide to Everything Undead. New York 1996

Stell, John: Psychos! Sickos! Sequels! Horror Films of the 1980. Baltimore 1998

Stresau, Norbert: Der Horrorfilm − Von Dracula zum Zombie-Schocker. München 1987

Timpone, Anthony (Hrsg.): Fangoria Vampires. New York 1996

Tracy, Kathleen: The Girl's Got Bite. The Unofficial Guide to Buffy's World. Los Angeles 1998

Trebbin, Frank: Die Angst sitzt neben Dir. Berlin 1990/1992, 3. Auflage

Twitchell, James: Dreadful Pleasures − An Anatomy Of Modern Horror. Oxford 1985.

Westphal, Sascha/Krick, Kai/Zucchetti, Lorenzo: Millennium − Das Grauen beginnt. München 1998

Wolf, Leonard: Dracula. The Connoisseur's Guide. New York 1997

Wolf, Leonard: Horror. A Connoisseur's Guide to Literature and Film. New York u.a. 1989

VERWENDETE PERIODIKA

(Auswahl)

Space View – Das SciFi-Magazin, DreamWatch, SciFi Flix, PM, Moviestar, Starlog, Starburst, Sci-Fi Universe, Unheimliche Phänomene (Buchserie), Faktor X, Shivers, Fangoria, Cinefantastique, Femme Fatales, Xposé, Xposé Specials

DANKSAGUNGEN

Danksagungen haben den Zweck, all jenen eine kleine Aner-
kennung zukommen zu lassen, ohne die ein Buch niemals
entstehen könnte. Und immer wieder ist man als Autor überrascht, wie viele Namen am Ende in einer solchen Danksagung
zusammenkommen. Ein besonderer Dank geht nach Köln am
Rhein an Ralf und Ina Franken, die unsere Videorecorder mit
viel Material fütterten und ohne die wir keine Zeile zu Papier
hätten bringen können. Tausend und einen Dank auch an
Torsten Dewi, der dort weiterhalf, wo wir ins Stocken gerieten
(»our last, best hope for Buffy«). Vielen Dank auch Claudia Kern,
Thomas Klarmeyer, Uwe Tächl (besucht das TV Serien Central!!!),
Lorenzo Zucchetti, Kai Krick, Frau Steidle von Pro 7, Timothy
Sonderhüsken vom Droemer Knaur Verlag, Werner Bauer, Ge-
org Sonntag und dem Team des Comiclands in Dortmund-Bö-
vinghausen für unendliche Stunden des Stöberns und jede
Menge Materialbeschaffung, den Leuten der Filmbuchabteilung
des Bücherbogens in Berlin, Michael Hühne und der Firma
UUNET in Dortmund für ihren großartigen Support, Gabriele
Armstrong, Tom Dreibrodt, Ari Herzog und Cagey aus dem
fernen Amerika, unseren Eltern und natürlich Nicole Maly für ihr
Zuhören. All jene, die wir vergessen haben, mögen es uns
verzeihen.